Deutsches Reich und Polen 1937
LITAUEN
Memel
Memelgebiet
»Anschluß« Memel
23.3.1939
Tauroggen
Tilsit
Kaunas
Wilna
N
S
Königsberg
Gumbinnen
Insterburg
Pillau
Heiligenbeil
Wilnagebiet
Suwalki
Rastenburg
Elbing
Ostpreußen
Lyck
Allenstein
Marienwerder
Löbau
Białystok
Soldau
Bug
Weichsel
Warschau
Brest-Litowsk
Kutno
Łódź
(Litzmannstadt)
Radom
Petrikau
Warthe
Kielce
Tschenstochau
Kattowitz
Krakau
Auschwitz
Lwów
(Lemberg)
Teschen
0
25
50 km

rowohlt
BERLIN

Als der Osten noch Heimat war

Was vor der Vertreibung geschah: Pommern, Schlesien, Westpreußen

Das Buch zur Fernsehserie

Mit Beiträgen von:
Włodzimierz Borodziej,
Gerald Endres,
Ulla Lachauer,
Hans-Dieter Rutsch
und Beate Schlanstein

Rowohlt · Berlin

TV-Sendetitel und Logo © WDR, Köln
Agentur: WDR mediagroup licensing GmbH
Begleitbuch zur gleichnamigen
dreiteiligen WDR-Serie
Verantwortliche Redakteurinnen beim WDR:
Beate Schlanstein und Gudrun Wolter

1. Auflage September 2009

Karten auf den Vorsätzen Peter Palm, Berlin
Satz aus der Concorde PostScript bei KCS GmbH,
Buchholz bei Hamburg
Druck und Bindung CPI – Clausen & Bosse, Leck
Printed in Germany
ISBN 3 87134 644 6

Inhalt

Beate Schlanstein
Unter geteiltem Himmel.
Als der Osten noch Heimat war 7

Als der Osten noch Heimat war: Schlesien

Hans-Dieter Rutsch
Das Land unter dem Kreuz 33

Als der Osten noch Heimat war: Westpreußen

Ulla Lachauer
Goetheschüler. Eine Reise an die Weichsel 117

Als der Osten noch Heimat war: Pommern

Gerald Endres
Gutsherren- und Pferdeland, Kartoffelacker und
Reichsluftschutzkeller 195

Włodzimierz Borodziej
Nachbarn, Fremde, Okkupanten: Die Deutschen im unabhängigen und besetzten Polen (1919-44) 269

Zum Weiterlesen 312
Über die Autoren 316
Bildnachweis 318

Beate Schlanstein

Unter geteiltem Himmel.
Als der Osten noch Heimat war

Wenn Christel Reichert, Sigismund von Zedlitz und Heinz Blossey an die Welt denken, in der sie aufgewachsen sind, haben sie höchst unterschiedliche Bilder vor Augen. Es sind Landschaften an der Weichsel und an der Oder, Alleen und Feldwege nahe der Ostseeküste, die Silhouette der Hochöfen in Kattowitz oder der Dom von Breslau, die Festung von Graudenz oder der Marktplatz von Stolp. Als Kinder und Jugendliche hatten sie dort ihre Heimat, wo ihre Familien schon seit vielen Generationen fest verwurzelt waren. All diese Orte und Landschaften lagen östlich von Oder und Neiße, hatten aber sonst wenig gemeinsam, und nichts deutete darauf hin, dass sie eines fernen Tages eine besondere Rolle in einem dramatischen Kapitel der europäischen Geschichte spielen würden.

Heute ist die Gemeinsamkeit klar und deutlich: Wenn die drei die Orte ihrer Heimat besuchen wollen, reisen sie als Deutsche nach Polen, nach Wrocław, Katowice, Grudziądz und Słupsk, und sie besuchen die Stätten einer Vergangenheit, über die in Deutschland wie auch in Polen mehr geschwiegen als gesprochen wurde. Es geht um eine Geschichte, die weder hier noch dort präsent ist, über die es zwischen beiden Völkern wenig Dialog und kaum Verständigung gibt – obwohl sie mehr als sechzig Jahre zurückliegt. Die Welt, in der Christel Reichert, Sigismund von Zedlitz und Heinz Blossey bis zum Ende des Zweiten Weltkriegs gelebt haben, ist ein weißer Fleck im europäischen Gedächtnis.

Diese Welt der damaligen deutschen Ostgebiete, aber auch der einstigen deutschen Siedlungsgebiete in anderen Staaten Osteuropas, ist für alle, die sie nicht selbst erlebt haben, im Grunde völlig unbekannt. Das gilt vor allem für den konkreten Alltag, für das Zusammenleben von Nachbarn unterschiedlicher Kultur und Sprache, für Gemeinsamkeiten über die Grenzen der Nationalität hinweg, für die Wahrnehmung politischer Ereignisse und gesellschaftlicher Entwicklungen. Jene, die diese Heimat verlassen mussten, haben vor allem die Bilder zeitlos schöner Landschaften und die Szenen einer vormodernen heilen Welt weitergegeben – wogende Getreidefelder, der weite Himmel, schattige Alleen und Waldwege. Viel Folklore und wenig Konflikte, und Unrecht nur dann, wenn es gegen Deutsche gerichtet war.

Das ist ein erstaunlicher Befund, denn ohne jede Frage hat auch in diesem Teil Europas der Erste Weltkrieg stattgefunden. Auch in den deutschen Ostgebieten hat es im Winter 1918/19 revolutionäre Wirren gegeben, und gerade das Europa östlich der Oder hat nach dem Versailler Vertrag die Gründung und Neuordnung von Staaten erlebt, in denen deutsche Bevölkerungsgruppen lebten – Polen, die Tschechoslowakei, Litauen, Lettland, Estland, Ungarn, Rumänien. Gerade hier, so sagt einem der gesunde Menschenverstand, muss der lange Reigen von Erntedankfesten von den politischen Verwerfungen der zwanziger und dreißiger Jahre berührt, vermutlich sogar tief erschüttert worden sein. Die Landschaftsbilder helfen auf der Suche nach der konkreten Lebenswirklichkeit nicht weiter. Kann es sein, dass sie vor allem gut geeignet sind, das Unheile in der vermeintlich heilen Welt zu verbergen?

Warum aber fällt uns diese Lücke im kollektiven Gedächtnis nicht auf? Warum weckt sie nicht die Neugier bei Deutschen wie bei Polen? Den Willen, sie durch Nachfragen und Nachforschen zu füllen? Der Kalte Krieg hat nicht nur persönliche Begegnungen und Kontakte über die Grenzen hinweg behindert, er hat auch dem Denken und dem Reden sehr lange rigoros Grenzen gesetzt, und diese können nur durch den Mut zur Offenheit überwunden werden. Motive dafür gibt es in einem zusammenwachsenden Europa mehr als genug. Immerhin hat etwa jeder dritte Deutsche im familiären Umfeld mit Menschen zu tun, deren Lebensweg in einem der östlichen deutschen Gebiete begonnen hat und durch Flucht oder Vertreibung jäh in eine andere Richtung gelenkt wurde. War es möglicherweise die Scheu vor den traumatischen Erinnerungen der Älteren, die ein Nachfragen zunächst verhinderte, so mag es später der Überdruss an der einseitigen Opferrhetorik der Vertriebenen gewesen sein. Nach der von Willy Brandt begonnenen Ostpolitik, spätestens aber nach dem Ende des Ostblocks und dem deutsch-polnischen Vertrag von 1991 gibt es Gründe genug, die Geschichte der einstmals deutschen und von Deutschen bewohnten, heute polnischen Regionen Europas zu entdecken.

«Als der Osten noch Heimat war» will zu solchen Entdeckungsreisen einladen. Es sind Reisen, die Ostpommern/Pomorze, Schlesien/Śląsk und Westpreußen/Pommerellen in all ihrer Unterschiedlichkeit und mit all den alltäglichen Konflikten und dramatischen Entwicklungen aus der Erinnerung der ehemaligen deutschen Bewohner lebendig werden lassen. Aber auch Polen, die entweder vor 1945 schon dort lebten oder – das ist der häufigere Fall – erst nach dem Krieg dorthin gekommen sind und bewusst oder unbewusst das deutsche Erbe übernommen haben, schildern ihre eigene Sicht auf die Vergangenheit.

Wer sich auf diese Art der Spurensuche einlässt, kommt an einer Wahrnehmung nicht vorbei: Zwischen Deutschen und Polen gibt es zwar zahlreiche persönliche Freundschaften, zwischen beiden Staaten ist das Verhältnis jedoch noch heute, als gleichberechtigte Nachbarn in der EU, nicht wirklich herzlich – mitunter ist es nicht einmal entspannt. Vor allem Themen aus der gemeinsamen Geschichte sorgen immer wieder für ausgesprochen gereizte Reaktionen. Meist geht es dabei um den Zweiten Weltkrieg und seine Folgen, doch die Wurzeln dieser Auseinandersetzungen reichen weit tiefer in die Vergangenheit.

Die geographische Nachbarschaft hat Polen und Deutsche seit Jahrhunderten mehr getrennt als miteinander verbunden. Existenziell ist der Konflikt aus Sicht der Polen spätestens seit dem Ende des 18. Jahrhunderts, als die Nachbarn Preußen, Russland und Österreich das polnische Staatsgebiet unter sich aufteilten – und damit Polen für mehr als hundert Jahre von der europäischen Landkarte tilgten. Dramatisch wurden diese Teilungen, weil vor allem Preußen sich nicht mehr damit zufriedengeben wollte, die neuen Territorien einfach zu besitzen und Einkünfte daraus zu beziehen. Der aufstrebende preußische Staat sah sich selbst als Vorbild, die propagierten preußisch-deutschen Tugenden Disziplin, Fleiß, Gehorsam galten als Maßstab und die vollständige Germanisierung der nichtdeutschen Untertanen, die man als kulturell rückständig betrachtete, als wichtiges Ziel. Deshalb sollten die Polen deutsch sprechen, ihre Kinder in deutsche Schulen schicken und auf Dauer komplett deutsch werden.

Die polnische Bevölkerung reagierte mit Empörung und Widerstand. Beide Seiten entdeckten die Geschichte als Quelle, aus der sich schöpfen ließ, um die eigene Überlegenheit zu belegen, und als Arsenal im ideologischen Kampf. Die Preußen stellten ihr Herrschaftsgebiet als urgermanischen Siedlungsraum dar und priesen die zivilisatorischen Leistungen des Deutschen Ritterordens, der im Mittelalter weite Landschaften östlich der Oder überhaupt erst urbar gemacht habe. Für die Polen wiederum waren die gleichen Gebiete urslawische Erde, die unter der Herrschaft der Piasten-Dynastie zu voller Schönheit erblüht sei. Man verwies auf die Schlacht von Grunwald, als im Jahr 1410 der polnische König mit seinen Soldaten einen glänzenden Sieg über ein Heer der Ordensritter errang.

Die Botschaft beider Seiten war klar: Dieses Land gehört uns, denn wir haben ein älteres Anrecht darauf und auch die größeren Leistungen vollbracht. Die Haltung findet sich in zahlreichen Gemälden und Theaterstücken, die einer Mode der Zeit folgten und in freiem Umgang mit historischen Fakten Nationalpropaganda betrieben. Auf deutscher Seite ließen es sich auch seriöse Schriftsteller nicht nehmen, immer neue Zerrbilder der «polnischen Wirtschaft» zu malen, die Polen als schlampig und unzuverlässig zu verhöhnen.

Auch Historiker auf beiden Seiten stellten ihre Forschung und ihre Arbeit bereitwillig in den Dienst der Politik. Die Erkenntnisse sollten den ideologischen Bedürfnissen folgen und die lautstark formulierten Gebietsansprüche legitimieren. Je besser sie sich dafür eigneten, desto wirksamer wurden sie in Zeitungen und Zeitschriften, in Broschüren und Denkschriften unters Volk gebracht oder in Form von Gedichten, Theaterstücken und Liedern unauslöschlich in die Köpfe von Groß und Klein gepresst.

Gegen Ende des 19. Jahrhunderts steigerte sich der Drang, die Welt nach nationalen Kategorien zu ordnen, immer weiter. Auch die Kirchen waren daran beteiligt, denn aus preußischer Sicht waren nur Protestanten fähig, als loyale Untertanen zu dienen. Katholiken waren suspekt, nach der Reichsgründung wurden sie von Kanzler Bismarck offen als «Reichsfeinde» bezeichnet und auch so behandelt. Die große Mehrheit der Polen war damit in doppeltem Sinne verdächtig, durch die Sprache und den Glauben. So wurde der preußische Kulturkampf gegen die katholische Kirche in allen Gebieten, in denen Polen lebten, zugleich als Angriff auf ihre kulturelle Identität interpretiert – und war auch wohl oft so gemeint. In besonders konzentrierter Form spielte sich dieses Vorgehen nicht nur in den östlichen Provinzen, sondern auch weit im Westen des Deutschen Reiches ab, im rheinisch-westfälischen Steinkohlerevier, dem sprunghaft wachsenden Ruhrgebiet. Hierhin wurden gezielt junge Polen als

Arbeitskräfte für den Bergbau angeworben, und hier entstanden auf diese Weise polnische Siedlungen. Zunächst konnten sie von polnischen Priestern betreut werden, denen man jedoch schon nach kurzer Zeit nationale Propaganda vorwarf, was im Übrigen nicht völlig aus der Luft gegriffen war: In ihren Predigten warnten die Priester ihre Schäfchen vor Gottlosigkeit, Sozialdemokratie – und Germanisierung, wie sie in den östlichen Provinzen des Reiches schon länger praktiziert wurde. Die polnische Gemeinde sollte bis zur Wiederbegründung eines polnischen Staates stark und intakt bleiben, das war die Absicht und der Auftrag der katholischen Priester. In Vereinen wurden polnische Traditionen aller Art gepflegt. All diese Zusammenschlüsse wurden von der preußischen Polizei argwöhnisch beobachtet und überwacht, immer wieder etwa durch die Schließung von Vereinslokalen schikaniert oder zwischenzeitlich verboten.

Um die Jahrhundertwende, als vor dem Hintergrund der Industrialisierung im Deutschen Reich nicht nur im Ruhrgebiet, sondern auch in Oberschlesien, in Posen und in Thorn der Anteil der polnischen Bevölkerung immer größer wurde, wollte auf deutscher Seite niemand anerkennen, dass der wirtschaftliche Aufschwung Deutschlands gerade auch diesen Arbeitskräften zu verdanken war. Im Gegenteil, durch ihre «nationale Andersartigkeit» galten sie als Gefahr für das Überleben des preußisch-germanischen Deutschtums.

Für die Ideologen ging es um eine reale und existenzielle Bedrohung und um eine nahende Entscheidungsschlacht, bei der niemand unbeteiligt bleiben konnte. Bei einem Besuch in der geschichtsträchtigen Marienburg im Juni 1902 erklärte Kaiser Wilhelm II.: «Jetzt ist es wieder so weit. Polnischer Übermut will Deutschtum zu nahe treten, und Ich bin gezwungen, Mein Volk aufzurufen, zur Wahrung seiner nationalen Güter.» Dass zu diesem Zeitpunkt einige Millionen Polen Untertanen genau dieses Kaisers waren, schien ihn nicht zu stören. Solange sie

Polen bleiben wollten, mussten sie bekämpft werden. Nach derselben kriegerischen Logik betrieben die Polen ihrerseits nationale Selbstvergewisserung und Aufwiegelung, indem sie 1910 in Krakau ein monumentales Reiterdenkmal einweihten, das zur 500-Jahr-Feier der Schlacht von Grunwald/Tannenberg nachdrücklich daran erinnern sollte, dass Polen historisch gesehen den Deutschen eigentlich überlegen und die darauf folgenden Jahrhunderte der Teilungen und Fremdherrschaft ein ungerechtfertigter Ausnahmezustand seien, der – so die klare Folgerung – möglichst bald beendet werde müsse.

Zunächst sah die Weltlage nicht danach aus. Als im Sommer 1914 der Erste Weltkrieg begann, mussten polnische Soldaten in der deutschen, der russischen und der österreichischen Armee kämpfen – oftmals gegeneinander. Dass am Ende des Krieges diese drei Großmächte besiegt sein und so den Weg für die Neubegründung eines souveränen polnischen Staates frei machen würden, schien mehr als unwahrscheinlich. Zu Beginn stellte sich die Situation vor allem im Osten ganz anders dar: Im August errang die deutsche Armee im südlichen Ostpreußen einen deutlichen Sieg, und die Sieger ließen es sich nicht nehmen, diesen Triumph die «Schlacht von Tannenberg» zu nennen und darauf hinzuweisen, dass nunmehr die Schmach von 1410 endgültig getilgt und die wahren Kräfteverhältnisse wiederhergestellt seien. Es wurde auch ein gewaltiges Denkmal geschaffen, das im Laufe der Zeit den Charakter einer quasireligiösen Wallfahrtsstätte annahm.

Doch selbst der «Held von Tannenberg», General von Hindenburg, konnte nicht verhindern, dass die Deutschen am Ende des Ersten Weltkrieges die großen Verlierer waren. Auch Russland und Österreich verloren ihre gekrönten Herrscher und ihre Machtposition. Alle drei mussten hinnehmen, dass die europäische Karte neu gezeichnet wurde und zu ihren Lasten neue souveräne Staaten entstanden. Ein besonderes Anliegen der

Siegermächte war es, durch den Friedensschluss von Versailles nach mehr als einhundert Jahren den polnischen Staat wiederherzustellen. Über die Ausmaße und die Grenzen dieses Staates gab es allerdings von Anfang an sehr unterschiedliche Vorstellungen. Einige polnische Politiker befanden, selbst ein Polen in den Grenzen von 1772, also vor den Teilungen, sei noch zu klein und entspreche eigentlich nicht seiner legitimen Größe.

Die Suche nach plausiblen Argumenten für die Grenzziehung stellte sich als ausgesprochen schwierig dar. Die Entscheidung nach Bevölkerungsmehrheit wurde von polnischer Seite abgelehnt, da der preußisch-deutsche Staat durch Germanisierung aus zu vielen Polen Deutsche gemacht habe. Die Suche nach der historisch eindeutigen Zugehörigkeit war vermintes Gelände, da auch die Historiker beider Seiten für jeden Anspruch ein passendes Datum bereithielten und die dazugehörigen Urkunden und Dokumente je nach Bedürfnis für echt oder gefälscht erklärten. Der Wille der Bevölkerung sollte nicht – oder zumindest nicht überwiegend – entscheiden, da sich bei Territorien, die auf jeden Fall zu Polen gehören sollten (etwa der «Korridor», der einen eigenen Zugang zum Meer sicherstellte), nach ersten Umfragen abzeichnete, dass die Abstimmung eine «falsche», weil deutsche Mehrheit ergeben würde. So wurde ein Teil der Gebiete per Dekret polnisch, in anderen Teilen wurde eine Abstimmung zugelassen. Besonders dramatisch stellte sich die Situation in Schlesien dar, wo es eine lange Tradition deutsch-polnischer Besiedelung gab. Für den entstehenden polnischen Staat war vor allem das prosperierende Industriegebiet Oberschlesien attraktiv. Hier führte die Politik der Alliierten dazu, dass das Gebiet geteilt wurde, die Bevölkerung sich in einen blutigen Bürgerkrieg verstricken ließ und es am Ende ein deutsches Oberschlesien mit einer polnischen Minderheit und ein polnisches Oberschlesien mit einer deutschen Minderheit gab. Diese Unübersichtlichkeit der Regelungen sorgte von Anfang an

Die Siegermächte des Ersten Weltkriegs teilten 1920 die schlesische Stadt Teschen in zwei Hälften. Der polnische Teil, nun Cieszyn, wurde in die Wojwodschaft Schlesien eingegliedert. Damit waren weitere bewaffnete Konflikte vorprogrammiert.

auf allen Seiten für Unzufriedenheit und das Gefühl, ungerecht behandelt worden zu sein. Auf beiden Seiten wurden umgehend Forderungen laut, die Grenzen wieder zu verschieben, natürlich in entgegengesetzte Richtungen.

In dieser Welt im Schatten des Krieges, in dieser politisch brenzligen Situation wuchsen Christel Reichert, Sigismund von Zedlitz, Heinz Blossey und all die anderen Zeitzeugen auf, die in diesem Buch von den Erlebnissen ihrer Kindheit und Jugend erzählen. Ihre Erinnerungen sind so unterschiedlich, wie die Lage in ihrer Heimat damals war.

In Pommern hatte sich im Kern nichts Entscheidendes verändert. Nicht einmal der Wandel vom Kaiserreich zur Weimarer Republik hatte im Alltag wirklich spürbare Auswirkungen. Es gab jetzt eine Grenze zu Polen und gewisse Schwierigkeiten, wenn man nach Ostpreußen reisen wollte, aber ansonsten blieb die nach Ständen geordnete Welt die alte, und die veränderte Großwetterlage der Politik ging im Wesentlichen nur die Männer etwas an. Für sie zählte vor allem ein Thema: Es durfte nicht sein, dass Glanz und Gloria des preußischen Militärs durch die Auflagen des Versailler Vertrages so kategorisch beschnitten wurden. Was nun offen nicht mehr erlaubt war, vor allem die Ausbildung von Rekruten und das Training von Reservisten, wurde also im Verborgenen weiter betrieben. Die Überzeugung, «im Felde unbesiegt» geblieben und von einer unfähigen Zivilistenregierung «verraten» worden zu sein, herrschte in weiten Teilen der Bevölkerung vor, besonders natürlich bei all denen, die als Offiziere auf deutscher Seite gekämpft hatten. Der Vertrag von Versailles war ein «Diktatfrieden», eine «Schmach», die so bald wie möglich getilgt werden müsse. Als wichtigstes Ziel stand vor Augen, die seit Versailles polnisch gewordenen Teile des Deutschen Reiches «heimzuholen». Polen wurde als «Saisonstaat» verhöhnt, dem man nur eine kurze Existenz zutraute.

In Westpreußen dagegen sah die Situation ganz anders aus. Hier waren die Machtverhältnisse komplett auf den Kopf gestellt. Die Deutschen, die über Generationen die Herren im Land gewesen waren, stellten nun eine Minderheit dar. Viele von ihnen verließen gleich in den ersten Monaten nach der polnischen Staatsgründung die Heimat in Richtung Pommern oder Ostpreußen, entweder weil sie im Staatsdienst als Deutsche nun nicht mehr arbeiten durften oder weil ihnen eine Zukunft unter der polnischen Flagge zu unsicher erschien. Gleichzeitig zogen viele Polen aus dem Ruhrgebiet neu hinzu, voller Hoffnung, nun im eigenen Staat mit eigener Sprache und Kultur glücklich werden zu können. Auch aus anderen Teilen Polens kamen Menschen, um Wohnungen oder Bauernhöfe zu übernehmen, die durch den Weggang von Deutschen frei wurden. Das ehemalige Westpreußen sollte eindeutig und unwiderruflich polnisch werden. Dazu wurde nun auch eine Polonisierungspolitik in Gang gesetzt, in deren Mittelpunkt das Erlernen der Sprache stand. Städte, Straßen und Plätze wurden umbenannt, deutsche Schulen nach und nach geschlossen. Aus Graudenz wurde Grudziądz, aus der Weichsel die Wisła. Die Deutschen wurden als Gruppe vor allem wegen der regen Kontakte ins Deutsche Reich argwöhnisch betrachtet und häufig in der Presse attackiert, tätliche Übergriffe blieben aber die Ausnahme.

Besonders dramatisch wurde Schlesien vom Ende des Ersten Weltkriegs und den Bestimmungen des Versailler Vertrages getroffen. Das Gezerre um Oberschlesien stellte auch die Bevölkerung auf eine harte Probe. Für die Menschen, die sich der machtpolitischen und ideologischen Aufteilung in Deutsche und Polen lange dadurch entzogen hatten, dass sie sich mehrheitlich als Schlesier empfanden und bezeichneten, war dies nun nicht mehr möglich. Das Bekenntnis für und gegen Polen, für und gegen Deutschland nahm hier heftigere Formen an als anderswo. Es war verbunden mit Aufständen, fast einem Bürgerkrieg, der bis zur vorläufig endgültigen Grenzziehung 1921 die Bevölkerung in den Grenzgebieten spaltete und auf beiden Seiten ein Gefühl der Verbitterung hinterließ. Vor allem war das Oberschlesische Industriegebiet nun geteilt, traditionelle Handels- und Absatzwege wurden unterbrochen, ein wirtschaftlich intakter Raum erheblich geschwächt. Die Auseinandersetzung um die Grenze in Schlesien machte die polnische Republik und die Weimarer Republik von Anfang an zu Gegnern, die sich feindselig belauerten. Beide Seiten produzierten eine enorme Menge an Texten, die Wissenschaft, Publizistik und Propaganda unauflöslich miteinander vermischten, stets mit dem Ziel darzulegen, warum eine neuerliche Änderung der Grenzen unausweichlich und historisch legitim sei.

So verbissen und gereizt man sich die Situation der zwanziger und frühen dreißiger Jahre auch vorstellen muss, so unwahrscheinlich wäre in diesen Jahren Christel Reichert, Sigismund von Zedlitz sowie Heinz Blossey und ihren Familien die Vorstellung gewesen, dass sie gewissermaßen das letzte Kapitel einer langen Geschichte erlebten. Bei aller Feindseligkeit der offiziellen Rhetorik gab es doch im Alltag in den von Deutschen und Polen bewohnten Regionen überwiegend Normalität, gab es sowohl in Westpreußen als auch in Oberschlesien nachbarschaftliche Beziehungen oder doch zumindest eine friedliche Koexistenz, auch Freundschaften und Liebesbeziehungen über die Grenzen der Nationalität hinweg – und in Ostpommern nicht den leisesten Schimmer einer Ahnung, dass man in der nahen Zukunft Faustpfand der deutsch-polnischen Gegnerschaft werden könnte. Selbst in den politisch aufgeheizten Zeiten nach dem Ersten Weltkrieg hat niemand an Ausweisungen und Zwangsumsiedlungen größeren Stils gedacht. Dafür waren Erfahrungen notwendig, die sich zu diesem Zeitpunkt bei aller verbalen Kraftmeierei noch niemand vorstellen konnte.

Als Hitler 1933 die Macht übernahm, erschien seine Polenpolitik vielen national gesinnten Deutschen zunächst als Enttäuschung, denn er steigerte nicht die revisionistischen Kampfgesänge, sondern setzte auf Stillhalten und Nichtangriff – für viele seiner Anhänger völlig unverständlich. Dabei war sein Konzept von nationalsozialistischer deutscher Politik im Osten Europas ungleich radikaler. Es hatte nichts mehr damit zu tun, «nur» Grenzen zu verschieben und ehemals deutsche Territorien zurückzuerobern. Diesmal sollte deutsche Politik Osteuropa grundsätzlich umgestalten – in einen Lebensraum für germanische «Herrenmenschen», die über Heerscharen von rechtlosen «Untermenschen» gebieten. Dazu sollten Regionen, die weit über Polen hinausgingen, erobert und gänzlich neu bevölkert werden. Die unerwünschte einheimische Bevölkerung, Slawen und Juden, sollte dezimiert und deportiert werden, damit «Volksdeutsche», die bis dahin als Minderheiten in unterschiedlichsten Staaten lebten, dort zusammengeführt werden und einen einheitlich germanischen Lebensraum begründen könnten.

Für Polen war dabei ein besonders schreckliches Schicksal vorgesehen. Nach den Vorstellungen der Nationalsozialisten sollte Polen als Kulturnation komplett ausgelöscht werden und nur noch als ein Volk von Sklavenarbeitern fortbestehen. Für die Umsetzung dieser monströsen Pläne ab Herbst 1939 war es besonders hilfreich, dass quer durch alle politischen Lager in Deutschland antipolnische Ressentiments gepflegt wurden. Es gab genügend Willige, die sich an der Ermordung von Politikern, Lehrern, Ärzten, Pfarrern, Juristen, Künstlern und Professoren beteiligten, die polnische Bauern von ihrem Land vertrieben und die Deportation der polnischen Juden in die Ghettos und ihre systematische Tötung in den Vernichtungslagern in die Tat umsetzten. Vor allem durch die verheerende Zeit der deutschen Besatzung wurde Polen ausgeplündert und ausgeblutet wie keine andere Nation. Alle Verbrechen der Kriegszeit wurden in Polen begonnen, dort wie in einem Laboratorium getestet und bis zur Perfektion getrieben. Sechs Millionen Polen kostete diese Politik das Leben. Die Wahrnehmung für dieses ungeheuerliche Unrecht und das Bekenntnis dazu fehlen allerdings weitgehend im deutschen Bewusstsein. Neben dem Gedenken an den Holocaust und an die Verbrechen des Krieges gegen die Sowjetunion bleibt das Leid der Polen im deutschen Umgang mit der Vergangenheit merkwürdig blass – und aus polnischer Sicht wohl auch auf kränkende Weise unausgesprochen.

Wann dieser Krieg in die eigene Wahrnehmung rückte, wann er Teil des eigenen Alltags wurde, das war für Christel Reichert,

Sigismund von Zedlitz und Heinz Blossey sehr unterschiedlich. Am unmittelbarsten spürten und erlebten ihn sicher die Deutschen, die damals als Minderheit in Polen lebten, im polnischen Ostoberschlesien oder in Westpreußen. Schon 1938/39 war hier in vielen Aspekten des Lebens unübersehbar, wie sehr die Spannungen zwischen dem deutschen und dem polnischen Staat wuchsen, wie sehr die aggressive Propaganda auf Taten, auf eine kriegerische Entladung drängte. Die deutsche Goetheschule in Graudenz musste, wie viele deutsche Institutionen, massive Behinderungen ihrer Arbeit hinnehmen – die Ahnung, dass ein neuer Krieg unmittelbar bevorstand, wird höchst gemischte Gefühle ausgelöst haben. Nach dem deutschen Überfall auf Polen und dem schnellen Sieg befanden sich die deutschen Minderheiten ebenfalls in einer prekären Lage: Jetzt sollten sie sich ausdrücklich wieder als Herren und Herrenmenschen in ihrer Heimat fühlen, und manch einer hat der Versuchung, dies gründlich auszunutzen, nicht widerstanden. Sie erlebten aber auch sehr viel unmittelbarer als andere, wie gnadenlos die deutschen Besatzer mit vielen polnischen und jüdischen Nachbarn und Bekannten umgingen. Nachdem die deutschen Minderheiten in Polen bis 1939 von der konkreten Politik der Nazis im Reich wenig mitbekommen hatten, dürften ihnen schon in den ersten Monaten, nachdem sie «ins Reich heimgeholt» worden waren, alle Illusionen vergangen sein. In Pommern und den deutschen Teilen Schlesiens dagegen blieb der Krieg lange eine ziemlich ferne Realität. Während die großen Industriezentren Westdeutschlands bereits Ziel der alliierten Bombardierungen waren, schien der Friede am Fuße der Schneekoppe oder rund um Stolp und Stettin noch ganz ungetrübt. Erst als die Flüchtlingstrecks aus Ostpreußen eintrafen, wurde auch hier allen Bewohnern klar, dass dieser Krieg mehr Opfer fordern würde als «nur» die Soldaten an den bislang so fernen Fronten.

Die europäische Nachkriegsordnung wurde schon seit 1943 von den Alliierten diskutiert – Polen hatte dabei über seine Exilregierung einen indirekten Einfluss, aber keine entscheidende Stimme. Vor allem den Briten erschien es als einzig denkbare Lösung für eine künftig friedliche Situation, alle deutschen Minderheiten aus Osteuropa auszusiedeln. Außerdem war klar, dass die Sowjetunion sich nach Westen ausdehnen würde, um eine Kompensation für die gewaltigen Kriegsschäden auf ihrem Territorium zu erhalten. Das würde auf Kosten Polens gehen, und damit mussten auch im Westen die Grenzen neu gezogen werden. Die Menschen erfuhren von diesen Plänen nichts. Selbst 1945, als schon Hunderttausende aus Ostpreußen, Westpreußen, Pommern und Schlesien vor der Roten Armee Richtung Westen geflohen waren, gingen immer noch viele davon aus, es handele sich um einen vorübergehenden Zustand und man werde nach einem Friedensschluss in die Heimat zurückkehren können. Im Sommer 1945 war nicht klar, dass Breslau, Stettin, Posen, Thorn, Graudenz und Königsberg nach den Plänen der Alliierten schon längst nicht mehr deutsch waren und es auch nie wieder sein würden.

Nach den furchtbaren Erfahrungen des Krieges und der deutschen Besatzung war es mit Sicherheit für die meisten Polen eine Genugtuung, jetzt die Deutschen in der Rolle der Besiegten zu sehen, und viele haben ihrem Bedürfnis nach Rache für die grauenhafte Zeit unter deutscher Herrschaft freien Lauf gelassen. Dass die Lage der Deutschen im Osten bei Kriegsende so dramatisch und lebensbedrohlich war, daran trugen aber auch andere Schuld, zuallererst die nationalsozialistischen Gauleiter, die die Evakuierung so lange verhindert hatten, bis sie kaum noch möglich war, und dann die Soldaten der Roten Armee. Wie ihre Rolle als Flüchtlinge und als Vertriebene im Einzelnen aussah, das ist zentraler Bestandteil der Lebenserfahrung von Christel Reichert, Sigismund von Zedlitz, Heinz Blossey und fast all ihren Angehörigen. Es sind vielfach Erinnerungen, die eher verborgen als erzählt wurden, die jahrelang in Träumen wiederaufgetaucht sind und auch nach vielen Jahrzehnten hinter vielsagenden Blicken und manchmal Tränen versteckt bleiben.

Über die Flucht und die Vertreibung der Deutschen aus ihren östlichen Siedlungsgebieten ist in den vergangenen Jahren nach einer längeren Zeit des Schweigens viel geschrieben, gesendet und geredet worden. Viele Schicksale, die unter dem Nicht-erzählen-Dürfen und dem Nicht-wissen-Wollen der Nachkriegszeit vergessen schienen, sind so einer breiteren Öffentlichkeit bekannt geworden. Diese Erinnerungswelle hat bei den östlichen Nachbarn Deutschlands, besonders in Polen, sehr gemischte Gefühle ausgelöst. Vielfach waren damit die Sorge und der Argwohn verbunden, die Deutschen würden sich nun selbst vorrangig als Opfer sehen und den Kontext und die Ursachen der Vertreibungen in der Mitte den 20. Jahrhunderts aus dem Blick verlieren. Es zeigt sich, dass nach Jahrzehnten des unterschiedlichen Verschweigens noch keine belastbare Basis existiert, auf der Krieg und Besatzung einerseits, Flucht und Vertreibung anderseits ohne Ängste und Verkrampfungen zum Thema werden könnten.

Auch das hat seine Wurzeln. In der Zeit nach dem Krieg wurde die umfassende kritische Auseinandersetzung mit der jüngsten Vergangenheit an allen Fronten vermieden oder sogar unterbunden, und das nicht nur von Deutschen und Polen, sondern sehr nachdrücklich auch von Seiten der Sowjetunion. Auf Stalins Druck waren die Grenzen der Sowjetunion deutlich nach Westen verschoben worden – auf Kosten Polens, das hinnehmen musste, dass Hunderttausende von Polen unter dem neuen Diktum einer ethnischen Reinheit ihre Heimat verloren und zwangsweise ausgesiedelt wurden. Die meisten von ihnen wurden in die ebenso zwangsweise von Deutschen «gesäuberten» Regionen Ostpommern und Schlesien verfrachtet, wo sie nicht nur der eigenen verlorenen Heimat nachtrauerten, sondern auch eine in jeder Hinsicht fremde Umgebung vorfanden, von der sie ahnten, dass sie nicht aus natürlichen Gründen quasi menschenleer war. Wer aber in den Häusern gelebt hatte, die man ihnen zuwies, welche Geschichte die Dörfer und Städte hatten, die nun ihre werden sollten, darüber sollte nicht gesprochen werden. Es waren «wiedergewonnene» polnische Territorien, urslawische Gebiete, mit einer ungebrochen pol-

1945 markieren polnische Soldaten an der Oder die neue Westgrenze Polens.

nischen Tradition – so die offizielle Version. Weil mit Händen zu greifen war, dass das nicht stimmen konnte, denn hier und dort tauchten immer wieder deutsche Hinterlassenschaften, Inschriften, Friedhöfe, Wegekreuze auf, muss das Verhältnis zur neuen Heimat in gewisser Weise gespenstisch gewesen sein. Räume, über deren Geschichte man nichts wissen darf, haben etwas Bedrohliches.

Auch in der DDR existierte das Thema Vertreibung nicht. Als Mitglied der sozialistischen Familie konnte man schlecht die Brüder in der Sowjetunion und in Polen für den millionenfachen Verlust von Heimat verantwortlich machen. Selbst den Begriff gab es offiziell nicht – dafür lebten in der DDR ungeheuer viele «Umsiedler». Wenn man bedenkt, dass 1950 jeder vierte Bürger der DDR aus den ehemaligen deutschen Ostgebieten stammte, beginnt man zu verstehen, welche Verdrängungsleistung von diesen Menschen eingefordert wurde, um das politische Weltbild nicht zu gefährden. Man ahnt auch, dass die Anerkennung der «Friedensgrenze» zu Polen, die 1950 von der DDR ausgesprochen wurde, wohl kaum den Willen der Bevölkerung wiedergegeben hat. Die jahrzehntelang gepflegten und eingeübten Ressentiments gegenüber Polen waren doch durch die gerade zurückliegenden Ereignisse für die überwiegende Mehrheit eher bestätigt als widerlegt worden.

In der Bundesrepublik spielten die Vertriebenen und ihre Organisationen eine gänzlich andere Rolle. Nach den schwierigen ersten Jahren der Integration forderten sie zunehmend selbstbewusst Einfluss auf die bundesdeutsche Politik, und zumindest in der Ära Adenauer wurde er ihnen auch gewährt. Sie verlangten vor allem, dass die im Potsdamer Abkommen festgelegte Grenze entlang der Oder und der Neiße nicht anerkannt wurde und dass die Forderung nach Rückgabe der ehemals deutschen Gebiete Bestandteil westdeutscher Politik gegenüber den Ostblockstaaten sein müsse. Es begann eine Ära der sehr einseitigen Schicksalsbetrachtung. Die deutschen Heimatvertriebenen formulierten im August 1950 eine Charta mit dem feierlichen Verzicht auf «Rache und Vergeltung», legten darin aber auch die Sichtweise fest, sie seien die «vom Leid dieser Zeit am schwersten Betroffenen». Von Kriegsverbrechen der Deutschen ist in diesem Papier keine Rede, nicht einmal konkret vom Unrecht, das Millionen von Polen angetan worden ist, erwähnt wird lediglich sehr pauschal «das unendliche Leid, welches im besonderen das letzte Jahrzehnt über die Menschheit gebracht hat».

Die ersten echten Annäherungen gab es in den sechziger Jahren. Zunächst waren es, vielleicht nicht ganz zufällig, die Kirchen, die evangelische in Deutschland und die katholische in Polen, die sich die Freiheit nahmen, deutlicher als die Politk darauf hinzuweisen, dass die gewaltsame Trennung der Deutschen und der Polen auch einen unermesslichen kulturellen Verlust bedeutete. Beide Initiativen wurden im Jahr 1965 öffentlich. Man kann davon ausgehen, dass auf deutscher Seite auch der Schock des Auschwitz-Prozesses und die unausweichliche Wahrnehmung der ungeheuren deutschen Schuld eine Rolle gespielt hat. Die Evangelische Kirche in Deutschland äußerte in ihrer Denkschrift «Die Lage der Vertriebenen und das Verhältnis des deutschen Volkes zu seinen östlichen Nachbarn» jedenfalls tiefstes Bedauern darüber, dass «der frühere reiche menschliche, geistige und kulturelle Austausch völlig zum Erliegen kam und bis heute noch kaum wieder aufgenommen ist». Und sie warnte: «Je weiter wir uns von den Ereignissen des Kriegsendes entfernen, desto mehr verschieben sich offenbar im Erinnerungsbild vieler die tatsächlichen politischen und geschichtlichen Zusammenhänge zugunsten einer einseitigen Sicht der Dinge.» Etwa zeitgleich formulierten die polnischen katholischen Bischöfe einen Brief an ihre deutschen Amtsbrüder. Sie plädierten dafür, mit Blick auf die Existenzmöglichkeiten des polnischen Staates die Oder-Neiße-Grenze anzuerkennen, und sie eröffneten eine wahrhaft große Perspektive: «Wir vergeben und bitten um Vergebung.» Die wirklich stimmige Antwort darauf war die innenpolitisch höchst umstrittene Ostpolitik des Bundeskanzlers Willy Brandt, mit dem Abschluss des Warschauer Vertrages im Dezember 1970 und dem Kniefall vor dem Mahnmal für die Toten des Warschauer Ghettos.

Trotzdem hat es bis zur deutschen Wiedervereinigung, bis zum Ende des Ostblocks und dem deutsch-polnischen Vertrag gedauert, dass nun endgültig die inneren und äußeren Hindernisse für eine wirkliche Verständigung zwischen Deutschen und Polen beseitigt sind. Als zusätzlicher Segen könnte sich herausstellen, dass mittlerweile die Europäische Union den Kontext für alles gesellschaftliche und politische Handeln bildet. Vor diesem Hintergrund könnte zum ersten Mal seit Jahrzehnten, in mancher Hinsicht sogar seit Jahrhunderten, ein polnisch-deutscher Dialog entstehen, der ernsthaft und konstruktiv auf eine Verständigung gerichtet ist. Eine Reihe von deutschen und polnischen Historikern der jüngeren Generation geht seit einigen Jahren sehr engagiert daran, die gemeinsame Geschichte mit ihren Widersprüchen und Gegensätzlichkeiten aufzuarbeiten und vor allem die unterschiedliche Bedeutung und Gewichtung von Namen, Daten und Orten im jeweiligen Gedächtnis füreinander nachvollziehbar zu machen.

Dass eine solche Verständigung auf breiter Basis notwendig ist, zeigt sich immer wieder, wenn gezielte oder unbedachte politische Äußerungen zu echten Krisen führen. Die Auseinandersetzungen um die aus dem Nichts auftauchenden Rückgabeansprüche der Berliner Treuhand waren ein solches Beispiel, die erbitterten Debatten um das «Zentrum für Vertreibung» ein anderes. Im Verhältnis zwischen Deutschland und Frankreich, die ja immerhin auch über lange Jahrzehnte «Erbfeinde» waren, würden solche Provokationen allenfalls noch Kabarettisten erfreuen, weil das Verhältnis zwischen den Bürgern vielleicht nicht durchgehend freundschaftlich, aber doch nachhaltig entspannt ist.

Von diesem Zustand sind wir zwischen Deutschen und Polen noch ein Stück entfernt. Im Sinne einer gemeinsamen europäischen Zukunft und einer wirklich gedeihlichen Nachbarschaft sollte diese Distanz aber überwunden werden. Gerade viele Deutsche, die in heute polnischen Regionen zu Hause waren, sind in dieser Hinsicht Vorbilder. Aus den ersten «Heimwehreisen», die sie an die Orte ihrer Kindheit und Jugend geführt haben, sind in vielen Fällen feste neue Kontakte zur ehemaligen Heimat geworden, die mit tatkräftiger und handfester Hilfe einhergehen, mit Austausch und tiefen freundschaftlichen Bindungen. Auf polnischer Seite sind es oftmals die selbst heimatvertriebenen Menschen aus Ostpolen, die ihre unbekannten «Vorgänger» in Schlesien oder Ostpommern mit einem besonderen Verständnis für die Gefühlslage von Entwurzelten freundlich aufgenommen und ihre Lebensgeschichten angehört haben. Es sind die einzelnen Initiativen, die das Bemühen um den Dialog voranbringen, die Schulklasse in Deutschland, die einen Besuch in Polen organisiert, die Schulklasse in Polen, die die Patenschaft für einen lange verwahrlosten deutschen Friedhof übernimmt, die Gemeinde in Deutschland, die die Glocke für die Kirche der Partnergemeinde stiftet – und alle deutschen Reisenden in Polen, die sich auf das Gespräch einlassen, vor allem auf das Zuhören, das das Bewusstsein schärft für die Geschichten, die in keinem Schulbuch stehen.

Die Autorinnen und Autoren dieses Buches und der Filme, die in diesem Zusammenhang für das WDR-Fernsehen entstanden sind, haben sich auf die Suche nach diesen Geschichten aus einer versunkenen und so lange vergessenen und verschwiegenen Welt gemacht, um einen lebendigen Zugang zu einem immer noch viel zu wenig vertrauten Nachbarland und einem zentralen Kapitel europäischer Vergangenheit zu finden. Für Ulla Lachauer, Hans-Dieter Rutsch, Gerald Endres und viele andere an diesem Projekt Beteiligte war es keine abstrakte Suche, sondern in vielfältiger Weise auch eine sehr persönliche Entdeckungsreise, eine Bereicherung der eigenen, mitunter auch familiären Vorstellung von Vergangenheit. Der Historiker Włodzimierz Borodziej hat uns dabei unterstützt, diese Geschichten um eine polnische Perspektive zu ergänzen – und dabei auch zu unterstreichen, wo sich die deutsche und die polnische Sicht der Dinge nach wie vor unterscheiden. Wir haben, in fast identischer Zusammensetzung, vor vier Jahren mit dem Projekt «Als die Deutschen weg waren» den Versuch unternommen, einen Dialog über die Folgen der Vertreibung aus europäischer Sicht zu eröffnen. Die vielfältigen und lebhaften Reaktionen haben uns ermutigt, nun auch den Schritt in die mit Sicherheit konflikthaltigere Zeit vor der Vertreibung zu wagen. Wir haben uns bemüht, Zeitzeugen zu finden, die bereit sind, über Zeiten und Erlebnisse in ihrem Leben zu berichten, die alles andere als erfreulich, die mit Schmerz und Wehmut belastet sind. Wir haben erlebt, dass gerade die Zeitzeugen diese Erinnerungen in vielfältiger Weise kritisch und selbstkritisch gewendet haben, dass sie sich ganz besonders die wirkliche Aussöhnung zwischen Polen und Deutschen wünschen. Ihnen allen danken wir für ihre Offenheit und für das Vertrauen, das sie den Autoren geschenkt haben. Wir haben begriffen, dass das Zuhören viel wichtiger ist als das eigene Reden, dass der Schlüssel für eine Verständigung die unvoreingenommene Wahrnehmung auch des fremden Leids ist. Wenn in diesem Sinne der Blick in die Geschichte nicht mehr als Griff zur Waffe – wie so oft im deutsch-polnischen Verhältnis –, sondern als Einladung zum Dialog und zur Entdeckung verstanden werden könnte, hätte sich unser Projekt gelohnt.

Dann könnten die Gebiete, die ehemals im Osten Heimat für Deutsche waren, in einem ganz neuen Sinne für die gemeinsame europäische Kulturgeschichte «wiedergewonnene Gebiete» sein.

Als der Osten noch Heimat war: Schlesien

Hans-Dieter Rutsch

Das Land unter dem Kreuz

Es gibt keinen Wegweiser nach Schlesien. Es gibt kein Schild, auf dem geschrieben steht: Hier beginnt dieses Land. Das Land unter dem Kreuz – so wird es genannt. In einem doppelten Sinn: Die Schlesier sind fromm, und sie hatten ihr Kreuz zu tragen. Europäische Geschichte hat sich auf ihrem Buckel jahrhundertelang ausgetobt. Doch warum ist Schlesien verschwunden? Es gab in Berlin einen «Schlesischen Bahnhof». Die Regierung der DDR verfügte die Abänderung seines Namens – der Schlesische Bahnhof heißt seit 1950 Ostbahnhof. Und Züge nach «Schlesien» werden nicht mehr angezeigt. In beiden Weltkriegen stand das Linienschiff «S. M. S. Schlesien» in Diensten der deutschen Marine – 1945 wurde es von seiner eigenen Besatzung gesprengt. «Schlesien» ist buchstäblich von deutscher Hand versenkt worden.

Es gibt schlesische Landsmannschaften – aber die haben Anschriften weit im Westen der Bundesrepublik. Schlesier oder deren Nachfahren leben auch in Berlin. Nach dem Ersten Weltkrieg soll jeder vierte Berliner ein Schlesier gewesen sein. Und woran erkennt man sie heute? Sie selbst erkennen sich. Am Stadtrand von Berlin – auf halbem Weg nach Potsdam – befindet sich ein schlesisches Restaurant. Es wird gut besucht. Die Speisekarte verspricht dem Gast alles, was je in schlesischen Küchen duftete. Hauptgericht: Schlesisches Himmelreich. Das Haus gilt jenen Berlinern, deren Wurzeln in Schlesien liegen, längst als gute Adresse. Hochzeiten und Taufen werden dort festlich begangen. Aber die Betreiber dieser Gourmetküche sind Polen. Das Restaurant trägt den Namen «Chopin». Man frage einen Polen, welcher Nationalität dieser Komponist sei. Natürlich ist er gebürtiger Pole. Liegt Schlesien in Polen?

In West-Berlin sind Bezeichnungen mit dem Attribut «schlesisch» nach 1945 nicht verschwunden. Dort gibt es noch die U-Bahn-Station Schlesisches Tor. Sie ist berühmt, aber nicht wegen der schlesischen Beifügung. Die U-Bahn hält dort fünf Meter über der Erde und rollt weiter in Richtung Osten, parallel zur Schlesischen Landstraße. Bis 1989 endete die U-Bahn-Fahrt an der Mauer. Sie teilte die Welt – hinter ihr begann ein Alltag ohne schlesische Attribute. Die Schlesische Landstraße hieß in der DDR politisch ganz unverfänglich Puschkinallee und hat diesen Namen auch nach dem Fall der Mauer beibehalten.

Wer auf der Puschkinallee ein kleines Stück durch Treptow in Richtung Mahlsdorf fährt und nur einmal links abbiegt, der findet in Ost-Berlin schlesische Spuren, die erst nach der Wende sichtbar geworden sind. Im «Eicheneck», einem klassischen Berliner Wirtshaus mit betont deutscher Küche und gutem Bier, treffen sich regelmäßig die bei Kriegsende 1945 und in den ersten Nachkriegsjahren Vertriebenen aus Breslau zum Stammtisch. Breslau, heute Wrocław, einst deutsche Universitätsstadt. Hier lebten und forschten unter anderem der Mediziner Paul Ehrlich (Begründer der Chemotherapie) und der Chemiker Fritz Haber (ihm gelang die Synthese von Ammoniak) – dreizehn deutsche Nobelpreisträger sind Schlesier. Aber davon haben die Breslauer Schüler nach 1933 nichts mehr erfahren. Die Nobelpreisträger waren als Söhne jüdischer Eltern «nichtarisch» und für die deutschen Nazis allenfalls wert, beraubt und vernichtet zu werden.

Die ehemaligen Breslauer reden nicht gern darüber, dass in ihrer Stadt Deutschlands größte jüdische Gemeinde existierte.

Ihre offizielle Mitgliederstatistik wies 1933 fast fünfundzwanzigtausend Namen auf. Bis 1939 verließ jeder zweite Breslauer Jude seine Heimat. Von denen, die blieben, erlebten nur einige hundert das Jahr 1945.

11. März 2009. Es ist ein kalter und regnerischer Tag. Am frühen Nachmittag herrscht Gedränge vor dem «Eicheneck». Etwa fünfzig ehemalige Breslauer sind gekommen. Die Wirtsstube ist überfüllt. Einziger Grund: Sigismund Freiherr von Zedlitz, ein 1931 in Liegnitz geborener Schlesier, der bis 1943 eine Schule in Breslau besuchte, ist als Gast für den Breslauer Stammtisch angekündigt. Als der fast Achtzigjährige den Raum betritt, geht ein Raunen von Tisch zu Tisch. Sigismund Freiherr von Zedlitz gilt als einer der besten Kenner der Stadt Breslau und seiner Bewohner.

Der Freiherr ist ein leidenschaftlicher Erzähler mit leicht knorriger Stimme. Zu jeder Straßenecke im ehemaligen Breslau kennt er eine Anekdote, die er auch jetzt, als er Foto um Foto an die Leinwand wirft, zum Besten gibt. Die alten deutschen Friedhöfe sind verschwunden, eingeebnet und als Bauland verwendet. Die alten Grabsteine liegen schon lange auf freien Flächen vor der Stadt. Sigismund von Zedlitz hat eine Neuigkeit für die Runde. Die polnische Stadtverwaltung des heutigen Wrocław erinnert mit einem symbolischen Projekt an die ehemaligen deutschen Einwohner und deren Vorfahren, indem sie noch vorhandene Grabsteine in einer Gedenkstätte zusammenfasst: «Zum Andenken an die früheren Einwohner unserer Stadt, die auf Friedhöfen beigesetzt wurden, die heute nicht mehr bestehen.»

Ein Vorschlag macht die Runde: Im Herbst könnten die ehemaligen Breslauer doch nach Wrocław fahren, zusammen mit dem Freiherrn von Zedlitz, um nach vertrauten Namen auf den Grabsteinen und Spuren der eigenen Familie in der Stadt zu suchen. Erstklassiges Bier gebe es dort auch, ermuntert von Zed-

«Monumentum Memoriae Communis» steht über dem Eingang dieser Gedenkstätte in Wrocław. Auf dem Gelände eines ehemaligen Friedhofs errichtete die polnische Stadtverwaltung eine Erinnerungsstätte aus Grabsteinen eingeebneter deutscher Friedhöfe.

litz all jene, die an diesem kalten Märztag ein kühles Blondes in den Händen halten. «Brauhaus Spiz» am Markt im Breslau, ein toller Bierkeller mit echtem schlesischen Bier. Er sagt es so, dass alle spüren: Er ist gerne dort.

Über sein Verhältnis zur «Preußischen Treuhand» möchte er nicht so gerne reden. Vermintes Gelände, winkt der Major a. D. ab. Mit der Presse hat er nicht nur gute Erfahrungen gemacht. Seine Äußerungen seien manchmal zu plumpen Schlagzeilen missbraucht worden. Ihn stört, dass Deutsche und Polen zu viel und zu laut über ihre unterschiedlichen Auffassungen reden. Man habe doch so viele Gemeinsamkeiten als europäische Nachbarn, außerdem gebe es im ehemaligen Schlesien viele polnische Partner, die engagiert für Zusammenarbeit eintreten.

Bei jedem Treffen der ehemaligen Breslauer ist auch ein wenig Ratlosigkeit zu spüren. Warum wirft man ausgerechnet ihnen immer wieder vor, das deutsch-polnische Verhältnis zu belasten? Sind nicht sie es, die stets aufs Neue von der politischen Realität im Nachkriegsdeutschland belastet wurden? Wer in der DDR gelebt hat, konnte froh sein, wenn in seinem Personalausweis als Geburtsort Breslau und nicht Wrocław vermerkt war. Die Entscheidung darüber trafen die Polizeimeldestellen nach Gutdünken. Die Breslauer im deutschen Westen werden bis heute vor allem mit dem revisionistischen Ausspruch «Schlesien bleibt deutsch» identifiziert. Als ob sie alle noch immer die Nachkriegsgrenzen rückgängig machen wollten.

Sehnt sich Sigismund Freiherr von Zedlitz nach einem deutschen Schlesien zurück? Er denkt einen Moment nach, wohl auf der Suche nach treffenden, unverfänglichen Worten, und entgegnet dann:

«Ich empfinde bis heute Schmerz dabei, dass ich das Land meiner Vorfahren nicht mehr bewirtschaften kann. Unsere große Familie hat seit dem 12. Jahrhundert in Niederschlesien gelebt. Das sind siebenhundert Jahre. Wir haben Güter besessen und verloren, wenn diese nicht effektiv bewirtschaftet wurden. Das Gutshaus meiner Familie steht nicht mehr. Es ist erst verfallen und dann abgerissen worden. Ich würde aber gerne Land in meiner Heimat kaufen, möchte helfen, Ideen für eine moderne Bewirtschaftung zu entwickeln. Warum mir die Polen das 1994 verwehrt haben, kann ich bis heute nicht nachvollziehen. Ein effektiver und moderner Betrieb zahlt doch in Polen Steuern, und ein gut funktionierender Betrieb zahlt viele Steuern.» Dann fügt er mit Blick auf die Geschichte des Kulturraumes hinzu: «Ich möchte, dass von diesem Leben damals Spuren bleiben. Wer weiß schon etwas über Schlesien? Und wer weiß die Wahrheit? Die Politik hat sie doch immer unter den Teppich gekehrt. In der DDR waren Oder und Neiße Flüsse einer ‹Friedensgrenze›. Das haben ja nicht einmal die Ostberliner Parteifunktionäre erklären können.»

Konnten sie auch nicht. 1950 erkannte die DDR ihre Grenze zu Polen offiziell an und gab als sichtbares Zeichen der Völkerverständigung eine Briefmarke heraus. Polen und Deutsche reichen sich die Hand. Vergessen ist, dass es in der ostdeutschen SED in den ersten Nachkriegsjahren einen großen Widerwillen gegen die offizielle Anerkennung dieser Grenze gab. Es kostete Walter Ulbricht damals große Mühe, die Diskussionen über die Oder-Neiße-Grenze in seiner Partei zu unterdrücken. Die Ostdeutschen wollten sich mit den Beschlüssen der Siegermächte nicht abfinden und darüber diskutieren. Ulbricht griff durch und verfügte: kein Wort mehr darüber, dass hinter den Brücken in Frankfurt und Görlitz einst die preußische Provinz Schlesien lag. Eine Provinz, die 1945 verschwand und mit der Millionen Deutsche ihre Heimat verloren. Darüber zu reden war in der DDR tabu. Wer das wagte, musste damit rechnen, dass sich die Staatssicherheit um ihn kümmerte.

Die Grenze war beiderseits scharf bewacht. Auf Bildern von

Am 6. Juli 1950 unterzeichnen der DDR-Ministerpräsident Otto Grotewohl und Polens Ministerpräsident Józef Cyrankiewicz in Warschau das Görlitzer Abkommen zur Anerkennung der Oder-Neiße-Grenze.

den ehemaligen deutschen Grenzstationen in Frankfurt an der Oder, Forst und Görlitz kann man Wachhäuser aus Wellblech und aus Holz erkennen. Bewaffnete DDR-Grenzer versahen dort rund um die Uhr ihren Dienst. Auf der anderen Seite signalisierten polnische Grenzer und Zöllner unmissverständlich: Hier beginnt für immer und für alle Zeit eine andere Welt, dies ist polnisches Gebiet. Es gibt Fotos vom Augenblick, in dem polnische Soldaten Grenzpfähle am östlichen Oderufer eingraben (siehe S. 23). Dieser Akt war den Polen heilig, denn in diesem Gebiet hatte ihre Nation ein halbes Jahrtausend nicht existiert. Das Foto findet sich in keinem deutschen Geschichtsbuch. Überhaupt steht in ihnen wenig über den Nachbarn im Osten. Aber auch die polnischen Historiker wichen unbequemen Fragen nach der Vergangenheit von Orten wie Guben, Forst oder Frankfurt viele Jahrzehnte aus.

Erst Mitte der sechziger Jahre genehmigte die Volkspolizei meinen Eltern eine Kurzreise nach Polen. Mein Vater zeigte meiner Mutter und mir, woher er kam. Neusalz an der Oder hieß damals bereits Nowa Sól. Die Stadt war im Krieg kaum zerstört worden. Im Haus des Vaters lebte zu diesem Zeitpunkt die Familie Korszenowski. Sie wurde aus Lemberg vertrieben, als die Sowjetunion 1945 ihre Grenze nach Westen verschob und Teile Polens für sich beanspruchte. Meine Eltern und die Korszenowskis verstanden sich – sie einte das Schicksal der Vertriebenen. Es gab Kaffee und Kuchen – mein Vater war für einen Augenblick wieder zu Hause, saß «am Tisch» seiner Eltern in der Wohnstube. Nicht jeder seiner in der DDR lebenden Verwandten aus dem ehemaligen Neusalz billigte diese Reise. Das Bekenntnis zur ehemaligen Heimat weckte den Verdacht, aus der Geschichte «nichts gelernt» zu haben.

Erst Anfang der siebziger Jahre konnte man zwischen der DDR und der Volksrepublik Polen visumfrei, nur mit dem Personalausweis, ein- und ausreisen. Nach 1980 war sie dann ähnlich dicht wie die DDR-Grenze in Richtung Westen. Als ich 1986 Freunde in Polen besuchen wollte, musste ich Verwandte erfinden und notariell beglaubigte Urkunden aus Polen auf der Meldestelle vorlegen, eine Prozedur, die sich auch in den folgenden Jahren wiederholte. Im Herbst 1989 nahmen DDR-Grenzer meinen «Trabant» auseinander. Ich stand unter dem Verdacht, mit meiner Familie über Polen in den Westen fliehen zu wollen. Dabei dachte ich nur, die eigenen Kinder seien nun alt genug, um ihnen zu zeigen, wo ihre Vorfahren einst gelebt haben.

Nicht nur mein Vater wurde in Schlesien geboren, auch sein Vater und dessen Vater. Aus Schlesien stammen auch die Großmütter und Urgroßmütter mütterlicherseits. Häuser haben sie gebaut, Felder bestellt, Geschäfte betrieben und mir davon erzählt. Von dem Leben dort und von dem Ende 1945, der furchtbaren Flucht in diesem unglaublich kalten Winter. Mein Vater war vierzehn Jahre alt. Ich habe diese Berichte immer und immer wieder gehört, und sie haben stets so geklungen, als seien die Erzähler Anfang 1945 aus dem Paradies vertrieben worden. Ich habe begierig alle Details ihrer Schilderungen aufgesogen und mich nachher gewundert, dass ich auf meinem DDR-Schulatlas keinen Ortsnamen der Familiengeschichte wiederfand: Neusalz, Breslau, Freystadt, Hirschberg, Oppeln – diese Orte gab es nicht. Die Heimat meiner Vorfahren war verschwunden. Hätte ich nicht mit eigenen Augen gesehen, wo einmal ihr Zuhause war, ich hätte keine Vorstellung von Schlesien gehabt. Vielleicht hätte ich nicht einmal geglaubt, dass es dieses Land jemals gegeben hat. Ich hätte auch nicht erfahren, wie Borschtsch schmeckt und wie Zurek riecht und würde nicht wissen, was die Familie 1945 dort an gelebtem Leben zurückließ.

Nach dem Fall der Mauer entdeckte ich in einem Westberliner Antiquariat einen Bildband mit alten Fotos aus Schlesien. Herbert Hupka hat ihn 1963 in München herausgegeben. Ein Revanchist, hatte ich in der DDR immer wieder zu hören bekommen. Die Bilder in diesem Buch entsprechen denen, die auch die Erzählungen meines Vaters in mir erzeugt haben. Aber Bilder aus Neusalz fehlen – und viele andere ebenfalls. Dem Buch von Hupka zufolge hat es in Schlesien keine Soldaten gegeben, keine Kasernen und keine Synagogen. Auch Gauleiter und die Hitlerjugend kommen in seiner schlesischen Welt nicht vor, keine Universitäten, keine Konzentrationslager und auch keine Armut. Die Frauen liefen bevorzugt in Trachten herum, saßen gerne hinter ihren Verkaufsständen auf dem Markt oder gingen in die Kirche. Die Jugendlichen stiegen am liebsten mit Segelflugzeugen in den Himmel oder erkletterten über den steilen Zickzackweg die Schneekoppe im Riesengebirge. Was kann man diesem Buch glauben? Warum fehlen die Bilder vom Ende Schlesiens, vom Untergang der reichsten preußischen Provinz? Weil die Schlesier in Breslau noch gekämpft haben, als der Krieg in Schlesien schon zu Ende war?

Wer in Frankfurt die Oder überquert, sieht nichts mehr von den alten Brücken. Man muss sich schon sehr gut auskennen, um die Reste der 1945 von der deutschen Wehrmacht gesprengten Brücken an den Flussufern zu finden. An ihren Pfeilerstummeln gurgelt das Wasser, die starke Strömung ist nicht zu übersehen. Wer als Flüchtling im Februar 1945 auf der heutigen polnischen Seite stand, hatte keine Chance, das rettende Westufer der Oder zu erreichen. Alle Brücken waren gesprengt. Über die Oder zu schwimmen war selbst im Sommer lebensgefährlich. Für Zehntausende Deutsche war die Flucht daher am Ostufer zu Ende.

Andere kamen gar nicht bis hierher. Die Zivilisten in Breslau wurden erst Ende Januar aufgefordert, die Stadt zu verlassen. Auf den Bahnhöfen entstand panikartiges Gedränge – Frauen und Kinder kamen zu Tode, wurden erdrückt. Der Festungskommandant Karl Hanke erteilte mitten in diesem Chaos den Befehl, die Flucht zu Fuß aufzunehmen. Für viele Frauen und

Kinder kam das einem Todesurteil gleich, wie der eindrucksvolle Bericht des Breslauer Bürgers Friedrich Grieger von 1948 belegt: «Es ist ein schwerer Winter, die Oder völlig zugefroren. Bei mehr als –16° C Kälte ziehen Tausende von jungen und alten Frauen mit Kinderwagen, Schlitten und kleinen Ziehwagen auf verschneiten Landstraßen in die Winternacht hinaus. Für Hunderte von Kleinkindern war diese Nacht die letzte. In den Straßengräben Richtung Liegnitz liegen in den nächsten Tagen massenhaft Säuglingsleichen, erfroren, zurückgelassen von den in panischer Angst Flüchtenden. Allein in Neumarkt wurden über 40 Kleinkinderleichen, säuberlich auf Stroh niedergelegt, gezählt. Koffer, Bettenbündel und Kleidungsstücke garnieren die Gräben der Landstraßen ...»

Seine eigene Flucht bereitete der Gauleiter Karl Hanke etwas sorgfältiger vor: Er «reservierte» sich das letzte Flugzeug in Breslau und verließ am 6. Mai 1945 die eingeschlossene Stadt auf dem Luftweg. Am gleichen Tag unterzeichnete der General der deutschen Infanterie Hermann Niehoff in der Breslauer Villa Colonia (damals Kaiser-Friedrich-Straße, heute ul. Rapackiego) die Kapitulation der zur Festung erklärten Stadt. Bis zu diesem Zeitpunkt waren 170 000 Zivilisten zu Tode gekommen.

Heute ist die Grenze zwischen Deutschland und Polen kaum noch zu erkennen. Da ein Grenzpfahl auf einer Wiese, dort ein Hinweisschild, ab und zu patrouilliert eine polnische Polizeistreife auf deutscher Seite, mal auf polnischer. Mal stehen sie zusammen und unterhalten sich, grüßen freundlich die Passanten auf den modernen neuen Oderbrücken von Frankfurt. Studenten eilen von der deutschen auf die polnische Seite. Wer an der «Viadrina» studiert, hört Vorlesungen auch in polnischer Sprache. Längst wächst die Stadt zusammen – nach sechzig Jahren Teilung.

Es gibt nur wenige Beschreibungen der Anfangszeit dieser Grenze. Der Schlesier Wolfram Daniel reiste 1952 für die Hamburger Wochenzeitung «Die Zeit» von hier nach Schlesien. Er bestieg einen Schlepper und fuhr die Oder flussaufwärts. Vierzehnmal kontrollierte das polnische Militär ohne jede Begründung das Schiff. Die Reise auf dem Fluss war damals sicherer als die auf dem Landweg durch Niederschlesien, die Region nur dünn besiedelt, die Deutschen waren vertrieben. Nur nach und nach und mit gemischten Gefühlen rückten die Polen von Osten nach. In den Wäldern lebten Banden, Partisanen der polnischen Exilregierung in London formierten sich immer wieder und griffen die neue kommunistische Macht mit Waffengewalt an. Auch dies ein vergessenes Kapitel Geschichte. Die polnische Staatsmacht schickte immer wieder Spezialeinheiten in die niederschlesischen Wälder, um die Situation «zu klären». Lange war sie machtlos. Drei bis vier Schiffe pro Monat kaperten die Banden noch 1952, plünderten sie und steckten sie anschließend in Brand, notierte Wolfram Daniel auf seiner Flussfahrt in Richtung Breslau. Auch Gerüchten ging er auf seiner Reise nach: Nicht alle zerstörten schlesischen Dörfer, so hieß es, wollten die Polen wiederaufbauen. Der Journalist recherchierte und erfuhr bei den Behörden, dass etwa 1200 ehemalige deutsche Dörfer in Ober- und Niederschlesien abgetragen und eingeebnet werden sollten. Angesichts der allgemeinen Feindschaft, die ihm entgegenschlug, fragte sich der Autor, wie viel Hass wohl die Polen für die Deutschen empfinden mussten. Die Schleusen von Breslau waren mit Posten der Roten Armee besetzt. Es hieß, so Wolfram Daniel, sie seien sämtlich sprengfertig mit Dynamit gefüllt – der Krieg um Schlesien war auch nach dem Ende des Weltkriegs offenbar nicht vorbei.

Wer heute nicht von Frankfurt (Oder) nach Schlesien einreist, sondern die Autobahn über Forst benutzt, der überquert die Neiße. Bei niedrigem Wasserstand kann man durch sie waten. Im Sommer 1946 taten das unzählige Deutsche, denn sie besaßen keine gültigen Papiere mehr. Die deutschen waren ungültig. Polnische erhielt nur, wer die polnische Staatsbürgerschaft anzunehmen bereit war.

Sigismund Freiherr von Zedlitz benutzt auf seinen Reisen nach Polen nicht immer die gleiche Wegstrecke. Mal fährt er von Görlitz auf der alten Reichsautobahn, mal nimmt er von Frankfurt aus die Landstraße über Bolesławiec (Bunzlau) in Richtung Jelenia Góra (Hirschberg). Am Wegesrand stehen noch die alten Obstbäume, vor den Ortschaften schlängelt sich der rundgewölbte Asphalt oft in langen Kurven vorwärts – wer es eilig hat, für den ist dieser Weg durch Niederschlesien nicht zu empfehlen. Das heutige Bolesławiec ist als Bunzlau bekannt geworden, und Bunzlauer sind nicht nur die Einwohner, sondern so heißen auch die Tassen, Teller, Krüge und Kannen, die hier seit dem 14. Jahrhundert hergestellt werden. Früher gehörte das lehmglasierte Geschirr zur Grundausstattung fast jeder Küche nicht nur in der Region. Viele Generationen in Deutschland sind damit aufgewachsen, auch die derer von Zedlitz.

«Wir haben das Geschirr manchmal von den Märkten gekauft, manchmal direkt bezogen. Das weiß ich nicht mehr so genau. Aber selbst in Breslau gab es Geschäfte, wo es vertrieben wurde. Auch viel exportiert. Dieses Geschirr war das Meißner Porzellan des Alltags. Damit wurde im Haushalt alles gemacht. Sogar Kuchenformen gab es. Nach dem Krieg waren das begehrte Sammlerstücke, jetzt ist die Produktion wieder angelaufen. Bunzlau scheint inzwischen nur noch aus Keramik zu bestehen. Aber es ist schön, dass diese alte Marke eine solche Renaissance erlebt. Schauen Sie sich in den Hotels der Region um: Sie werden dieses Geschirr überall treffen.»

Zum Erkennungszeichen von Bunzlau gehörte bis 1945 ein zwei Meter hoher Tonkrug – er wurde wie die Stadt zerstört. Freiherr von Zedlitz hat ihn noch gesehen, weiß auch, dass Friedrich der Große bei der Eroberung Schlesiens sich hier mit

Bunzlauer Geschirr eingedeckt hat. Kurze Zeit später erkannte der König dessen Marktwert und verfügte, dass die Produktionsbeschränkungen aus dem Mittelalter aufgehoben wurden, denn bis zur Eroberung Schlesiens durch Preußen durften nur zehn Bunzlauer Handwerker die handbemalte Keramik herstellen.

Der König nahm überhaupt großen Einfluss auf die Entwicklung Schlesiens. Er wolle alle in der Erde verborgenen Schätze des Landes heben lassen, zum Wohle und zum Aufstieg Preußens, kündigte er noch in seinen Briefen aus Bunzlau an. Friedrich erkannte, wie fruchtbar das schlesische Land war, und verfügte die Gründung neuer Ortschaften für mindestens zwanzigtausend Kolonisten. Schon fünfzig Jahre später, notierten Chronisten, war Schlesien dem preußischen Staatskörper völlig und wie selbstverständlich einverleibt. Bergwerke und Hüttenbetriebe entstanden, machten Oberschlesien zu einem frühen Industrierevier, zum «Ruhrpott» des Ostens. Goethe bestaunte zusammen mit seinem Dienstherrn, dem Herzog von Sachsen-Weimar, dieses Wirtschaftswunder und nannte Schlesien «ein zehnfach interessantes Land» – vielleicht auch wegen seiner amourösen Abenteuer dort. Der in Oberschlesien aufgewachsene Schriftsteller Heinz Piontek hat Goethes Reise und Liebe in Schlesien in leuchtenden Farben beschrieben. Der 41-jährige Goethe

1753 schuf der Meister Joppe den sogenannten «Großen Topf». Das 2,25 Meter hohe Wahrzeichen der Stadt Bunzlau, die für ihre Töpferwerkstätten berühmt war, wurde 1945 zerstört.

verliebte sich leidenschaftlich in die zwanzig Jahre jüngere Henriette von Lüttwitz und hielt bei deren Eltern um die Hand des bildschönen Mädchens an. Die Eltern zögerten und baten um Bedenkzeit bei dem 1790 längst weltberühmten Dichter. So setzte Goethe seinem Liebeskummer bald darauf ein literarisches Denkmal und steckte der Geliebten beim Abschied einen Zettel mit einer Hymne an die Sehnsucht zu: «Was läßt mich lange weinen? Die Lieb», heißt es darin. Es ist später oft spekuliert worden, was wohl gewesen wäre, wenn Goethe seine Henriette geehelicht hätte; Weimar in Schlesien – ist das wirklich vorstellbar?

Ob Goethe auch ein Schloss der großen Familie derer von Zedlitz in Schlesien besucht hat, weiß Sigismund Freiherr von Zedlitz nicht genau. Aber in einer von ihm verfassten Familiengeschichte notiert er eine andere Begebenheit: 1754 wird der im schlesischen Schwarzwaldau geborene Carl Abraham Freiherr von Zedlitz als Student dem preußischen König vorgestellt und macht danach Karriere: im schlesischen Brieg, in Breslau und schließlich im Kabinett des Königs als Minister. Er führt in Preußen den Schulunterricht ein und verfügt, die Lehrinhalte sollen je nach der Standeszugehörigkeit unterschiedlich vermittelt werden. Traditionell sind Schlesier dem katholischen Glauben zugewandt. Preußen drängt nun darauf, die Vorherrschaft der katholischen Geistlichkeit zu brechen. In den neugegründeten Gemeinden für die Kolonisten aus Preußen werden die Dorfschulen neben den evangelischen Kirchen errichtet. Von diesem Zeitpunkt an fühlen sich die katholischen Schlesier von der preußischen Obrigkeit diskriminiert. Zu Recht, muss man sagen. Denn niemand von ihnen vermochte damals, die Schwelle zum höheren Staatsdienst zu überschreiten.

Friedrich Wilhelm III. und seine Gemahlin Luise entdecken nach 1800 das Hirschberger Tal in Schlesien als Sommerresidenz. Die preußische Königin Luise war so begeistert von der Landschaft, dass sie, auf der Schneekoppe im Riesengebirge stehend, seufzte: «Ach, wäre doch dort unten Berlin!» Das Königshaus und seine Minister erwarben daraufhin nach und nach Schlösser am Fuße des Bergs, damals Deutschlands höchste Erhebung außerhalb des Alpenraumes. Angebot und Nachfrage regulierten den Preis: Conrad Friedrich Otto Freiherr von Zedlitz verkaufte 1822 Schloss Fischbach an einen Bruder Friedrich Wilhelms III., den Prinzen Wilhelm von Preußen, der Karl Friedrich Schinkel und August Stühler damit beauftragte, es für das Königshaus in ein «schlesisches Elysium» zu verwandeln.

Binnen weniger Jahre war das im Stil des englischen «Gothic Revival» umgestaltete Schloss in ganz Europa berühmt. Bis ins 20. Jahrhundert hinein, als die Großherzöge von Hessen-Darmstadt Schloss Fischbach in Schlesien als Sommerresidenz nutzten, wurden hier immer wieder rauschende Feste gefeiert. Und noch 1943 war der Ruhm des Schlosses so groß, dass es zur Auslagerung bedeutender Kunstschätze auserkoren wurde: Ein großer Bestand der Berliner Staatsbibliothek und des Schlosses Wolfsgarten in Südhessen sollten hier vor Kriegsschäden bewahrt werden.

Offiziere der Roten Armee sicherten den Bestand 1945 und untersagten ihren Soldaten – bei Androhung der Todesstrafe – jegliche Plünderung. Danach übernahm die polnische Regierung den Bestand und transportierte die Schätze laut Überlieferung auf sechsunddreißig Lastwagen nach Warschau. Den größten Teil der Bücher offenbar nicht. Die alten Einwohner des zum Schloss gehörenden Dorfes Karpniki erzählen bis heute, dass damals etwa zweitausend Bücher zum Verheizen in Öfen freigegeben wurden. So kurz nach dem Krieg sahen die Polen in ihnen offenbar kein Kulturgut, zumal sie von den verhassten Deutschen stammten.

Nur wenige Kilometer entfernt befindet sich das Schloss Lomnitz, das heute zugleich Hotel und eine deutsch-polnische Begegnungsstätte ist. Es wird von Nachfahren einer Familie betrieben, die 1945 das Hirschberger Tal als Flüchtlinge verlassen hat. Voll Freude erzählen Elisabeth und Ulrich von Küster davon, wie alles mit einem Ausflug in den achtziger Jahren begann. Damals lebten beide als Studenten in West-Berlin.

«Gemeinsam mit den Eltern und Schwiegereltern fuhren wir hierher, um zu sehen, was es ‹von damals› noch gab. Natürlich war alles ein Abenteuer. Alles war fremd und zugleich doch nah, weil vieles aus Erzählungen bekannt war. Hinzu kam, dass der Kontakt zu den Bewohnern von Lomnitz sofort funktionierte. Es gab keine Zurückweisung der fremden Deutschen, sondern Offenheit und Gastfreundschaft. Aus der ersten Begegnung entstand der Wunsch nach Wiederkehr. Mit dem Fall der Mauer war er dann auch wirklich möglich. Den ‹Rest› der Geschichte kennen Sie ja: Wir haben das Areal und das Schloss, das seit 1980 eine Ruine war, zusammen mit polnischen Partnern kaufen dürfen, haben uns in einem Berliner Baumarkt eine Schubkarre gekauft und sind hierhergefahren. Jahrelang haben wir die Wochenenden hier verbracht und nach und nach das Anwesen wiederhergestellt und darin ein Hotel und eine Begegnungsstätte eingerichtet.»

Eine Spezialität des Hauses ist schlesischer Streuselkuchen – eine einfache Angelegenheit, mag man meinen. Elisabeth von Küster ist inzwischen anderer Meinung.

«Ich habe lange gesucht, mit vielen Köchinnen und Köchen gesprochen. Doch alles hat nicht zu den befriedigenden Ergebnissen geführt, die wir gesucht haben. Ich habe immer wieder Gäste um Rat gefragt, was denn das Besondere an diesem Kuchen war. Ich bin zu einer einfachen Erkenntnis gekommen: Der besondere Geschmack und der Duft sind nicht das Resultat von vielen, sondern von ganz wenigen Zutaten, die wiederum nur in einem ganz bestimmten Verhältnis vermischt zu dem gewünschten Ergebnis führen. Viel hilft da wirklich nicht viel. Die eigentliche Kunst liegt in der ganz einfachen Mixtur. Das große Können für solch einen Kuchen findet man nicht in Großbäckereien, sondern bei den Einwohnern der Region. Wir lassen unseren Kuchen privat backen. Besucher sagen uns dann immer, dieser Kuchen schmecke wirklich wie früher. Aber die Bevölkerung ist ja nach 1945 hier komplett ausgetauscht worden. Manchmal denke ich, dass bestimmte Rezepte hier einfach in der Luft liegen, denn von Deutschen können die Polen das Backen nicht gelernt haben. Die waren ja nicht mehr da.»

In der ersten Etage des Schlosses Lomnitz befindet sich eine Bibliothek, deren Bestand sich ganz überwiegend den Spenden schlesischer Familien verdankt. Nach und nach ist so ein einzigartiges regionalhistorisches Archiv entstanden, das inzwischen auch von deutschen und polnischen Studenten genutzt wird. Manche Bücher, die die schwierigen Jahrzehnte des Kalten Kriegs nur in Privatbesitz überleben konnten, gibt es eben nur noch hier.

So entstehen nach und nach Voraussetzungen dafür, dass Deutsche und Polen eine neue oder vielleicht besser ihre gemeinsame Geschichte Schlesiens schreiben: Die Deutschen können ohne die Erinnerung an sie nicht ihre Vergangenheit bewältigen, die Polen ohne Kenntnis ihrer Vorgeschichte in dieser Landschaft keine Wurzeln finden. Es hat lange gedauert, bis diese Einsicht gewachsen ist.

Sigismund Freiherr von Zedlitz, der ebenfalls nach Schloss Lomnitz weitergefahren ist, steht in der Bibliothek, den Blick aus dem Fenster nach Süden Richtung Schneekoppe gerichtet, und beginnt zu erzählen.

«Das Schloss befand sich auch einmal im Besitz unserer Familie. Mit dem letzten Besitzer, der Familie von Küster, sind wir direkt verwandt. Ich war als Kind oft hier, habe mir angeschaut, wie Landwirtschaft organisiert wird. Dann dieser herrliche Blick aus der oberen Etage auf die Schneekoppe. Das ist für mich ein typisch schlesisches Bild. Das vergisst man nicht. Fragen Sie die älteren Besucher, die hierherkommen. Die tragen alle das Bild von der Schneekoppe mit sich herum. Wer damals irgendwie reisen konnte, war hier. Die alten Fotoalben der Familien sind prall gefüllt mit Fotos von Ausflügen in das Hirschberger Tal.»

Lange vor den Erinnerungsreisenden mit einem Fotoapparat hat Caspar David Friedrich die Landschaft mit der Schneekoppe für die Malerei verewigt. Schon um 1800 war er hier unterwegs und malte in einem fort. Er fand Kost und Logis in den preußischen Herrenhäusern, auch in Buchwald bei dem Grafen von Reden, der als preußischer Bergbauminister erkunden ließ, was die schlesische Erde an Bodenschätzen hergab. Er holte Unternehmer und Techniker aus Berlin und setzte mit ihrer Hilfe bereits 1788 die erste Dampfmaschine auf dem europäischen Kontinent in Gang. Der rückständigste Winkel Preußens wurde so zum Schauplatz der industriellen Revolution: ein Mekka für Profit und Fortschritt.

Schlesien entwickelte sich aber auch sehr schnell zu einer Region der Gegensätze und Konflikte. Bevor die Preußen das Land an der Oder für sich entdeckten, lebten die Schlesier ungestört ihren katholischen Glauben. Hier galten Papst-Primat und Priesterzölibat als selbstverständlich, gehörten der Heiligen- und Reliquienkult ebenso zum Alltag wie regelmäßiges Fasten und Wallfahren.

Einer direkten Auseinandersetzung mit diesen tradierten Lebensformen ging die preußische Regierung mit Ortsneugründungen aus dem Weg. So entstand eine regelrechte Parallelgesellschaft in Schlesien. Alte Ortsnamen erzählen von dieser evangelisch geprägten Welt: Friedrichsau, Friedrichsberg, Friedrichsdorf, Friedrichseck, Friedrichsgrund, Friedrichsthal, Friedrichswille – in fast zwanzig verschiedenen Kombinationen erscheint der Name Friedrich in Schlesien.

Die evangelische Konfession war für die «alten» Schlesier der Inbegriff des Fremden und der Glaube der Eroberer. Die alten Schlesier, die von den evangelischen Einwanderern einfach Polen genannt wurden, hielten an ihrer katholischen Lebenswelt fest. Sie bot ihnen Schutz und die Möglichkeit, ihre eigene Identität zu bewahren. So schuf erst die preußische Siedlungspolitik die Voraussetzungen dafür, dass der katholische Glaube in den Status einer schlesischen Staatsreligion aufstieg und als ein kultureller Gedächtnisraum funktionierte, in dem man sich daran erinnerte, dass einem der polnische Staat über zweihundert Jahre verwehrt worden war.

Wie tief dieser Konflikt 1945 den Polen buchstäblich noch in den Knochen saß, kann jeder Tourist noch heute im schönen Hirschberger Tal besichtigen. Nach dem Kriegsende wurden hier die evangelischen Kirchen umgeweiht. Unter den von Schinkel erdachten Dächern hielten Weihrauch und Marienverehrung Einzug.

Das prominenteste Beispiel: die Kirche von Erdmannsdorf (heute Mysłakowice) am Fuße der Schneekoppe im Riesengebirge. Sie steht genau in der Blickachse zwischen königlichem Schloss und Berg. Der äußere Baukörper ist unverändert, sein Inhalt hingegen nicht. So wurde der Altarraum ganz katholischen Bedürfnissen angepasst. Der neben der Kirche lebende Priester lehnt ein Interview dazu ab. Er möchte sich nicht von den Deutschen vorwerfen lassen, was die Polen aus der Kirche Schinkels gemacht haben. Nein, von Deutschen will er sich nicht befragen lassen. Die hätten ihm bis heute nicht schlüssig erklären können, warum sie Polen 1939 zunächst überfallen und dann so viele Menschen brutal ermordet haben.

Braune Jahre in Schlesien

Gibt es überhaupt eine schlüssige Erklärung für den Überfall der deutschen Wehrmacht auf Polen? Eine Antwort, die Polen heute verstehen können? Eine, mit der man als Deutscher leben kann?

Seit 1933 beginnt sich die Wehrmacht in Schlesien einzurichten. Auf den Bauplätzen für neue Kasernen und Flugplätze finden viele Schlesier Arbeit. Meine Familie profitiert ebenfalls von diesem Aufschwung. Onkel Kurt handelt mit Eisenwaren, beliefert Baustellen des Militärs mit Maschendrahtzaun. Sein Geschäft erlebt einen zuvor nie geahnten Aufschwung. Er selbst gelangt zu bescheidenem Wohlstand und fragt andere Familienmitglieder gern: «Na, wie viel hast du schon gespart?»

Onkel Kurts Vater schuftete noch als Former in der Eisengießerei Gruschwitz im niederschlesischen Neusalz an der Oder, zog seine sieben Söhne in einer kleinen, aus zwei Zimmern bestehenden Wohnung auf. Allen sieben Kindern gelingt in den dreißiger Jahren der Ausbruch aus dem proletarischen Milieu: Sie werden Kolonialwarenhändler, Fleischer, Gärtner, Schuster, Bäcker. Der Bäcker heißt Paul, landet nach Wanderjahren in Görlitz und führt dort eine Konditorei. Für die Nazis hat er nichts übrig, wählt die Sozialdemokraten – wie fast die gesamte Familie. Nach 1933 ist seine Ablehnung gegenüber den Nazis so groß, dass er hin und wieder etwas gegen sie unternimmt. Natürlich auf seine Art. An Tagen großer Aufmärsche in der Stadt – Adolf Hitler wird 1933 Ehrenbürger von Görlitz – verkauft er Dominosteine in seiner Konditorei. Im Schaufenster stellt er vor die braunen Backwaren ein Schild und schreibt darauf mit roten Buchstaben: «Achtung, Neues-Rutsch-Pflaster eingetroffen!» Seine Kunden sollen diese Anspielungen verstanden haben. Bei Kriegsbeginn ist Schluss damit: Onkel Paul wird eingezogen und gilt seit der Schlacht um Stalingrad als verschollen.

Der jüngste der sieben Söhne meines Urgroßvaters heißt Gerhard und geht Mitte der dreißiger Jahre zum Militär: als Flieger. Mit diesem Beruf ist er so etwas wie ein Held der Familie. Er zeigt Kunststücke in der Luft über Neusalz, unterfliegt mit seinem Doppeldecker die Oderbrücken und dreht Loopings über dem Marktplatz. Der Krieg beginnt für ihn zwei Jahre früher als für andere: Seine Einheit wird 1937 in Breslau verladen und in das vom Bürgerkrieg gezeichnete Spanien verlegt. Bilder von diesem Abschied existieren nicht. Es ist aber einer für neun Jahre. Onkel Gerhard kehrt 1946 aus der Kriegsgefangenschaft zurück nach Deutschland. Aber nicht nach Schlesien, sondern nach West-Berlin. Die Familie hat inzwischen in Schlesien allen Besitz verloren.

Wie viel Wehrmacht gehört kurz vor Beginn des Zweiten Weltkriegs zum Alltag von Schlesien? Im Jahr 2005 werden Farbfilmaufnahmen aus Breslau gefunden, die offensichtlich kurz vor dem Überfall auf Polen entstanden sind. Die Einstellungen werden zusammengeschnitten, mit Musik unterlegt und im Internet als Sensation veröffentlicht. Wir sehen darin einen kleinen Ausschnitt des normalen Lebens in Breslau, keine nationalsozialistische Propaganda. Das Sujet ist denkbar einfach: Ein Rad fahrender Junge wird auf seinem Weg in die Schule durch Breslau mit der Kamera begleitet. Er fährt die Eichendorffstraße entlang an einem Kino vorbei, trifft auf die Breslauer Straßenbahn. Einige Offiziere sind zu sehen. Auch kleine Militärfahrzeuge. Ein Gespräch zwischen Offizieren am Waldrand kommt in den Blick. Das alles wirkt harmlos-beschaulich, wie ein kleiner Streifzug, während eines Besuches gedreht. Vor allem sind keine nationalsozialistischen Symbole zu sehen. Zufall oder Absicht, ein getreues Bild oder bloß eine Fiktion? Unklar ist auch, wer die Protagonisten sind. Hypothesen, dass es sich um den damaligen militärischen Kommandanten der Stadt Rudolf Graf von Schmettow und seinen Sohn handle, haben sich bislang nicht bestätigt. Doch die wichtigste Frage ist: War in Breslau wirklich nicht mehr vom Nationalsozialismus im Alltag zu sehen? Hat die Kamera absichtlich weggeschaut?

Am Marktplatz in Breslau treffen wir mit Sigismund von Zedlitz zusammen und zeigen ihm die entdeckten Filmaufnahmen.

«Ich war 1938 sieben Jahre alt, etwa ebenso wie der Junge auf dem Film. Auch ich bin mit einem Fahrrad zur Schule gefahren. Wir machen einen Fehler, wenn wir das, was damals vom Leben sichtbar ist, mit dem vergleichen, was wir heute für ein pulsierendes Leben halten. 1938 besaßen einige wenige Breslauer ein Auto. Wenn die dann durch die Stadt knatterten, sprach man von viel Verkehr, weil man so etwas noch nicht kannte. Aber etwas anderes ist interessant. Es sind keine Kasernen auf den Aufnahmen zu sehen. Die hat es reichlich gegeben. Die durfte man aber damals – wie auch heute – nicht einfach filmen. Das waren ja Objekte, die auch ausspioniert wurden. Schlesien war Grenzland, etwa einhundert Kilometer von der polnischen Grenze entfernt. Aber sicher nicht nur deswegen sehen wir kaum Militär: Es war nicht spürbar, wie wir das von der späteren Festung Breslau kennen. Auch die Präsenz von Fahnen und Symbolen der NSDAP war längst nicht so groß, wie wir heute meinen. Das große Flaggen geschah an Feiertagen, nicht aber an jedem Morgen. Insofern ist der Film ein Ausschnitt aus der Wirklichkeit des damaligen Alltags. Er zeigt nur nicht die ganze Wahrheit. Aber ist das nicht zu viel verlangt, von einem Ausschnitt auf das ganze Leben zu schließen?»

Auch Sigismund von Zedlitz ist inzwischen mit den Fakten vertraut. Als Kind habe er nicht bemerkt, dass Breslau zweifellos zu den «Hochburgen» der NSDAP gehörte. Die Nationalsozialisten wurden dort von überdurchschnittlich vielen Deutschen gewählt. 1933 waren die Schlesier «Vorbild» für den Rest der

Nation: Im März gehörte Breslau zu den sieben Wahlkreisen im Deutschen Reich, in denen die NSDAP die absolute Mehrheit erreichte. Zwölf Jahre zuvor ahnte niemand in Breslau etwas von diesem Wandel.

Heinrich von Zedlitz war seit 1932 «dabei», trat in die NSDAP ein. Er musste es nicht, erzählt sein Sohn, aber er tat es doch. Nicht aus der Überzeugung, es sei eine gute Sache, sondern aus konservativer Opposition gegenüber der sozialdemokratischen Provinzialregierung. Für die schlesischen Gutsbesitzer war die sozialdemokratische Politik in den Jahren der Weimarer Republik nicht akzeptabel. Sie sahen sich selbst in der Pflicht und der Verantwortung, für sozialen Ausgleich Sorge zu tragen. Sie lehnten staatliche Sozialpolitik sowie ein Mitbestimmungsrecht von Gewerkschaften ab.

Anfang der dreißiger Jahre spitzte sich die Lage zu – und das spürte auch Heinrich von Zedlitz. Die Zahl der wirtschaftlichen Zusammenbrüche von Gutswirtschaften stieg. Als Generallandschaftsdirektor hatte er genaue Kenntnis von diesen wirtschaftlichen Realitäten. Und sie betrafen ihn 1932 auch persönlich. Das ehemalige Gut Neukirch an der Katzbach – es war sechshundert Jahre im Besitz der Familie gewesen und im 19. Jahrhundert nach wirtschaftlichem Ruin zwangsversteigert worden – stand erneut zum Verkauf. Heinrich von Zedlitz zögerte nicht, nahm Schulden auf, um die tief in den roten Zahlen stehende Gutswirtschaft wieder zurück in den Besitz der Familie zu bringen. Beide Ereignisse fielen auf dasselbe Jahr: die Heimkehr der Familie auf das angestammte Gut und der Eintritt des Familienvaters in die NSDAP.

Der 15. März 1925 gilt in Schlesien als der Gründungstag der Nationalsozialistischen Partei Deutschlands. Die Bühne für diesen Vorgang war die Universitätsstadt Breslau. Was Heinrich von Zedlitz davon wusste, ist nicht überliefert. Den Gründer der Partei muss er gekannt haben. Er gab in Breslau eine Zeitung heraus, den «Schlesischen Beobachter», und unterzeichnete seine Artikel mit Helmuth Brückner. Was er schrieb, dürfte bei Heinrich von Zedlitz auf Zustimmung gestoßen sein. Helmuth Brückner forderte eine Revision der Verträge von Versailles und die Rückgabe jener Gebiete in Oberschlesien, die nach dem Ersten Weltkrieg Polen zugesprochen worden waren. Preußens modernstes und produktivstes Industrierevier war dadurch auseinandergerissen worden, und mehr als eine Million Deutsche waren gezwungen, die polnische Staatsbürgerschaft anzunehmen. Auch Heinrich von Zedlitz hielt das für Unrecht.

Vielleicht traute er Helmuth Brückner 1925 den Willen zur Macht und zur radikalen Veränderung noch nicht zu. Vielleicht solidarisierte er sich noch nicht mit den nationalsozialistischen Ideen, weil der Gründer der NSDAP zwar aus Schlesien, aber nicht aus einer adeligen Familie stammte. Helmuth Brückner hatte in Reichenbach im Eulengebirge Abitur gemacht. Der Vater arbeitete als Volksschullehrer. Er soll ein Liebhaber der Literatur gewesen sein, Details sind nicht bekannt. Kurz vor Beginn des Ersten Weltkriegs schrieb sich der Abiturient an der philosophischen Universität in Breslau ein. Mitten in das Studium fiel die Einberufung an die deutsche Westfront. Noch 1914 wurde er mit dem «Eisernen Kreuz» ausgezeichnet. Machte die Fronterfahrung aus dem als feinsinnig geltenden Mann einen anderen Menschen?

Es gibt wenige Dokumente, die Aufschluss über den Werdegang Helmuth Brückners geben. Mit neunzehn Jahren wurde er zum Leutnant befördert – als Adjutant kehrte er nach Schlesien zurück, mitten in den Strudel der Novemberrevolution. 1921 trat er als Stabsoffizier in die «Selbstschutzgruppe Nord» ein – eine rechtsextreme Vereinigung. Helmuth Brückner war vom Ergebnis des Krieges enttäuscht, vor allem die Gebietsverluste an Polen wollte er nicht kampflos hinnehmen. 1922 nahm er sein Studium wieder auf, das er aber nicht beendete. So begann er 1924 als Journalist bei der «Schlesischen Volksstimme», avancierte jedoch schon im Jahr darauf zum Herausgeber des «Schlesischen Beobachters». Knapp drei Wochen nach Gründung der NSDAP 1925 in München führte er nationale und nationalsozialistische Splittergruppen in Breslau in der neuen Partei zusammen.

Brückner ernannte sich selbst zu ihrem schlesischen Führer und schickte Adolf Hitler eine von Hand geschriebene Ergebenheitsadresse: «Hochverehrter, lieber Herr Hitler!» Bedingungslos stellte er sich hinter ihn und erklärte sich zu dessen Treuhänder für Schlesien. Er versicherte, so zielgerichtet zu arbeiten, «dass wir bald würdig sein wollen, unseren Führer bei uns sehen zu können». Brückners Brief war eine Liste beigefügt, auf der der selbsternannte Gauleiter siebenundfünfzig Namen der aktivsten und verlässlichsten Nationalsozialisten aus seinem Umfeld zusammenstellte, darunter vor allem Juristen, Arbeiter, Ärzte, Händler und Landwirte.

Doch noch mangelte es der Bewegung an Fahnen und braunen Uniformen. Noch erschien Brückners Zeitung in nur niedriger Auflage, und die Zahl der Wähler war gering – auch Hitler interessierte sich wenig für Schlesien. Erst 1932 besuchte er Breslau. Da galt Schlesien schon als vorzeigbar in Deutschland: Bei den Reichstagswahlen von 1932 war die NSDAP in Breslau und Liegnitz der große Sieger. Nur in den Wahlkreisen Hannover-Ost und in Schleswig-Holstein war der Zulauf größer. Für Hitler wurden die Auftritte in Schlesien zu einem riesigen Propagandaerfolg. Im Haus derer von Zedlitz beobachtete die Mutter diese Entwicklung mit Misstrauen. Sie billigte nicht, was ihr Mann dachte und tat. Als Sigismund von Zedlitz von diesem innerfamiliären Zwist erzählt, sucht er sehr vorsichtig nach Worten:

«Sie litt still unter dem Aufstieg des Nationalsozialismus, aber sie sprach nicht darüber, vor niemandem. Ihr war bewusst, dass dieses System auf Denunziation und verlogenem Heldentum beruht. Vor allem die offenkundige Missachtung des anderen, des Mitmenschen, behagte ihr nicht. Aber darüber fiel bei uns zu Hause kein einziges Wort. Meine Eltern wollten mich da nicht in irgendetwas hineinziehen, was mich belasten könnte, worüber ich mit anderen hätte sprechen können.»

Was bekam der junge Sigismund von Zedlitz damals davon mit? Er überlegt wieder und wieder, will keine Stereotype bedienen und doch zur Wahrheit finden. Wir laufen durch die Altstadt von Breslau. An seinem Sakko-Kragen leuchtet eine Medaille, die ihm der Landrat von Legnica (ehemals Liegnitz) in feierlichem Rahmen verliehen hat: für Verdienste um die Verständigung zwischen Deutschen und Polen. Die Familie verlor nach 1945 allen Besitz – wie viele andere entschädigungslos. Alle Bemühungen, davon etwas nach 1989 wieder offiziell zu erwerben, sind gescheitert.

Immer gab es Einwände von polnischer Seite: Dem ehemaligen schlesischen Adel sollte es nicht ermöglicht werden, in der Republik Polen Fuß zu fassen. Sigismund von Zedlitz hat sich trotz dieser persönlichen Rückschläge nicht abhalten lassen, Deutsche und Polen einander näherzubringen. Etwa fünfhundert deutsche Reisegruppen hat er in den letzten dreißig Jahren in Schlesien betreut.

So vieles sei in den letzten Jahren in Breslau restauriert worden, murmelt der Achtundsiebzigjährige. Er ist froh, dass das alte Breslau wiederaufersteht. Es ist einer der ersten warmen Tage im Jahr. Die Stadt ist voller Touristen, viele Jugendliche reden in englischer und französischer Sprache. Seit 1993 verkauft ein polnischer Geschäftsmann einen Stadtplan, auf dem die einstigen deutschen Straßennamen verzeichnet sind. Die deutsche Geschichte der Stadt hat plötzlich einen Marktwert. Am Anger Nummer acht passieren wir dann den Gedenkstein für die während der Pogromnacht am 9. November 1938 zerstörte Hauptsynagoge. Ein vergleichbar prächtiges Gotteshaus stand damals nur in Berlin. Sigismund von Zedlitz erinnert sich zwar nicht an die Pogrome, wohl aber an den täglichen Antisemitismus im Straßenbild:

«Es war nach 1938, die Juden mussten schon gelbe Sterne auf den Mänteln und Jacken tragen. Aber sie taten das nicht gern oder gar selbstbewusst. Manche verschränkten beim Laufen die Arme oder hielten eine Aktentasche vor die Brust. Das sah merkwürdig aus, völlig unnatürlich. Mich wunderte das, und ich fragte das Kindermädchen, warum denn die Leute alle so einen Stern tragen müssten. Ich erhielt die Antwort, weil sie Juden seien und etwas Schlimmes gemacht haben, nämlich jemanden von der deutschen Botschaft in Paris ermordet hätten. Ich verstand das als Kind nicht und fragte, ob das diese Leute hier gewesen wären. Ich bekam zur Antwort: Nein, aber darum gehe es ja gar nicht, denn die Juden würden alle unter einer Decke stecken. Ich kannte dieses literarische Bild noch nicht und fragte nach, ob es denn so eine große Decke geben würde. Ich konnte mir das alles nicht vorstellen. Darum blieb bei mir das Gefühl, da ist etwas Furchtbares geschehen, aber mir wird davon nicht alles erzählt.»

Während den jungen Sigismund die Erklärungen seines Kindermädchens einigermaßen irritiert zurückließen, saß ein etwa fünfzigjähriger Mann in seiner Breslauer Wohnung, schaute immer wieder aus dem Fenster und notierte, was er an Erniedrigung, Demütigung und Ausgrenzung von Juden in Breslau sah und persönlich erlebte. Sein Name: Willy Cohn. Er war Jude und unterrichtete bis zu seiner Entlassung Geschichte am Johannesgymnasium. «Es ist trotz alldem sehr schwer, sich die Liebe zu Deutschland ganz aus dem Herzen zu reißen», schrieb er.

Wie Helmuth Brückner wurde auch Willy Cohn im Ersten Weltkrieg das Eiserne Kreuz verliehen. Er fühlte sich als Breslauer und als Schlesier seiner Heimat verbunden. Seine Vorfahren lebten als Kaufleute geachtet in der Stadt. Natürlich sah

Willy Cohn, was geschah. Er glaubte aber als deutscher Patriot nicht, dass die Deutschen den Nationalsozialismus auf Dauer akzeptieren würden.

1937 reiste er erstmals nach Palästina und beschloss nach seiner Rückkehr, endgültig ins Gelobte Land auszureisen, wenn sich die Verhältnisse weiter zuspitzen sollten. Willy Cohn gab die Hoffnung auf ein besseres Deutschland nicht auf: Eine Pförtnerin in der katholischen Diözesanbibliothek, die er bis zuletzt benutzen konnte, steckte dem in der Stadt bekannten Lehrer immer wieder Lebensmittel zu. Auch seinen Friseur suchte er weiterhin auf. Willy Cohn zeichnete das Bild von einem widersprüchlichen Alltag in seiner Heimatstadt: Nicht alle Breslauer waren Nazis.

Erst kurz vor Kriegsbeginn 1939 schickte er einige seiner Kinder nach Frankreich ins Exil, er selbst wollte noch etwas warten. Dann fiel die Wehrmacht in Polen ein, und der Zweite Weltkrieg begann. Willy Cohn saß fest. Zusammen mit Tausenden anderen Breslauer Juden wurde er von den Nazis in das litauische Kaunas verschleppt. Bei ihrer Ankunft am 25. November wurden alle erschossen. In Breslau erinnert heute ein Text auf dem Gedenkstein für die Synagoge an das Schicksal der jüdischen Einwohner der Stadt.

«Sie legten an dem Heiligtum Feuer,
entweihten
die Wohnung deines Namens
bis auf den Grund.»

In den dreißiger Jahren gab es in der Stadt an der Oder ein unscheinbares «Büro für Stadt und Land Siedlung G. m. b. H.». Womöglich ist der junge Sigismund von Zedlitz mit seinem Kindermädchen daran vorbeigelaufen. Vielleicht kannte sein Vater sogar die Mitarbeiter des Büros, zu denen auch ein aus

Hannover stammender Architekt gehörte. Hans Stosberg hatte 1933 über die Struktur der Breslauer Verkehrswege promoviert. Da war er dreißig Jahre alt und erkannte, dass sich Breslau zu einem Brückenkopf in Richtung Osten entwickeln würde. Schnell avancierte der begabte junge Mann zum Geschäftsführer des Büros. In seinem Umfeld galt er nicht als Nazi, beeilte sich auch nicht, Parteimitglied zu werden. Erst 1937 «trat er in die NSDAP ein». Zwei Jahre später erhielt er den ungewöhnlichen Auftrag, im ehemals polnischen Oświęcim eine nationalsozialistische Mustersiedlung zu bauen – die Stadt hieß seit 1939 Auschwitz.

Deutsche und Polen – eine Erinnerung

Deutsche und Polen lebten in Schlesien schon immer miteinander und in enger Nachbarschaft – und seit 1871 gemeinsam als Staatsangehörige des Deutschen Reiches. Diese Erfahrung gehörte auch zum Leben der großen Familie derer von Zedlitz. Viele Polen kamen als Saisonarbeiter oder lebten mit ihren Familien auf den Gütern. Je nach Qualifikation und Fähigkeiten übertrug man ihnen Verantwortung. Politisch waren die Polen als nationale Minderheit im Deutschen Reich mehr oder weniger geduldet. Ihre Rechte mussten sie sich erstreiten. Ihre Sprache durften sie offiziell nicht sprechen, in der Schule wurde sie nicht unterrichtet. Im Osten Schlesiens waren die Konflikte zwischen Deutschen und Polen größer als im Westen. 1905 eskalierten sie, nachdem der Pole Henryk Sienkiewicz in Stockholm den Nobelpreis erhalten hatte. Vordergründig ging es in seinen historischen Romanen um die Christenverfolgung im alten Rom, doch die polnischen Leser erkannten in der gleichnishaften Darstellung sich selbst als unterdrückte und gedemütigte Minderheit. So wurde die Sehnsucht nach einem von Deutschland

Gut Eichholz. Der Eigentümer Alfred von Olszewski verfügte 1909 in seinem Testament, dass seine Kinder den Besitz und sein Vermögen nur erben, wenn sie die polnische Sprache erlernen. Ansonsten solle alles an den polnischen Schriftsteller Henryk Sienkiewicz fallen. Das Gut heißt heute Warmątowice Sienkiewiczowskie.

unabhängigen polnischen Staat durch Sienkiewicz' Literatur bestärkt. Von den deutschen Adligen in Schlesien waren nur wenige von der Forderung der Polen nach Unabhängigkeit begeistert. Einer der Befürworter war der preußische Offizier Alfred von Olszewski. Er besaß und betrieb das Gut Eichholz an der Katzbach, keine zehn Kilometer vom heutigen Legnica (Liegnitz) entfernt. Schon von früher Kindheit an plagten den Gutsherrn Atembeschwerden, sodass er von Kurbad zu Kurbad reisen musste. Im Lesen fand er Trost – und in Henryk Sienkiewicz schon bald seinen Lieblingsautor. Aus seiner Begeisterung für polnische Literatur machte der deutsche Gutsherr zu Hause und im Freundeskreis kein Geheimnis. Seinen Kindern gab er mit Draga, Bołeslaw und Bogdan zudem polnische Namen. 1909 starb Alfred von Olszewski unerwartet, und seine Witwe und die Kinder staunten nicht schlecht, als sie bei der Testamentseröffnung erfuhren, dass sie zwar zu Erben ernannt wurden, aber nur unter zwei Bedingungen: Sie sollten die polnische Sprache erlernen und Kenntnisse der polnischen Geschichte erwerben und darüber eine Prüfung ablegen. Bei Nichterfüllung dieser Bedingungen würde das gesamte Erbe ohne Einschränkung an den polnischen Dichter Henryk Sienkiewicz fallen. Eine Abschrift des Testaments erhielt der polnische Autor, der öffentlich dazu Stellung nahm: Man dürfe, so schrieb er, einen Menschen nicht zur Annahme oder zum Wechsel einer Nationalität zwingen, andererseits gelte es, das Vermächtnis des Toten zu ehren. Darum sollten die Erben Geld auf ein Sperrkonto einzahlen. Würden die Bedingungen des Testaments erfüllt, fiele das Erbe zurück an die Familie – andernfalls sollte es für die Schulbildung polnischer Kinder verwendet werden. Die Tochter Draga Olszewski heiratete 1913 Heinrich von Zedlitz auf Gut Eichholz. Er war jetzt Teil dieses familiären Konfliktes, der erst durch den Ausbruch des Ersten Weltkriegs und den Tod von Henryk Sienkiewicz im Jahre 1916 entschärft wurde. Polnisch lernen und öffentlich darüber eine Prüfung ablegen, das wollten die Erben auf keinen Fall. Dann beendete die Weltwirtschaftskrise Anfang der zwanziger Jahre jedes weitere Kopfzerbrechen über das Testament von Alfred von Olszewski: Das auf das Treuhandkonto eingezahlte Geld löste sich buchstäblich in Luft auf.

Inzwischen war mit dem Ende des Ersten Weltkriegs ein offener Konflikt zwischen Deutschen und Polen in Schlesien ausgebrochen, der das Lebensgefühl beider Nationen bis in die Gegenwart berührt und so komplexe Ursachen hat, dass er in deutschen Geschichtsbüchern zumeist nur in einer Fußnote

Draga Freifrau von Zedlitz, geborene von Olszewski (rechts im Bild), mit ihrer Mutter Gabriele von Olszewski, geborene von Zedlitz, im Garten von Gut Eichholz.

erwähnt wird. Es war ein blutiger Krieg mit Tausenden von Toten auf beiden Seiten, und er trug in sich bereits den Keim des Krieges, der am 1. September 1939 mit dem Überfall der deutschen Wehrmacht auf Polen ausbrach.

Der Krieg um Schlesien

Wir steigen mit Sigismund von Zedlitz in Breslau zu einer Reisegruppe in den Bus, die der Freiherr zum Wallfahrtsort Częstochowa (Tschenstochau) und anschließend nach Krakau geleiten wird. Einige der Teilnehmer kennt von Zedlitz, andere fahren das erste Mal mit ihm. Meist haben sie ein persönliches Motiv, das ehemalige Schlesien zu bereisen, sind selbst in Schlesien aufgewachsen oder ihre Vorfahren. Die Reisegruppen würden stetig kleiner, erzählt von Zedlitz. «Der eine stirbt, der andere wird krank, wieder andere haben sich auf einer früheren Reise von der alten Heimat verabschiedet.» Der Bus fährt über den Breslauer Ring und überquert die nach Süden zur Autobahn führende «Straße der Aufständischen», mit der an die polnischen Oberschlesier erinnert wird, die in drei Aufständen durchsetzten, dass Deutschland große Teile Schlesiens nach dem Ersten Weltkrieg an Polen abtreten musste. Sigismund von Zedlitz weiß um die Schwierigkeit, die historischen Umstände jener Aufstände von damals nachzuvollziehen.

«Damals haben die Schlesier sofort verstanden, was geschah. Die Polen im Osten Schlesiens drängten auf einen Anschluss ganz Oberschlesiens an die Republik Polen, die erst im Ergebnis des Ersten Weltkriegs entstand. Polen war zweihundert Jahre unter den angrenzenden Nachbarstaaten aufgeteilt und beanspruchte nun alle Territorien, in denen Polnisch gesprochen wurde, als Staatsgebiet. Um die Forderung durchzusetzen, besetzten polnische Aufständische Dörfer und Städte in Oberschlesien mit Waffengewalt.»

Die Reichsregierung in Berlin war bestürzt über die Vorgänge und schickte schon Ende 1918 Geld und Waffen nach Schlesien. Die Schlesier selbst sollten den Aufstand der Polen niederschlagen. Über eine eigene Armee verfügte Deutschland nach seiner Niederlage im Ersten Weltkrieg infolge der anschließenden Demobilisierung nicht.

Der Schlesische Selbstschutz «SSOS» und andere paramilitärische Verbände formierten sich im rechtsfreien Raum. So gelang es, zwanzigtausend Mann in Schlesien unter Waffen und in Sold zu stellen. Diese private Armee brach nach Oberschlesien auf, um die Übernahme deutschen Gebietes durch Polen zu verhindern. Ein Krieg nach dem Krieg begann.

Sigismund von Zedlitz hat für seine Familienchronik lange

recherchiert: Nur ein einziger, zudem entfernter Verwandter hat offenbar bei seiner Rückkehr aus dem Ersten Weltkrieg die Offiziersuniform anbehalten und trat in die Dienste von General Karl Hoefer ein. Doch die Angaben sind widersprüchlich. Ob und wann Otto Graf von Zedlitz gegen Polen gekämpft hat, lässt sich nicht nachweisen. Sein Name taucht erst Jahre später noch einmal auf: Am ersten Tag des Krieges gegen die Sowjetunion fällt er kurz nach dem Grenzübertritt. Es soll die erste Kampfhandlung seiner Einheit gewesen sein. Mehr ist über die Teilnahme derer von Zedlitz an den Nachkriegsgefechten in Oberschlesien nicht bekannt.

Karl Hoefer, der Kommandeur der deutschen Truppen, die sich als Schlesischer Selbstschutz formierten, wurde 1862 im oberschlesischen Pleß geboren. Das kleine Städtchen, südlich von Kattowitz gelegen, gehörte erst seit den Beschlüssen des Wiener Kongresses von 1816 zu Preußen. Es liegt im südöstlichsten Teil von Schlesien, für den später auch der Begriff «Grenzland» verwendet wurde. Nach den Vorstellungen der provisorischen Regierung in Warschau gehörte auch Pleß zum Territorium des künftigen Polen, ein Umstand, der den Generalleutnant Hoefer empörte, der sich zu diesem Zeitpunkt auf dem Rückweg von der Westfront nach Schlesien befand. Hoefer galt im deutschen Heer als ein Mann für die schwierigen Situationen und hatte in einer seiner vielen siegreichen Schlachten für Deutschland einen Arm verloren – was ihm den Beinamen «einarmiger General» eintrug.

Das schlesische Pleß war für Hoefer nicht nur Heimatstadt – Pleß hatte zugleich eine symbolische Bedeutung für das deutsche Militär. Im Schloss von Pleß hatte der Generalstab des deutschen Heeres zwischen 1914 und 1918 sein Hauptquartier eingerichtet. Der gesamte Krieg im Osten wurde von hier aus konzipiert und gesteuert. Das ehemalige Hauptquartier hatten die Polen nun militärisch besetzt und dies wie einen Sieg über

Deutschland gefeiert. Damit war die Heimat für Hoefer in doppeltem Sinne in Gefahr. Er wollte die Stadt Pleß befreien und die Ehre des deutschen Heeres wiederherstellen.

Für die Ausrüstung und Finanzierung seiner Truppe sorgte die sozialdemokratische Reichsregierung. Allein vom 3. Mai bis zum 4. August 1921 stellte sie Hoefers Kampftruppen 173,1 Millionen Mark zur Verfügung. Die Reichswehr lieferte Sachleistungen in Form von Waffen und Munition, deren Wert Historiker auf bis zu 276 Millionen Mark schätzen.

So ausgestattet, war der Schlesische Selbstschutz eine schlagkräftige Armee, die von fronterfahrenen Offizieren befehligt wurde und von dem Willen durchdrungen war, für Deutschland um jeden Zoll schlesischen Bodens zu kämpfen. In den Reihen des Schlesischen Selbstschutzes kämpfte auch Helmuth Brückner, der spätere Gründer der örtlichen NSDAP. Er erlebte, wie Deutsche und Polen sich gegenseitig ermordeten. Aber wer waren die Polen, die in Oberschlesien zu den Waffen griffen und deutsches Territorium zu polnischem Staatsgebiet erklärten? Es waren – so schwer verständlich das heute ist – deutsche Staatsbürger.

Ihr militärischer Führer war bis 1918 Mitglied des Deutschen Reichstages und hieß Albert Korfanty. Er war als Deutscher geboren und wandelte nach dem Ende des Ersten Weltkriegs seinen deutschen Vornamen in einen polnischen um. Er erfüllte sich damit einen langgehegten Traum aus seiner Schulzeit. Damals las er, wie auch der Urgroßvater von Sigismund von Zedlitz, erstmals einen Roman von Henryk Sienkiewicz. Auch er erkannte in dessen Büchern Bezüge zur Gegenwart, vor allem in dem berühmten Roman «Die Kreuzritter»: Im 18. Jahrhundert, davon war Albert Korfanty seit seiner Schulzeit überzeugt, waren die Polen in Schlesien von den Truppen Preußens überrollt worden. Schlesien war seither ein besetztes Land. Schon früh versuchte er seine Mitschüler in den Widerstand gegen die

Wojciech Korfanty war von 1903 bis 1918 als Pole Mitglied des Deutschen Reichstages. Er vertrat die schlesischen Wahlkreise Kattowitz und Beuthen.

deutschen Besatzer einzubeziehen: Er verbreitete Bücher von Sienkiewicz, las und diskutierte sie in geheimen literarischen Zirkeln in polnischer Sprache. Immer wieder appellierte er an seine Mitmenschen, die Germanisierung nicht einfach hinzunehmen. Wegen der Verbreitung umstürzlerischer Gedanken wurde Korfanty schließlich vom Gymnasium in Kattowitz verwiesen. Der Vorgang erregte großes Aufsehen – Korfanty durfte schließlich an einem Gymnasium in Breslau weiterlernen. In fünfzig Kilometer Entfernung von seiner neuen Schule wuchsen zu dieser Zeit auch die Kinder von Alfred von Olszewski auf dem Gut Eichholz auf. Auch sie waren verwickelt in den Streit zwischen Deutschen und Polen, der immer mehr eskalierte und schließlich eine blutige Wendung nahm: Sechs Millionen Schlesier waren davon betroffen.

Der Bus der Reisegruppe um Sigismund von Zedlitz rollt inzwischen in Richtung Osten weiter. Auf dem Weg zum Wallfahrtsort Częstochowa (Tschenstochau) erzählt von Zedlitz, dass er von der Auseinandersetzung um Schlesien erst lange Jahre nach dem Ende des Zweiten Weltkriegs erfahren hat.

«Unsere Familie war in diese Auseinandersetzung nicht direkt verwickelt. Vieles habe ich nicht gewusst, erst viel später erfahren. Wir hatten fast keine Verwandten in Oberschlesien, und darum fehlt die Überlieferung von den dortigen Ereignissen in der Familie. Vor allem wusste ich nicht, wie dramatisch die Dinge sich dort zugespitzt hatten. Ich war sehr entsetzt, als ich zum ersten Mal in großer Menge Bilder von den Kämpfen um den Annaberg gesehen habe. Dort steht heute ein Museum. Ich habe es zusammen mit einer Reisegruppe besucht. Natürlich ist die Ausstellung dort ganz aus polnischer Sicht zusammengestellt. Wenn man das sieht, verlässt man die Ausstellung mit dem Gefühl, die Polen hätten die Kämpfe dort siegreich beendet. Aber das war etwas anders.»

Vor dem Fenster ziehen Rapsfelder vorbei. Die Landschaft ist voller leuchtender gelber Flecken. Lange vor dem Zweiten Weltkrieg wurden diese Felder und Äcker zu Schlachtfeldern, auf denen sich zwischen 1918 und 1922 zwanzigtausend deutsche und zwanzigtausend polnische Soldaten bekämpften.

Ausflug nach Annaberg

Der Annaberg liegt fünfzig Kilometer südlich der Fahrstrecke nach Częstochowa (Tschenstochau). Am einfachsten findet man ihn, wenn man die Autobahn in Richtung Katowice fährt. Kurz hinter der Abfahrt nach Opole befindet sich ein riesiges Schild mit der Aufschrift «Góra Świętej Anny», zu Deutsch: «Heiliger Berg der Anna». Ein reichlich überdimensioniertes Schild für einen mit 406 Metern eigentlich nicht besonders hohen Berg. Zwei Dörfer sind zu durchfahren. Tiefes stilles Schlesien. Kein Autobahnlärm. Die Lerchen steigen aus den Feldern. Ein Bauer knattert mit seinem Traktor vorbei. Hinter dem Traktor klappert eine Maschine. Der Traktor hält, ohne dass wir gewinkt haben. Der Fahrer will wissen, ob wir Hilfe benötigen. Wir danken und erklären, wir seien nur wegen der Landschaft an den Straßenrand gefahren. Der Mann nickt verständnisvoll. Er kennt das Bedürfnis der Deutschen, ihrem versunkenen Schlesien mit sehnsuchtsvollen Blicken hinterherzuträumen. Der Mann murmelt beim Losfahren: Was denken sie, wie viele vor ihnen hier schon gehalten haben.

Die Auffahrt zum Annaberg ist schmal. Im Sommer drängeln sich zahllose Busse aneinander vorbei. Die Obstbäume am Rand der Straße stehen schon viele Jahrzehnte hier. Veränderungen, neue Straßenanlagen, große neue Parkplätze, moderne Transferbusse – alles Fehlanzeige. Hier ist vieles noch so angelegt, wie die Deutschen es aus ihrer Zeit in Schlesien kennen.

Im Museum sind wir angemeldet, der Direktor erwartet uns. Er fragt, wonach wir suchen, was wir erfahren möchten, und erklärt, wo wir angekommen sind. Das Haus beherbergte in den Jahrzehnten der Volksrepublik Polen die Direktion eines landwirtschaftlichen Betriebes. Davor, während des Zweiten Weltkriegs, wohnte hier der Kommandant des Konzentrationslagers Lamsdorf, einer Gemeinde, die heute Łambinowice heißt. Dort wurden Zehntausende polnische und sowjetische Kriegsgefangene von den Deutschen wie Vieh gehalten und starben einen qualvollen Tod.

Im Foyer des Hauses hängen großformatige Fotos auf Leinwand gedruckt von der Decke. Sie bilden die Ereignisse von 1918 mosaikartig ab: Männer mit Maschinengewehren vor einem Panzerzug, ein Schlachtfeld, Gefallene und sichtbar Ermordete. Kann man diese Auseinandersetzung verstehen? Der Direktor ist so um die vierzig Jahre alt, Kind einer polnischen Familie, die nach 1945 aus der Sowjetunion vertrieben wurde.

«Wissen Sie, Deutsche und Polen sehen das, was hier passiert ist, mit sehr unterschiedlichen Augen und unterschiedlicher Erfahrung. Wir Polen sind ein Volk, das Jahrhunderte von seinen Nachbarn unterdrückt wurde. Wir hatten lange keinen Staat, haben uns mit Aufständen dagegen gewehrt. Nach dem Ersten Weltkrieg haben wir das wieder getan. Im Ergebnis dieser Aufstände hatten die Schlesier ein polnisches Schlesien, zumindest in einem Teil. Das war damals ein ungeheurer Sieg. Aber nicht einer Armee, sondern der ganz einfachen Bevölkerung. Zehntausende Polen haben sich in die Liste des Aufstandes eintragen lassen. Einfache Bauern und Arbeiter in den Städten, Priester und auch Frauen. Die bekamen Geld und ein Gewehr und haben gesagt: Wo wir sind, da ist jetzt Polen. Natürlich war das eine Kriegserklärung an die Deutschen, aber sie war vom Völkerrecht gedeckt.»

Auf unserem Rundgang durch das Museum stoßen wir auf eine Karte, die das damalige Territorium Schlesiens zeigt. Bunt und schraffiert ist dessen Osten gekennzeichnet. Die Siegermächte des Ersten Weltkriegs vereinbarten in Versailles die Teilung Schlesiens. Die Grenze des Deutschen Reiches sollte künftig in der Mitte zwischen Breslau und Oppeln verlaufen – ein Gebiet mit etwa zwei Millionen Einwohnern und einer nur mit dem Ruhrgebiet vergleichbaren industriellen Struktur.

Wir betreten einen fensterlosen runden Saal im Museum. Dort ist das Panorama um den Annaberg zu erkennen, davor liegen alte Waffen, Fahrräder, Munitionskisten. Jeder Besucher des Hauses soll nachempfinden können, wie es war, als die Polen 1918 zu den Waffen griffen. Das Licht verlöscht langsam, Musik hebt an. Scheinwerfer beleuchten die Bilderwelt. Dann bleibt der Lichtkegel auf dem Gesicht eines Mannes stehen: Es gehört dem Führer des polnischen Aufstands, dem Robin Hood Schlesiens, von den Deutschen steckbrieflich gesucht: Albert Korfanty. Der Mann, der den polnischen Schlesiern zu einem eigenen Staat verhalf, änderte damals seinen Vornamen in Wojciech. Wer ist dieser Mann? In deutschen Schulbüchern kommt er überhaupt nicht vor, obwohl er nach 1903 Schlesien im Deutschen Reichstag vertrat.

1873 erblickte er im oberschlesischen Kreis Kattowitz als Sohn eines Bergwerksarbeiters das Licht der Welt. Die meisten Bergleute hier waren Polen mit deutschem Ausweis. 1879 wurde der intelligente Albert auf eine Volksschule in Siemianowitz geschickt. Ob er auf seinem Schulweg am Schloss vorbeigekommen ist? Seit 1718 war der Ort im Besitz des katholischen Zweiges der Grafen Henckel von Donnersmarck. 1768 machten sie ihn und das Schloss zu ihrer Residenz, beauftragten Karl Friedrich Schinkel mit dem Ausbau und kurbelten den industriellen Aufschwung an. Schon 1802 erwarben sie die «Königshütte». Der 1841 begonnene Bau der oberschlesischen Eisenbahn und der sprunghafte Anstieg des Eisenbedarfs veranlassten Graf Carl Hugo zum Bau der «Laurahütte», einer seinerzeit nach dem modernsten Stand der Technik errichteten Anlage zur Eisenverhüttung. Durch den Erwerb der seit 1802 existierenden benachbarten «Königshütte» und die Gründung einer Aktiengesellschaft entstand so um 1870 eines der größten Industrieunternehmen Deutschlands. Als die bestehenden herrschaftlichen Güter und Dörfer den Personalbedarf nicht mehr decken konnten, gründeten die Grafen von Donnersmarck Barackenlager als Wohnsiedlungen, in denen sie vor allem Arbeitskräfte aus «Kongresspolen» und Galizien ansiedelten. Mit dem Tross der Fremdarbeiter kamen schließlich auch die Korfantys.

Die Wohnsiedlung der Laurahütte entstand direkt auf dem Besitz derer von Donnersmarck. Und die Zahl der Bewohner wuchs und wuchs. Schon bald übertraf sie die des angrenzenden Dorfes Siemianowitz. 1875 zählten beide Orte zusammen 13 193 Einwohner, 1910 waren es bereits 36 085. Aus dem Barackenlager war eine Bergarbeiterstadt geworden. Der Ruhrpott des Ostens entstand.

In dieser Welt wuchs Albert Korfanty heran, der sicher Bergarbeiter geworden wäre, wenn seine Eltern ihn nicht auf die Priesterschule und anschließend aufs Gymnasium nach Kattowitz geschickt hätten. Kurz vor dem Abitur jedoch musste der renitente Schüler gehen. Die Eltern waren entsetzt, schließlich sollte Albert einmal Pfarrer werden und so stellvertretend für die Familie die soziale Stufenleiter emporsteigen. 1895 schrieb er sich an der Technischen Universität in Berlin ein, stürzte sich in die große Politik, wurde vollends zum Aufwiegler, wie die preußischen Polizeiprotokolle belegen; bereits 1903 wurde er von den Oberschlesiern in den Reichstag gewählt. 1918 kehrte er im Auftrag der provisorischen polnischen Regierung in Warschau und mit einem heute kaum noch vorstellbaren Etat nach Oberschlesien zurück: Über fünf Millionen deutsche Mark und vier Millionen Złoty in Sachleistungen konnte er frei verfügen. Er sollte damit ein Komitee zur Verteidigung Oberschlesiens aufbauen und mit diesem Schlesien unter die polnische Fahne führen. Seine Erklärung war unmissverständlich.

«Landsleute! Es naht der Augenblick, der über die Zukunft, das Glück und den Wohlstand Oberschlesiens entscheiden wird. Der stolze Preuße, der sich an den Schätzen unserer Erde bereichert, an unserem Blut und Schweiß gemästet und der das Volk grausam unterdrückt hat, ist nun von Gott dem Gerechten gedemütigt und von dem tapferen Heer der siegreichen Koalition geschlagen worden. Er verläßt jetzt unsere Städte und Dörfer … Nach der Entscheidung des Versailler Friedensvertrages sollen die Einwohner Oberschlesiens selbst bestimmen können, ob sie in Zukunft mit dem freien Polen vereint oder ob sie, zu Deutschland gehörend, weiterhin Sklaven der brutalen preußischen Unterdrückung bleiben wollen. Wir zweifeln keinen Augenblick daran, dass das schlesische Volk nach Jahrhunderten der Trennung, des Leidens und der Knechtschaft im Triumphzug eilend das mütterliche Heimatland ans Herz drücken und sich mit ihm auf ewig vereinen wird.»

Der Streit um Schlesien

Kurz vor Tschenstochau, Schlesiens berühmtestem Pilgerort, greift Sigismund von Zedlitz zum Bord-Mikrophon und beginnt zu erzählen. Hier spricht kein Reiseleiter, hier erzählt jemand mit ganzem Körper von Zusammenhängen, die neunzig Jahre zurückliegen. Plötzlich weist er aus dem Fenster:

«Etwa an dieser Stelle sollte nach polnischen Vorstellungen Schlesien geteilt werden. Die Deutschen und die Polen waren über Nacht offen verfeindet. Die Polen wollten, dass Schlesien aus dem Deutschen Reich herausgelöst wird. Dazu besetzten sie spontan Bürgermeisterämter und hissten die polnische Fahne, wo immer es ihnen gelang. Wurden sie anschließend von den deutschen Einwohnern vertrieben, versuchten sie es im nächsten Dorf. Das Merkwürdige war: Die deutsche Seite reagierte nicht. Es gab keine offizielle Staatsmacht, die sich zur Wehr setzte, die die Bevölkerung verteidigte. Die Deutschen fühlten sich im Stich gelassen oder verraten und haben begonnen, sich spontan gegen diese Übernahmen zur Wehr zu setzen. Buchstäblich über Nacht herrschten hier bürgerkriegsähnliche Zustände. Polen töteten Deutsche, und Deutsche töteten Polen. Die Fotos der Getöteten veröffentlichten sie anschließend zur Abschreckung. Es war grausam, weil innerhalb weniger Monate dreitausend Menschen starben.»

Von Zedlitz hat eine dicke Mappe dabei. Sie enthält vergilbte Kopien alter Zeitungsausschnitte: Korfantys Aufruf an die Polen, den Deutschen die Macht in Oberschlesien mit Waffengewalt zu entreißen und Schlesien zu spalten, erschüttert die Region wie ein Erdbeben. «Polen will Schlesien an sich reißen» – diese Schlagzeile taucht in den folgenden Tagen in zahllosen Variationen auf. Dann informieren die Zeitungen auch über den Protest der Reichsregierung bei den Siegermächten. Doch was können die Schlesier davon glauben? Berlin ist weit weg, der Kaiser hat abgedankt und lebt im Exil; und was soll eine sozialdemokratische Regierung schon gegen Frankreich ausrichten? Die betroffenen Schlesier ahnen: Wer sich nicht selbst hilft, ist verloren. In dieser Situation entstehen die Verbände des Schlesischen Selbstschutzes, treffen Soldaten und Offiziere aus Freikorps ein und stellen sich für den Kampf zur Verfügung. Jeder beginnt zu verteidigen, was er für seinen Besitz hält.

Dann dringen Nachrichten aus Paris nach Schlesien vor: Die alliierten Siegermächte sind bestürzt über das Chaos im Südosten Deutschlands und lenken ein. England, Frankreich und Italien schicken zwanzigtausend Soldaten in die Region, verhängen dort den Ausnahmezustand. Sie wollen Deutsche und Polen voneinander fernhalten, das Blutvergießen und den Bürgerkrieg in Schlesien beenden.

Die Bilder von den französischen und englischen Panzern, die 1920 durch die Städte rollen, wirken irreal. Die Menschen stehen fassungslos an den Straßenrändern. Ist das der Beginn eines neuen Weltkriegs? Die Regierungen der fremden Truppen, die als Besatzungsmacht erlebt werden, unterbreiten einen Lösungsvorschlag für den deutsch-polnischen Konflikt: Die Schlesier sollen an der Wahlurne entscheiden, wo sie leben wollen. Für den 20. März 1921 wird eine Abstimmung angesetzt. Polen oder Deutschland –

1920 besetzen britische, französische und italienische Truppen auf Beschluss des Völkerbundes Oberschlesien und verhängen den Ausnahmezustand. Mit gepanzerten Fahrzeugen rollen die Briten in Kattowitz ein.

das ist jetzt die Frage, die alle Menschen zwischen Brieg und Kattowitz betrifft. Fast zwei Millionen Einwohner leben in dieser Region.

Aber die Aussicht auf den Volksentscheid und die Anwesenheit einer Besatzungsarmee lösten das entscheidende Problem nicht: Die Konfliktparteien bekämpften einander weiter in einer Propagandaschlacht und einem blutigen Partisanenkrieg. Mutlos schauten italienische, britische und französische Soldaten zu, wie Deutsche und Polen sich gegenseitig umbrachten. Heute wissen wir aus den damaligen Akten, dass die Alliierten mit der polnischen Seite sympathisierten, um die deutsche Seite zu schwächen. Dank seiner gewaltigen Kriegskasse konnte Korfanty Tausende polnische Schlesier in diesem Bürgerkrieg verpflichten und mit Waffen ausrüsten, die die Aufständischen bei sich zu Hause lagerten, um sich und ihre Nachbarn zu verteidigen. Für die polnischen Schlesier war die Mitgliedschaft in der Armee der Aufständischen eine sichere Einnahmequelle. Die Bauern lebten in den Wintern fast ohne Einkünfte. Die Industrieproduktion lief in den ersten Nachkriegsjahren nur schleppend an.

Im heutigen Siemianowice bei Katowice erinnert ein kleines Museum an die Härten des damaligen schlesischen Alltags. Es ist in den ehemaligen Speichern der Schlossanlage derer von Donnersmarck untergebracht. Albert Korfanty hat nicht weit entfernt von hier seine Kindheit verbracht. Den Nachweis, dass es sich um Einrichtungsgegenstände aus dem Haushalt der Korfantys handelt, können die Ausstellungsmacher nicht erbringen, wohl aber, dass die Familie unter ähnlich ärmlichen Bedingungen gelebt hat: in nur einem Raum, der als Küche sowie als Wohn- und Schlafraum diente. Die Kinder teilten sich das Bett. In dieses Milieu floss mit dem Sold aus der Kriegskasse nun plötzlich Geld – dazu kam ein Versprechen Korfantys, der jedem Teilnehmer an den Kämpfen eine Kuh als Geschenk versprach, sobald Schlesien zu Polen gehörte. Sie ging in die Geschichte der Auseinandersetzung als Korfanty-Kuh ein.

Doch Korfanty verwendete seinen Etat nicht nur für militärische Zwecke: Binnen weniger Monate kaufte er fünfzehn Zeitungen, darunter die «Oberschlesische Volksstimme», die «Oberschlesische Post» und die «Katholische Volkszeitung», und verwandelte Tageszeitungen in propolnische Propagandablätter. Ihre Texte und Bilder sind ein trauriges Fest des Chauvinismus und der Völkerverachtung. «Seid keine Sklaven des deutschen Leichnams» oder «Stimmst Du für Deutschland, bleibst Du Pollak und Schwein – Mensch wirst Du bei Polen allein!» Die deutschen Reaktionen waren überaus heftig: In Karikatu-

Polnische Aufständische, die mit einem gepanzerten Zug durch Schlesien fahren. Zehntausende Polen aus den verschiedensten Bevölkerungsschichten schlossen sich den Aufständischen an.

ren tauchte ein zutiefst unchristlicher Weihnachtswunsch auf: Korfanty hing als Verbrecher an einem Christbaum. Steckbriefe kamen in Umlauf. Bis zu eine Million deutsche Reichsmark setzte das «Plebiszitkommissariat für Deutschland» auf den führenden Kopf der «polnischen Banden» aus, wie es hieß. Mit solchem Hass wurde zur Jagd auf Korfanty geblasen. Auf deutscher Seite gab es wenig Verständnis für den berechtigten Anspruch der Polen, als Nation in einem eigenen Staat zu leben. Im Gegenteil: Sie wurden zu Feinden erklärt, von denen man meinte, dass sie Deutschland erobern wollten. Dieses Feindbild verinnerlichten die deutschen Schlesier schnell. 1939 konnte Hitler an dieses Alltagsbewusstsein appellieren, als er den Überfall auf den Sender Gleiwitz inszenieren ließ.

Doch noch war es nicht so weit, noch stritten die Bürgerkriegsparteien im Jahr 1921 darum, ob Deutschland an Polen Territorium abzutreten habe. Immer wieder versuchten britische, französische und italienische Truppen, die sich bekämpfenden deutschen und polnischen Verbände zu trennen. Darum verfügten sie die Auflösung des Schlesischen Selbstschutzes und verlangten, dass alle deutschen Soldaten, die nicht aus Schlesien stammten, das Gebiet sofort zu verlassen hätten. General Karl Hoefer musste seine Truppe offiziell auflösen. Doch die Verbände zogen sich in die Wälder zurück, agierten wie Partisanen. Wer in den Verdacht geriet, mit der polnischen Seite zu kooperieren, musste um sein Leben fürchten. Zweihundert standrechtliche Erschießungen von Deutschen, Polen und Franzosen sind nachgewiesen. Wie sehr die Angst vor den Racheakten der Verbände des Schlesischen Selbstschutzes den Alltag bestimmte, belegen Zeitungsanzeigen.

Ein Beispiel: Am 18. März 1921 veröffentlichte Richard Fandrich in der «Coseler Zeitung» eine «Öffentliche Erklärung». Darin beschreibt er, dass ein polnischer Agitator den Familienvater Johann Fandrich erpresst und gezwungen habe, als polnischer Wahlbürovorsteher bei der Abstimmung aufzutreten. Die Geschwister erklärten für den Bruder und sich selbst, dass sie immer fest zum Vaterland gestanden und zu keiner Zeit anders als treudeutsch gedacht und empfunden hätten.

Diese Notiz beschreibt eindrucksvoll die Stimmung der Angst. Im Streit um Schlesien eskalierten chauvinistische und nationalistische Gefühle und mündeten in einen Zwang, sich öffentlich und bedingungslos zum deutschen Vaterland zu bekennen. Die Zivilbevölkerung wurde mit einem imaginären Eid auf das Vaterland erpresst. «Treudeutsch sein» wurde verlangt. Von wem eigentlich?

Die schlesische Landschaft erzählt nichts von dieser Geschichte. Sie schweigt. Die zahlreichen Kreuze am Wegesrand

Auf dem Annaberg erinnert heute ein Museum an den Bürgerkrieg. Im Mittelpunkt steht diese überlebensgroße Darstellung der Schlacht zwischen den Truppen der deutschen Freikorps und den polnischen Aufständischen. Das Gemälde entstand 1992.

lassen sich nicht konkreten Ereignissen zuordnen. Ist hier ein polnischer Aufständischer durch eine Kugel gestorben oder ein deutscher Schlesier? Der Pilgerweg nach Tschenstochau behält diese Geschichten für sich. Alte Zeitungen und Polizeiakten verraten, wie sehr der Pilgerpfad 1921 Teil des Kampfes zwischen Deutschen und Polen war. Obwohl es den schlesischen Priestern von ihrem Bischof streng untersagt war, sich an der Auseinandersetzung zu beteiligen, warb die katholische Priesterschaft offen für Polen. Sie tarnte ihre Agitationen als Wallfahrten – vor allem nach Tschenstochau. Vor dem Gnadenbild der Schwarzen Madonna beschworen die Priester die Pilger, am Abstimmungstag für Polen zu stimmen. Für dieses Gelübde gab es Geschenke oder Geldzuwendungen, wie ein deutscher Polizeibericht am 9. Dezember 1920 in Hindenburg protokolliert. «Die Prozession schritt in der üblichen Ordnung, an der Spitze des Zuges die Ministranten mit dem Kreuz und der Pfarrer … Die Kapelle spielte fromme Lieder, die von den Pilgerinnen mitgesungen wurden. Dies wurde von einem höllischen Lärm, dem Schnattern von 300 Gänsen, begleitet. ‹Diese Gänse haben wir umsonst in Polen erhalten›, brüsteten sich die Frauen vor der erstaunten Menge.» Finanziert wurden auch diese Aktionen von Korfanty.

Der Bus der Reisegesellschaft mit Sigismund von Zedlitz passiert den Stadtrand von Częstochowa/Tschenstochau. Hier leben heute über 250 000 Menschen. Vier Millionen Pilger besuchen die Stadt jährlich. Viele junge Katholiken sind unterwegs, um die berühmteste Schwarze Madonna der Welt zu bestaunen. Sie kommen als Tramper oder mit dem Zug, allein und in Gruppen. In der Stadt wimmelt es von jungen Rucksackträgern mit Isomatten und Blechtassen. Busse schlängeln sich dicht an dicht den Hügel hinauf, auf dem das ehemalige Kloster steht, das im Dreißigjährigen Krieg der Belagerung durch die Schweden standhielt. Sigismund von Zedlitz hat wie jeder der Reisenden sein inneres Bild von diesem Ort. Schon seine Vorfahren haben sich auf dem Platz vor der Kirche fotografieren lassen. Die Fotos sind zusammen mit den Alben der Familie auf Gut Eichholz 1945 in den Wirren des Krieges verloren gegangen. Von Zedlitz muss die Leitung seiner Gruppe an diesem heiklen Ort abgeben. Nur offizielle Führer sind hier zugelassen.

Wir nutzen die Gelegenheit, um von Zedlitz zu fragen, wie der Konflikt der Nachkriegsjahre in seiner Familie wahrgenommen wurde.

«Wir lebten ja in jenem Teil Schlesiens, in dem nicht über die staatliche Zugehörigkeit abgestimmt wurde. Aber für meine Eltern stand immer zweifelsfrei fest, dass sie Deutsche sind und als Deutsche nicht in Polen leben wollten. Mein Großvater hätte sicher sofort für Polen votiert. Aber er war mit seiner Haltung sehr allein. Meine Großmutter hat seine Sympathie nie geteilt und nie verstanden. Auch ich hätte mich bei dieser Abstimmung ohne zu zögern für den Verbleib im Deutschen Reich ausgesprochen. Ich habe erst vor wenigen Jahren erfahren, dass mein Großvater nicht der einzige Gutsbesitzer war, der einen Wechsel in die polnische Staatsbürgerschaft mit Freude vollzogen hätte. Im vergangenen Jahr befragten mich polnische Studenten für einen Film über den Grafen Olszewski und sein Testament. Dabei erfuhr ich, dass in unserer Nachbarschaft Hans Georg Graf von Oppersdorf offen für Polen geworben hat. Die Geschichte kannte ich noch nicht, und sie hat mich sehr berührt.»

Ein deutscher Graf für Polen

Von Liegnitz aus ist man gut eine Stunde mit dem Auto unterwegs, ehe man das ehemalige Schloss Oppersdorf erreicht. Es liegt etwas versteckt in der oberschlesischen Kleinstadt Głogów/Glogau und ist von jahrzehntelangem Verfall und zugleich von dem Bemühen um Rettung gekennzeichnet. Der größte Teil des Schlosses ist eine Baustelle. Ihr sieht man an, dass Enthusiasten mit wenig Geld am Werk sind. Wann die größte Schlossanlage Schlesiens restauriert sein wird, ist nicht abzusehen. Es fehlen einige Millionen Euro und die dazugehörigen Investoren. Die werden sich nach und nach finden lassen, denn auf dem Schloss wurde Musikgeschichte geschrieben. Beethoven komponierte hier seine vierte Sinfonie. Musikliebhaber und Historiker aus aller Welt zieht dieser fast vergessene Ort daher seit einiger Zeit magisch an.

Dass Hans Georg Graf von Oppersdorf hier für den Beitritt Schlesiens zu Polen eintrat, daran erinnert keine Gedenktafel. Das Gut – knapp siebentausend Hektar groß – gehörte wie das Schloss zu den größten in Oberschlesien. Seit der Mitte des 19. Jahrhunderts firmierte das Anwesen als preußisches Herrenhaus. Hans Georg Graf von Oppersdorf las als Kind viel in der väterlichen Bibliothek und sprach schon als junger Mann sieben Sprachen. Seit 1907 saß er als Abgeordneter des katholischen Zentrums im Deutschen Reichstag. Die politische Loyalität zu Preußen war für ihn nicht alles, denn angesichts der vielen Unterschiede zum übrigen Preußen träumte er von einer schlesischen Autonomie. So stand für den Grafen bei der Abstimmung über Schlesien nicht die Frage der nationalen Zugehörigkeit im Vordergrund, sondern die nüchterne Erwägung, welcher Staat den Schlesiern künftig mehr Selbstbestimmungsrechte zusprechen würde. Während der alliierten Besatzung verständigte er sich mit dem Oberkommandierenden der französischen Truppen in Schlesien, General Le Ronde. Beide stimmten darin überein, dass ein autonomes Schlesien die besten Voraussetzungen dafür bot, die jeweilige nationale Identität seiner Bewohner zu respektieren. Der ausgesprochen belesene Graf pflegte ein Denken, das den heutigen Vorstellungen von einem Europa der Regionen nicht ganz unähnlich ist.

Dass ausgerechnet der preußische Rittmeister und ein französischer General diese Gemeinsamkeiten entdeckten, war für die damalige Zeit mehr als skandalös: Frankreich galt als «Erbfeind». Versailles war der Ort, an dem der für Deutschland so folgenschwere Vertrag über die Nachkriegsordnung in Europa beschlossen wurde. Jede Nähe zu einem Franzosen war daher gleichbedeutend mit einem Verrat an der deutschen Nation.

Der Verdacht, dass Hans Georg das Schloss Oppersdorf in Oberglogau in einen polnischen Brückenkopf verwandelt haben könnte, rief deutschlandweit heftige Proteste hervor. Der Sturm der Entrüstung wuchs sich zu einer großen Affäre aus – der «Affäre Oppersdorf», die die Debatte in Schlesien weitgehend prägte. Organisiert wurde der Protest von einem der reichsten Deutschen: Hans Heinrich XI. von Pleß, der seinen Wohlstand den Profiten eines schlesischen Steinkohlebergwerks verdankte und der sich rigoros gegen alle schlesischen Autonomiebestrebungen verwahrte. Alle Gegner des Grafen waren sich schnell einig, Hans Georg von Oppersdorf zum Vaterlandsverräter zu erklären. Als Beschmutzer der deutschen Ehre habe er seinen Anspruch auf die Zugehörigkeit zum «Schlesischen Stammregiment» verloren. Der Rittmeister war damit entehrt und degradiert.

Sigismund von Zedlitz beschäftigt die Affäre seit seinen Besuchen in Głogów/Glogau in den achtziger Jahren, und bis heute trägt er immer neue Details zusammen. Er kauft Bücher und Broschüren, die in den Bestand seiner Berliner Privatbibliothek eingehen. Zweitausend Bücher zum Thema Schlesien hat er inzwischen gesammelt.

«Wissen Sie, mir hängt an, ich sei ein Schlesienexperte. Natürlich fühle ich mich durch einen solchen Ruf geehrt. Die Idee, ein autonomes Schlesien zu gründen, gehört zur Geschichte Schlesiens. Es gibt noch heute Schlesier, die sich dafür engagieren. Sogar heutige polnische Schlesier machen sich für diese

Idee stark. Ich habe nie viel davon gehalten. Vielleicht hat das Schicksal des Grafen von Oppersdorf mich darin bestärkt. Ihm hat das Votieren für ein polnisches Oberschlesien kein Glück gebracht. Er hat schon vor dem Zweiten Weltkrieg einen großen Teil seines Besitzes verloren, ist als Deutscher in Polen nicht glücklich geworden, hat einige Zeit in Paris gelebt und ist dann sehr vergessen in der Nähe von Warschau verstorben. Alles, was ich über Schlesien heute weiß, bestärkt mich in der Annahme, dass dieser Landstrich sich immer aus dem Festhalten an Traditionen regeneriert hat. Das klingt heute sehr altmodisch, ich weiß. Aber alle überstürzten Veränderungen in Schlesien haben dort die eigentlichen Probleme nicht gelöst.»

Deutschland oder Polen – die Abstimmung

Mit kaum zu beschreibender Hoffnung fieberten die polnischen Schlesier der Abstimmung über ihre Heimat entgegen. Der bewaffneten Auseinandersetzung mit den Deutschen waren sie nicht gewachsen. Aber ihre Sehnsucht nach Selbstbestimmung war ungebrochen. Und sie konnten sich der Unterstützung der Alliierten sicher sein, die am 5. Januar 1921 über das Procedere der Abstimmung und die Bedingungen für das Stimmrecht informierten. Diese letzteren waren kaum zu durchschauen, denn die Schlesier wurden in vier verschiedene Gruppen eingeteilt. Dabei entstand eine riesige Verwirrung, die eine Völkerwanderung von fast einer halben Million Menschen nach sich zog.

Zur «Kategorie A» der Stimmberechtigten gehörte, wer in Schlesien geboren war und dort wohnte. Mit der zweiten Gruppe, der «Kategorie B», begann das Durcheinander: Am Plebiszit durfte demnach ebenfalls teilnehmen, wer in Schlesien geboren war, aber nicht mehr dort wohnte. Damit waren Deutsche und Polen dazu aufgerufen, alle in Schlesien geborenen Angehörigen ihrer jeweiligen Nation aufzuspüren und zur Abstimmung in die Heimat zu holen. Fast zweihunderttausend deutsche Schlesier wurden im gesamten Reich mobilisiert und nach Schlesien gerufen, weil «die Heimat in Gefahr ist». Im März 1921 rollten deutsche und polnische Sonderzüge nach Schlesien. Als Schlesier der «Kategorie C» galt laut Abstimmungsreglement, wer seit dem 1. Januar 1904 in Schlesien lebte. Wo diese «Schlesier» das Licht der Welt erblickt hatten, war gleichgültig. Eine vierte «Kategorie D» legten die Siegermächte auf polnischen Druck hin fest. An der Abstimmung durften daher auch Menschen teilnehmen, die nicht in Schlesien geboren waren, dort aber bis zu ihrer Ausweisung durch die deutschen Behörden vor dem 1. Januar 1904 gelebt hatten. Faktisch waren damit alle legal oder illegal nach Deutschland eingewanderten Polen wahlberechtigt, die um die Jahrhundertwende in Schlesien zeitweilig Arbeit gefunden hatten.

Die Abstimmung am 21. März 1921 endete mit einer enttäuschenden Niederlage für die Polen. Die Schlesier votierten zu mehr als sechzig Prozent für Deutschland und forderten den Verbleib Schlesiens beim Deutschen Reich. Am Tag der Auszählung standen Zehntausende vor den Abstimmungslokalen und warteten auf die Bekanntgabe der Ergebnisse. Es gibt Fotos von diesem Ereignis, auf denen man Marktplätze sieht, die buchstäblich schwarz von Menschen sind. Doch wozu verpflichtete das überraschende Ergebnis die Alliierten? Die Schlesier ahnten es nicht.

In der Nacht vom 2. auf den 3. Mai 1921 besetzten polnische Truppen den Annaberg bei Oppeln und wollten nach ihrer Niederlage bei der Abstimmung Tatsachen schaffen. Da die Alliierten nicht eingriffen, formierte sich der Schlesische Selbstschutz unter Karl Hoefer erneut und erstürmte den Annaberg. Damit war die Auseinandersetzung endgültig entschieden – das deutsche Freikorps gewann volle Kontrolle über Schlesien. Korfanty erteilte den Befehl zum Rückzug. Am 5. Juli unterzeichneten beide Seiten ein Waffenstillstandsabkommen.

Doch nun geschah etwas, womit weder die Deutschen noch die Polen gerechnet hatten: Die Alliierten ignorierten das Abstimmungsergebnis und teilten Schlesien. Zwei Drittel des Industriereviers wurden zu polnischem Staatsgebiet erklärt. Eine Million Deutsche lebten plötzlich in Polen und verloren die deutsche Staatsbürgerschaft.

Die Polnische Republik übernimmt im Sommer 1922 offiziell einen großen Teil Schlesiens. Symbolisch marschieren die polnischen Truppen durch den Triumphbogen in Katowice ein.

Das östliche Oberschlesien wird Polen

Mit der Übernahme von Kattowitz am 20. Juni 1922 wurde der Polen zuerkannte Teil Oberschlesiens offiziell Teil der Polnischen Republik. Kattowitz heißt von nun an Katowice. Die Begrüßung des einrückenden Militärs aus Anlass der Feierlichkeiten lag in den Händen Wojciech Korfantys. Der 49-Jährige durchlebte diese Stunden wie in einem Rausch. In seinem Glückstaumel schien er völlig vergessen zu haben, dass er mit seinen Aufständischen am Annaberg eine Schlacht verloren hatte und eigentlich ein geschlagener Mann war.

Unter großem Jubel wurde die Polnische Republik begrüßt. Die Stadt war weiß-rot geflaggt und mit Triumphbögen geschmückt. Katholische Geistliche hielten auf freiem Feld Messen ab, um das heranziehende polnische Militär zu segnen. An den Zugängen zur Stadt waren Ketten gespannt, auf die der Oberkommandierende zuritt, um sie symbolisch zu zerschlagen. Am nächsten Tag meldeten die polnischen Zeitungen, dass Schlesien von der deutschen Fremdherrschaft erlöst sei.

Korfanty bemerkte später über diesen Tag: «Endlich erlebten wir den großen historischen Augenblick, wo der polnische Soldat unser liebes, vom preußischen Joche befreites Oberschlesien betrat. Alle überfiel ein Taumel von Enthusiasmus. Das, worum wir gekämpft und unser Blut vergossen, war Tatsache geworden. Für mich war es der schönste Tag in meinem Leben, als das polnische Heer Katowice besetzte, als in der Hauptstadt der neuen Wojewodschaft die herrliche Feier der Übernahme stattfand. Es war dies die Erfüllung der Träume meines Lebens und der schönste Lohn für die mühevolle Arbeit eines Menschenlebens.»

Die Engländer und Franzosen traten mit Unterzeichnung eines Protokolls im Rathaus offiziell alle Machtbefugnisse an die Polen ab. Ein Foto zeigt Korfanty noch in der Reihe der Mächtigen. Doch alle seine Versuche, in der Regierung in Warschau

Korfanty bei einer Feier zu Ehren der polnischen Machtübernahme in Oberschlesien Anfang der zwanziger Jahre. Der polnische Nationalheld organisierte die Begrüßungsfeierlichkeiten, doch seine Tage waren gezählt.

oder in der neuen polnischen Provinz Schlesien Fuß zu fassen, scheiterten. Korfanty notierte später: «Ich war damals schon politisch erledigt.»

Auch unter den polnischen Schlesiern verflog die Euphorie rasch. Im Alltag machten sich schon bald Mentalitätsunterschiede zwischen ihnen und den aus Polen kommenden Verwaltern bemerkbar, die die schlesische Mundart bestenfalls belächelten. Nach und nach dämmerte den Oberschlesiern, dass der Anschluss an Polen für sie die Umwertung aller ihrer Werte bedeutete. Verstärkt wurden die Verstimmungen durch finanziellen Streit: Die Regierung in Warschau weigerte sich, den ehemals Aufständischen ausstehenden Sold zu zahlen. Korfanty war auf dem harten Boden der Tatsachen angekommen: «Wir hatten von einem idealen Polen geträumt, von einem gerechten Polen … das sollte ein Vaterland der wahrlich freien, der gleichberechtigten Menschen werden … Das schlesische Volk wurde bitter enttäuscht.»

Wir stehen vor dem Denkmal für die polnischen Aufständischen in Katowice. Erst die kommunistische Regierung der Volksrepublik Polen hat 1946 alle zu Helden erklärt, die in den Jahren nach dem Ersten Weltkrieg für ein unabhängiges Polen gekämpft haben.

Ein weiteres Denkmal, das noch heute einen wichtigen Platz im öffentlichen Andenken hat, steht an einem großen Kreisverkehr in Katowice. Eine Straße, die darauf zuführt, trägt den Namen «Allee der Aufständischen». Jedes Jahr am 3. Mai, dem Nationalfeiertag Polens, legen Politiker und Einwohner der Stadt dort Kränze und Blumen nieder. Die Kämpfer von damals werden voll Hochachtung und mit viel Pathos verehrt. Es geht schließlich um Polen, um das immer wieder eroberte und immer wieder auferstandene Land.

Als Deutsche in Polen oder als Polen in Deutschland

Die dramatischen Folgen der Teilung Schlesiens sind in der deutschen Geschichtsschreibung verdrängt worden. 1 125 528 Deutsche wurden über Nacht zu polnischen Staatsbürgern. Die Polen, die nicht vergessen hatten, dass die Deutschen ihnen den Gebrauch der polnischen Sprache über viele Jahrzehnte erschwert oder sogar verboten hatten, revanchierten sich nun auf ihre Weise. Drei Jahre gaben sie den Deutschen Zeit – auf der Grundlage einer international vereinbarten Vorschrift –, den Gebrauch der deutschen Sprache einzustellen. Für Hunderttausende von Deutschen eine persönliche Katastrophe. 170 000 von

Deutsches Notgeld aus dem Jahr 1921 bezeugt die Eskalation des oberschlesischen Nationalitätenkonflikts: Ein deutscher Bauer möchte dem Führer der polnischen Aufständischen Korfanty «stundenlang in die Fresse hauen».

ihnen verlassen innerhalb der nächsten drei Jahre das polnische Schlesien, nehmen mit, was sie tragen können, lassen Haus und Hof zurück.

Die nationalen deutschen Zeitungen heizten die Atmosphäre rücksichtslos an und betonten: Wenn «wir» uns 1921 nicht gegen die polnischen Aufstände mit Waffengewalt zur Wehr gesetzt hätten, wäre alles noch schlimmer gekommen. Durch diese Propaganda verschlechterte sich die Lage der Polen im deutschen Teil Oberschlesiens. Ihnen wurde pauschal und oft unbegründet vorgeworfen, dass ihre polnischen Landsleute den Deutschen – entgegen allen internationalen Vereinbarungen –

nach und nach die Lebensgrundlagen raubten. So entstanden Hass und Zwietracht.

Zwei Städte wurden bekannt: Roßberg und Schönwald. Hier hatten schlesische Trachten eine besondere Tradition, die sich, anders als in vielen anderen Teilen Schlesiens, auch über das 19. Jahrhundert hinaus erhielt. Die Bewohner machten die Entdeckung, dass sie durch das Tragen ihrer traditionellen Kleidung die Möglichkeit zum stummen, aber doch energischen Protest gegen die neuen Verhältnisse besaßen. Sie trugen sie jetzt viel öfter als früher und zeigten den Polen demonstrativ: Wir sind und bleiben Deutsche, auch wenn wir in Polen leben müssen. Nach dem Ende des Zweiten Weltkriegs sollten sich die Schlesier in der Bundesrepublik noch einmal auf die Trachten ihrer Vorfahren besinnen: Sie legten sie an, um zu verdeutlichen, dass sie Deutsche mit einer eigenen Identität und zugleich Vertriebene waren. Doch in der «zweiten Heimat» kannte kaum einer die Vorgeschichte dieser Kleidung. So kam es zu dem Missverständnis, die Schlesier würden blind an ihrer Tradition festhalten.

Und wie erging es den Polen in Deutschland nach 1921? Die polnische Minderheit wurde von staatlicher Seite zwar nicht unterdrückt, aber keinesfalls gleichberechtigt behandelt. Ihre Angehörigen lebten im günstigsten Fall im Status der Duldung. Bis 1924 kam es mehrfach zu gewaltsamen Übergriffen auf polnischsprachige Oberschlesier. Reste der Freikorps operierten als «Spezialpolizei», ermordeten «Polen», «Verräter» und «Verdächtige».

Lassen sich Recht und Unrecht in diesen Auseinandersetzungen unterscheiden? Die Historiker haben die Ereignisse mehrmals umgedeutet. Die Presse auch. 1926 gab die oberschlesische Provinzialverwaltung die Produktion eines Films über die Situation in Oberschlesien in Auftrag. In ihm sollte die dramatische Zuspitzung der schlesischen Lage aus deutscher Perspektive dargestellt werden. Sein programmatischer Titel: «Land unterm

Kreuz». Nachdem die polnische Regierung mehrfach gegen eine Aufführung protestiert hatte, kam er 1927 in den Verleih. Die Premiere in Berlin fand im Beisein des Reichskanzlers statt. Der Film entpuppte sich als antipolnische Kampagne und stellte Fakten bestenfalls klischeehaft dar: Schlesien sei uraltes deutsches Kulturland, in dem Deutsche und Polen immer schon friedlich (unter deutscher Regierung) nebeneinandergelebt hätten – bis zur Abstimmung 1921. Dann erscheinen die Polen in der Maske von Räubern, das Gesicht Korfantys schwebt über (deutschen) Häusern und Fabrikschloten, nach denen sich gierig die Hand eines Monsters streckt. Polnische Aufständische verschleppen deutsche Einwohner und zünden deren Wohnhäuser an. Es folgen Bilder von Grabenkämpfen, Panzern und Leichen. Schwarze Hände greifen in einer Tricksequenz in die Landkarte Schlesiens und reißen ein riesiges Stück heraus. Polen wird damit des Landraubs beschuldigt und als eine Nation von Mördern denunziert. Die Polen erlebten den Film als nationale Beschimpfung und Verunglimpfung, als chauvinistisches Machwerk und mussten feststellen, dass sich niemand für diese Demütigung interessierte. Es gab keinen europäischen Protest. Die oberschlesische Provinzialverwaltung hatte ihr Ziel erreicht: Die «schlesische Frage» endete mit einem Schuldspruch Polens.

Erstmals tauchte in einem Film ein geteiltes Deutschland auf. Begriffe wurden geprägt: «hüben» und «drüben». Am Ende des Films werden die Oberschlesier als halbverhungerte Menschen in fensterlosen Barackenlagern gezeigt. Die Botschaft: Den Schlesiern wurde durch die Teilung die Grundlage für ein würdiges Leben entzogen. Ein Filmuntertitel taucht auf: «Es ist, als ob sie das Schicksal ihres Landes tragen – Land unter dem Kreuz». Die Revision der deutschen Ostgrenze in Schlesien war als Forderung laut ausgesprochen.

Doch die eigentlichen Verlierer der Teilung Schlesiens waren dessen jüdische Einwohner. Auf der polnischen und auf der deutschen Seite Schlesiens nahmen antisemitische Einstellungen zu. Juden bekamen mehr und mehr zu spüren, dass sie unerwünscht waren, und zogen fort. Viele siedelten sich in Oświęcim an, einer kleinen Stadt, die bis 1918 zum österreichischen Staatsgebiet gehört hatte und anschließend polnisch wurde. Es war die einzige Stadt in Polen mit einem überwiegend jüdischen Bevölkerungsanteil, weshalb sie auch als schlesisches Jerusalem bezeichnet wurde.

Jüdisches Leben in Schlesien

1925 erblickte ein kleiner Junge in Oświęcim das Licht der Welt: Josef Jakubowitz. Seine Eltern waren gebürtige Deutsche aus Friedenshütte bei Kattowitz. 1922 verließen sie ihre Heimatstadt, siedelten sich in Oświęcim (polnisch für Oschiwem) an und betrieben ein Geschäft in Katowice. Sie handelten mit Tierdärmen und belieferten die Metzger der Umgebung. In Katowice standen trotz des polnischen Verbots der deutschen Sprache noch deutsche Stücke auf den Spielplänen der alten deutschsprachigen Bühnen. Im schlesischen «Klein-Paris» wurde diese Bizarrerie geduldet. Die Stadt lebte vom internationalen Handel – über sie lief der Export polnischer Waren in das europäische Ausland.

Der heranwachsende Josef nahm seine Umgebung mit wachen Augen wahr. Fast achtzig Jahre später ist ihm das alles noch ganz gegenwärtig, Namen, Gerüche, Begegnungen: «‹Oświęcim› ist damals eine ausgesprochen lebendige Stadt. Am liebsten stand ich auf dem Hauptmarkt, in der Mitte, nahe beim Denkmal vom ‹heiligen Jan›. Dort standen die Droschkenkutscher – ich kann mich noch an all ihre Namen erinnern: Leiser Ringer, Jakob Krieger, David Teitelbaum … Die fuhren zwischen Markt und dem Bahnhof hin und her. Das waren so knapp drei Kilometer.

Meistens fuhren sie Geschäftsleute – im Winter mit dem Schlitten. Josef Bottner, ein beleibter Mann, war der Boss unter ihnen. Er hatte die Autorität wie ein Rebbe, konnte Streit schlichten. Manchmal sprach er auch ein Machtwort. Das haben dann alle akzeptiert. So war das damals. Ich fuhr, wenn ich aus der Schule kam, gerne mit den Droschken vom Bahnhof bis zum Markt zurück. Da erlebte ich, dass Josef Bottner zu den Kunden unterschiedlich freundlich war. Den einen war er behilflich beim Einsteigen, anderen nicht. Ich fragte ihn, warum er das so mache. Er antwortete mit jiddischem Witz und natürlich auf Jiddisch: So groß sein Geld, so groß seine Ehre.»

Die jüdische Bevölkerung von Oświęcim galt als wohlhabend. Die älteste Quelle dafür war der Handel. Schon im Mittelalter lag die Stadt an einem wichtigen Handelsweg nach Osten, später im Länderdreieck Deutschland, Tschechien, Österreich. Gewürze, Salz, Tuche und Seide wechselten hier ihre Besitzer. Damals lebten die Juden außerhalb der Stadt. Mit ihrem Geld erkauften sie sich das Recht, innerhalb der Stadtmauern zu leben. Später finanzierten sie den industriellen Aufschwung Schlesiens und wurden Unternehmer. Sie produzierten Eisenwaren, Likör, Seide, Limonade, Medikamente, Kunstdünger, Teer und Dachpappe, schnitten in Sägewerken Holz und belieferten den Eisenbahnbau.

Josef Jakubowitz erinnert sich an das Ansehen der jüdischen Industriellen: «Natürlich waren viele von ihnen Millionäre. Einer der reichsten war der Besitzer einer Knochenverarbeitungsfabrik. In seiner Villa empfing er vor dem Ersten Weltkrieg sogar den österreichischen Kaiser Franz Joseph, denn der hatte ihn als Wirtschaftsberater zu sich geholt. Dass dies Juden waren, spielte weniger eine Rolle.»

Die Industriellen und Geschäftsleute finanzierten auch das Gemeindeleben. Eine Kirchensteuer gab es nicht. Die jüdische Gemeinde von Oświęcim war auf sozialen Ausgleich bedacht. Aus Spenden wurde eine Darlehenskasse geschaffen, die bedürftigen oder in Not geratenen Gemeindemitgliedern zinslose Darlehen zur Verfügung stellte. Josef Jakubowitz kann bezeugen, dass diese Einrichtung auch genutzt wurde. «Die soziale Darlehenskasse wurde von meinem Großvater, später von meinem Vater geführt. Sie kam Familien zugute, die zum Beispiel unter einem Unglücksfall zu leiden hatten und sehen mussten, wie sie über die Runden kommen. Von Zinsen wurden Altersheime unterhalten oder Stipendien vergeben, damit mittellose Eltern ihren Kindern auch Bildung ermöglichen können. Staatliche Hilfe gab es doch nicht.»

Mittelpunkt des jüdischen Lebens von Oświęcim war die Synagoge, ein prachtvolles Gebäude mit überreicher Ausstattung. Die Decke war in himmelblauer Farbe gehalten, goldene Davidsterne schmückten sie. Der Innenraum darunter war rund, an der Ostwand befand sich der Thoraschrein. Zwei große Säulen wurden von marmornen Löwen getragen, in der Mitte der Synagoge stand das Vorlesepult. Josef Jakubowitz wurde schon als kleiner Junge in den Chor aufgenommen, nachdem der Religionslehrer der jüdischen Schule sein Talent entdeckt hatte. An den Feiertagen sang der Junge nun für die ganze Gemeinde, an den ganz hohen Festtagen sogar zusammen mit dem Klangbariton Arnold Timberg und dem lyrischen Tenor Aron Miller. Beide reisten damals eigens für diesen Anlass aus Mailand an, wo sie an der Scala unter Vertrag standen. Ihrer Heimat und ihrem Chor blieben sie verbunden, bis der Zweite Weltkrieg die Rückkehr unmöglich machte. Josef Jakubowitz hat die beiden niemals wiedergesehen. Der Traum von einer eigenen Karriere als Sänger blieb unerfüllt.

Mit etwa acht Jahren schickten die Eltern den kleinen Josef auf die hebräische Schule nach Birkenau. Der Ort war eine Bahnstation von Oświęcim entfernt. Die Lehrer waren zionistisch engagiert, vermittelten den Schulstoff lebendig und mit vielen spielerischen Elementen. Gemeinsames Erleben und

Erfahren gehörte zum pädagogischen Alltag – es war die Zeit der reformpädagogischen Wandlungen in Europa. Die Schulstube als Ort für den Drill der jungen Generation lehnten die jüdischen Intellektuellen ab.

Dass an diesem Ort einmal ein Konzentrationslager entstehen würde, ahnte weder der kleine Josef Jakubowitz noch irgendeiner seiner jüdischen Mitmenschen in Oświęcim. Auch nicht, dass die Stadt schon bald einen deutschen Namen tragen sollte: Als Auschwitz würde sie ab 1939 zu Schlesien gehören und nur darum in aller Welt bekannt werden, weil sie zur Hauptstätte des Holocaust wurde. Fast zwei Millionen Menschen starben an diesem Ort: durch Erschießungskommandos, in Gaskammern, bei medizinischen Experimenten und durch Krankheit und Unterernährung. Josef Jakubowitz hat überlebt – als Einziger seiner Familie.

Deutsche und Polen im Äther – der Sender Gleiwitz

Noch war es nicht so weit, noch lagen Deutsche und Polen miteinander im Streit darüber, wem die Hoheit über schlesisches Territorium historisch zustand. Eine Propagandaschlacht begann: im Äther. Der Ort, von dem aus diese Schlacht geführt wurde, hieß damals Gleiwitz und war nahezu unbekannt. Wegen seiner Nähe zur damaligen deutsch-polnischen Grenze wurde er Mitte der zwanziger Jahre als Standort für einen deutschen Rundfunksender ausgewählt. Von dort wurde Radio Breslau ausgestrahlt: die Stimme des Deutschen Reiches für die Deutschen in Polen. Die Stadt lag unmittelbar an der polnischen Grenze. Ideal, um die in Polen lebenden Deutschen mit der «Heim ins Reich»-Ideologie zu erreichen. In der Industriestadt Katowice auf der anderen Seite der damaligen Grenze sendete der polnische Rundfunk. Zwischen deutschen und polnischen Sendern tobte bis Mitte der dreißiger Jahre ein «Ätherkrieg». Dabei störten beide Sender die Übertragung des jeweils anderen. Im Wettrüsten um Sendestärken und Reichweite wurde die Station Gleiwitz allmählich zu einer leistungsfähigen Anlage ausgebaut und erhielt einen hundertachtzehn Meter hohen Holzturm als Sendemast.

Der «Völkische Beobachter» berichtete am 2. September 1939, dass in der Nacht zuvor polnische Aufständische die Grenze überschritten und den deutschen Sender Gleiwitz überfallen hätten. Der «Völkische Beobachter» kommentierte, «die Untat von Gleiwitz ist offensichtlich das Signal zu einem allgemeinen Angriff polnischer Freischärler auf deutsches Gebiet». Hitler erklärte in einer Reichstagsrede, in der Nacht zuvor sei es zu 14 Grenzzwischenfällen im Osten gekommen, davon seien drei sehr schwerwiegend gewesen. Ribbentrop setzte dem protestierenden französischen Botschafter in Berlin auseinander, dass die polnische Armee in das Reichsgebiet eingefallen sei.

Historiker werden Jahrzehnte später belegen, dass der Anlass für den Zweiten Weltkrieg erfunden wurde, um den Krieg gegen Polen zu eröffnen. Der Pole, der den Radiosender mit Komplizen überfallen haben soll, war der am Tag zuvor von der SS verhaftete Oberschlesier Franz Honiok. Er musste die SS begleiten, als sie den Überfall auf den Sender inszenierte. Anschließend wurde der als polenfreundlich geltende Mann erschossen. Bis heute ist umstritten, ob man den Deutschen zuvor gezwungen hatte, eine polnische Uniform anzuziehen.

Das Gelände mit der alten Station hat den Krieg unbeschadet überstanden und konnte nach 1945 noch zwanzig Jahre als polnische Radiostation genutzt werden. Heute ist sie ein Pilgerort für Geschichtsinteressierte. Für 175 000 Euro hat die Stadtverwaltung das Gelände mit dem Radiosender von der polnischen Telecom erworben, ohne sich zuvor über künftige Ziele verständigt zu haben. Für die Stadt hat Zygmunt Frankiewicz den Kaufvertrag unterzeichnet. Als Nachkriegskind fällt es ihm offenbar leicht, unbefangen mit diesem historischen Grund und Boden umzugehen. Sein Engagement kann er begründen: «Das ist schon ziemlich magisch, was dort passiert. Seit wir vor dem Sender einen Parkplatz angelegt haben, gibt es an manchen Abenden regelrechte Massenaufläufe von Fans, die sich den Turm ansehen wollen. Dieser Ort hat keinen schlechten Ruf», fügt er hinzu und begründet seine Begeisterung, indem er auf ein eigentlich nebensächliches Detail verweist. «Es gibt nur eine echte Faszination. Das muss man sich vorstellen, dass ein Sendeturm, der komplett aus Holz besteht, immer noch funktioniert! Was spricht dagegen, dass man sich an einem Ort der Erinnerung auch von Technik faszinieren lässt?» Der Bürgermeister ist nicht allein mit seiner Technik-Nostalgie. Leszek Karzelek wurde – wie sein Bürgermeister – nach dem letzten Weltkrieg hier geboren und hat sein ganzes Arbeitsleben in dem Sender als Techniker verbracht. Den «Oberschlesischen Eiffelturm», wie die heutigen polnischen Schlesier den Sendemast bezeichnen, hat der Techniker schon viele Male mit Holzschutzmittel gestrichen, und er betont immer wieder: Die geschichtliche Bedeutung des Ortes habe man in Gliwice aus den Augen verloren. «Eigentlich hat man das immer verdrängt. Bewusst wurde mir die Bedeutung des Senders immer am Jahrestag, wenn Schulklassen kamen und sich an den Beginn des Zweiten Weltkriegs erinnerten.»

Sigismund von Zedlitz, etwa 1940 auf dem Gut seines Großvaters Alfred von Olszewski in Eichholz nahe Liegnitz

Auch Sigismund von Zedlitz erinnert sich an die Radiosendungen seiner Kindheit. Im Salon stand ein Radio für die Angestellten. Sie hielten immer «Stunde», wie es hieß. Das war eine Pause in der Mittagszeit, in der in die Welt geträumt wurde. Dass die Radiosendungen voller Propaganda waren, nahmen die Menschen dabei kaum wahr. Erinnerungen an das Lied der Oberschlesier haben sich nicht erhalten. Aber «Radio Breslau» hat es gespielt und über den Sender Gleiwitz abgestrahlt.

«Land unterm Kreuz! Dein großes Leid wir schauen,
auf Dir des Schicksals Schatten ruht.
Zerrissen und zerschnitten sind die Gauen,
getränkt mit Deiner Söhne Blut.
Heimat, Du traute, Dein Lied macht uns stark.
Mein Oberschlesien, bleib deutsch bis ins Mark.»

Sechs Jahre Auschwitz

Nach dem sogenannten «Überfall» auf den Sender Gleiwitz begannen die Deutschen den Krieg gegen den östlichen Nachbarn. Fünf Millionen Polen würden ihm zum Opfer fallen. Am 4. September 1939 eroberte die deutsche Wehrmacht die seit 1921 zur Zweiten Polnischen Republik gehörende Stadt Oświęcim, deren zweiter Namensbestandteil auf das slawische Wort für «Heiliger» zurückgeht. Diese Bedeutung verlor sich, als sie nun eingedeutscht wurde.

Die deutschen Eroberer ließen die Einwohner von «Auschwitz» nicht im Zweifel darüber, was sie hier vorhatten. Die erste Verhaftungswelle begann am 11. November 1939. Geistliche, Intellektuelle, Gewerkschafter und Juden wurden in die regionalen Gefängnisse geschleppt. Die Haftanstalten waren bald überfüllt. Das Wachpersonal und die Polizei schrieben

Beschwerden – wegen Überlastung. Auschwitz wurde durch eine Polizeigrenze vom Deutschen Reich abgetrennt. Die Polen sollten an einem freien Zutritt gehindert werden. Viele von ihnen flüchteten, um der nationalsozialistischen Willkür zu entgehen – vor allem nach Süden, in die Slowakei. Fast eintausend dieser Flüchtenden verhaftete die deutsche Wehrmacht bis zum Sommer 1940.

Die SS hatte es eilig, einen Ort für die Unterbringung der Häftlinge zu finden. Am 1. Februar 1940 erteilte der Reichsführer SS Heinrich Himmler dazu persönlich einen Befehl. Der Inspekteur der Breslauer Sicherheitspolizei Arpad Wigand empfahl Auschwitz. Dort stünden neunzig Holzbaracken und zweiundzwanzig gemauerte Häuser, die für polnische Gastarbeiter in Preußen errichtet wurden. Die Polen nannten diese Siedlungen «Sachsenlager» – in Auschwitz stand das größte von ihnen. Es konnte am Ende des Ersten Weltkriegs schon zwölftausend Menschen aufnehmen. Am 14. Mai 1940 wurde Rudolf Höß zum Kommandanten des neuen Lagers ernannt. Binnen kürzester Frist sollten hier Kapazitäten für mindestens zehntausend Häftlinge geschaffen werden.

Schon im Juli 1940 entstanden Außenlager in ganz Schlesien. Am Ende des Krieges waren es fünfundvierzig – alle zu Auschwitz gehörig, verteilt über ganz Oberschlesien. Wie ein dichtes Netz überspannten sie eine Region von vielen hundert Quadratkilometern. Auch in Laurahütte, dem Geburtsort von Albert Korfanty, waren Anfang 1945 fast eintausend Menschen inhaftiert. Sie arbeiteten zusammen mit 650 Deutschen in der «Oberschlesischen Gerätebau GmbH», einem Tochterunternehmen der Rheinmetall-Borsig AG. Seit 1943 produzierte das Düsseldorfer Unternehmen hier Flugabwehrgeschütze. So abgeschottet die Häftlinge auch lebten – ihre Existenz musste den Schlesiern in unmittelbarer Nähe in irgendeiner Form bekannt gewesen sein. Einer der wenigen Schlesier, die später über ihre

Nähe zu dem Netz von Konzentrationslagern gesprochen oder geschrieben haben, war Horst Bieneck. Er hat am Beispiel von Gleiwitz beschrieben, was von den Häftlingen im Alltag zu sehen war.

Doch zurück zu den Anfängen von Auschwitz. Im Sommer 1940 gelang einem Häftling die Flucht aus dem Konzentrationslager. Die international verbreitete Nachricht zwang die Reichsführung der SS zu reagieren. Sie entwickelte die Idee von einem «Interessengebiet» rings um das Lager. Die polnische Bevölkerung sollte in einem Umkreis von mindestens fünf Kilometern ausgesiedelt werden, um zu verhindern, dass sie Häftlingen bei der Flucht behilflich war. Die Wohnhäuser der Polen wurden abgerissen und die Baumaterialien für den Ausbau von Auschwitz verwendet oder als Unterkünfte für die Wachmannschaften und ihre Familien genutzt. Parallel entstand in der Reichsführung der SS der Plan, auf dem «freigezogenen» Gelände Industrie- und Landwirtschaftsbetriebe anzusiedeln. Die Kattowitzer «Umwanderungszentralstelle» errichtete in Auschwitz eine Außenstelle und organisierte die entschädigungslose Vertreibung der Polen.

Ein Blick hinter die Kulissen: Die «Umwanderungszentralstelle» hatte nicht die Aufgabe, das Leid der Zivilbevölkerung im Kriegsgebiet Polen zu lindern. Sie war eine Einrichtung der Sicherheitspolizei, unterstand dem Reichsführer SS Heinrich Himmler und wurde von Reinhard Heydrich geleitet, der zugleich auch für die «Sicherheit» der Konzentrationslager zuständig war. Aus Ostoberschlesien wurden in den ersten Kriegsmonaten durch diese Behörde fünfzehntausend Polen in das Generalgouvernement vertrieben. Diese Vertreibung war Bestandteil dessen, was Himmler unter der «Behandlung der Fremdvölkischen im Osten» verstand: ein Ausrottungsfeldzug gegen die polnische und jüdische Bevölkerung, der Wehrmachtsoffiziere so entsetzte, dass sie sich bei Hitler beschwerten. Hitlers Adjutant Engel notierte im November 1939, was Hitler durch Mitglieder der SS aus Schlesien mitgeteilt wurde: «Größte Besorgnis wegen illegaler Erschießungen, Festnahmen und Beschlagnahmungen, Sorgen um Disziplin der Truppe, die diese Dinge sehenden Auges erlebt, örtliche Absprachen mit SD und Gestapo ohne Erfolg, berufen sich auf Weisungen Reichsführung SS; bitte gesetzmäßige Zustände wieder herzustellen, vor allem Exekutionen nur bei rechtmäßigem Urteil durchführen zu lassen.» Hitler lehnte jede Diskussion über solche «kindlichen Einstellungen» ab. Auch im Februar 1940. In einem Schreiben legte der Oberbefehlshaber des Grenzabschnitts Süd General Wilhelm Ulex Beschwerde gegen den Umgang mit der polnischen Bevölkerung ein. «Die sich gerade in letzter Zeit häufenden Gewalttaten der polizeilichen Kräfte zeigen einen ganz unbegreiflichen Mangel menschlichen und sittlichen Empfindens, sodass man geradezu von Vertierung sprechen kann.» Die einzige Schlussfolgerung, die Hitler aus diesem Bericht zog, war die Versetzung des Generals in den Ruhestand – und das mitten im Krieg.

In Auschwitz lief unterdessen die Vertreibung der Bevölkerung durch SS und SD aus dem Umkreis des Konzentrationslagers an. Opfer wurden die Einwohner der Ortschaften Babice (Babitz), Brszkowice (Broschkowitz), Brzezinka (Birkenau), Budy, Harmense und Rajsko. Den deutschstämmigen Einwohnern dieser Dörfer wurde eine neue Heimat angeboten: Einquartierung in die leer stehenden Häuser der verschleppten Juden oder Unterbringung bei Verwandten. Alle «echten» Polen wurden übergangsweise im KZ untergebracht und anschließend in das Generalgouvernement Warschau oder als Zwangsarbeiter in das Reichsinnere deportiert.

Das nun frei geräumte «Interessengebiet» im Süden von Auschwitz war vierzig Quadratkilometer groß, wurde als eigener Amtsbezirk der SS unterstellt und jeglicher zivilen Verwaltung entzogen.

Die Nationalsozialisten hatten «Großes» an diesem Ort vor – sie wollten exemplarisch testen, auf welche Weise der gesamte osteuropäische Lebensraum nach dem Endsieg bewirtschaftet und ausgebeutet werden könnte. Die Pläne dafür wurden in Kattowitz – seit 1939 hieß die Stadt wieder so – geschmiedet: in der «Dienststelle des Reichskommissars für die Festigung des deutschen Volkstums». Dort wurde die Germanisierungspolitik für den Osten erdacht und für das Interessengebiet Auschwitz ein Masterplan erstellt. Der sah vor, alle polnischen Landwirtschaftsbetriebe aufzulösen und dafür sechs Großbetriebe einzurichten. Joachim Cäsar, ein gebürtiger Rheinländer und promovierter Agrarökonom, war seit 1931 Mitglied der NSDAP und der SA und seit 1933 in der SS. Ab 1942 hielt er sich in Auschwitz auf – als «Beauftragter für landwirtschaftliche Sonderaufgaben» innerhalb des SS-Wirtschafts- und Verwaltungsamtes. Für das von ihm geleitete Projekt wurde der Ort Babitz (Babice) dem Erdboden gleichgemacht. Einhundertsiebenundzwanzig Häuser, in denen 2600 Polen mit ihren Familien lebten, und siebzig Scheunen mussten Häftlinge aus dem Lager Auschwitz abreißen. Anschließend wurde ein neuer Wirtschaftshof mit Stacheldrahteinzäunung und Wachtürmen an den Eckpunkten errichtet. Die ersten sechzig Häftlinge waren Juden, die den Strapazen der Zwangsarbeit kaum gewachsen waren und nach Aussagen von Mithäftlingen an den Folgen ihres Einsatzes und der Folter der SS noch im gleichen Jahr starben. Die Ernte von den Feldern der vertriebenen polnischen Bauern mussten sowjetische Kriegsgefangene einbringen. Zur Bestellung der Äcker im Frühjahr 1942 setzte die SS weibliche Häftlinge ein. 1943 lebten rund vierhundert Häftlinge dauerhaft in diesem Lager. Sie hatten es vergleichsweise gut, denn sie konnten ihre kargen Lebensmittelrationen vor allem durch Milch- und Kartoffelgerichte ergänzen. Beides wurde auf diesem landwirtschaftlichen Musterhof produziert – gleich neben dem großen Todes- und Vernichtungslager.

Zwischen Hunger und Konzentrationslager – Stefania Laban aus Rybnik

Doch wie erlebte der «einfache» Schlesier den Beginn des Krieges? Wie kam die Eroberung am Küchentisch einer Familie an? Rybnik ist eine von jenen vielen oberschlesischen Kleinstädten, die nach dem Ersten Weltkrieg zu Polen gehörten. Sie liegt am westlichen Rand des oberschlesischen Steinkohlebeckens und im Einzugsgebiet von Katowice. 1929 wurde Stefania Laban dort geboren. Der Vater der fünfköpfigen Familie war ein polnischer Beamter. Bei Ausbruch des Krieges war die Familie, in der Polnisch und Deutsch gesprochen wurde, ratlos. Der Vater bot seiner Behörde an, bei der Verlagerung von Amtsakten in die ehemals polnische, nun russische Stadt Lemberg behilflich zu sein. So konnte die Familie noch ausreisen, bevor die deutschen Truppen die Stadt besetzten.

Das Leben in Lemberg war nicht einfach, der Familie fehlte Geld und eine Perspektive. Dann erreichten Nachrichten und Gerüchte die russische Stadt: Die Wehrmacht habe in Oberschlesien anders als erwartet bisher nur wenig zerstört. Der einheimischen Bevölkerung gegenüber trete sie abwartend auf. Stefanias Mutter beschloss, mit den drei Kindern nach Rybnik zurückzukehren. Die Rückkehr gestaltete sich – den Kriegsumständen entsprechend – weitgehend problemlos, und die Wohnung in dem Siedlungshäuschen war noch nicht wieder besetzt.

«Meine Mutter war froh, dass dies so einfach ging. Wir hatten mit Schikanen gerechnet, hatten erwartet, verhaftet oder verhört zu werden, aber nichts geschah. Wir hatten uns zurechtgelegt, was wir erzählen würden. Aber erst einmal ließ man uns in Ruhe. Wir waren so froh, wieder zu Hause zu sein. Das kann man vielleicht heute gar nicht mehr nachvollziehen. Es war aber wirklich ein so großes Glück, das uns viel von dem, was um uns war, vergessen ließ. Ich glaube auch, dass meine Mutter sich im ersten Augenblick keine Gedanken darüber machte, wovon wir leben sollen», schreibt Stefania Jahrzehnte später auf Polnisch in ein Erinnerungstagebuch.

Es gab ja den Großvater, der eine kleine staatliche Rente bezog, bei seiner Tochter wohnte und notdürftig die Haushaltskasse auffüllte.

Die Gestapo wurde auf die Familie aufmerksam. Sie erkannte, dass Stefanias Vater als polnischer Beamter vor den deutschen Truppen geflohen war. Eine Zeit der Verhöre begann. Auch jetzt war Stefanias Mutter noch zuversichtlich. Ihr gelang es, plausibel zu erklären, dass die Reise nach Lemberg keine Flucht, sondern eine Dienstreise gewesen sei. Als die Gestapo schließlich bei ihnen zu Hause anrückte, entdeckte sie neben den deutschen auch polnische Bücher im Wohnzimmerschrank. Die Männer in den dunklen Uniformen monierten das, doch die Mutter blieb ruhig und antwortete: «Die Polen haben keinen Anstoß daran genommen, dass Adam Mickiewicz neben Johann Wolfgang Goethe steht.» Bei ihrem dritten «Besuch» verbrannte die Gestapo die polnischen Bücher vor dem Haus.

Weihnachten 1939 traf der Vater aus Lemberg ein und meldete sich bei der Polizei. Offiziell erklärte er, er kehre als gebürtiger Deutscher zurück und könne nachweisen, dass er – wie auch seine beiden Brüder und der Vater – im Ersten Weltkrieg für das Deutsche Reich im Heer gekämpft habe. Sein Vater sei schwer verwundet aus dem Krieg heimgekehrt, der jüngere Bruder als Krüppel, und der ältere Bruder sei gefallen. Die deutschen Besatzer waren unsicher, wie sie in diesem Fall verfahren sollten. Zur Klärung müssten die Labans einen Antrag auf Aufnahme in die Volksliste ausfüllen. Dann erst würde darüber befunden werden, ob die Familie «deutsch» sei. Die Eltern beschlossen, im Fragebogen in die Spalte «Nationalität» «deutsch» einzutragen. Doch Stefanias älterer Bruder weigerte sich. Der Neunzehnjährige fühlte sich als Pole, hatte das Abitur an einem polnischen Gymnasium gemacht und seine Freizeit bei den polnischen Pfadfindern verbracht. Er glaubte, allen Konflikten mit den deutschen Besatzern aus dem Weg gehen zu können, wenn er als Nationalität «schlesisch» angab.

Der zuständige Mitarbeiter in der städtischen Verwaltung verzögerte die Bearbeitung der Anträge und entschloss sich, Stefanias Eltern zu warnen. Er überbrachte ihnen die Nachricht, dass ein Bekenntnis zur schlesischen Nationalität intern als Ausweis des Polentums gewertet würde, und riet dringend, das Formular noch einmal auszufüllen. Zähneknirschend willigte Jerzy ein, sich als Deutscher zu bezeichnen. Kurze Zeit später wurden alle Polen, die in den Fragebogen unter Nationalität «schlesisch» angegeben hatten, aus Rybnik deportiert. Auch der hilfreiche Mann aus der Stadtverwaltung verschwand. Er wurde noch einmal als Arbeiter in einer deutschen Munitionsfabrik gesehen. Danach verlieren sich seine Spuren.

Die Bearbeitung der Anträge auf Aufnahme in die Deutsche Volksliste lief schleppend – die Besatzungsmacht schob endgültige Entscheidungen vor sich her. Das Positive daran war, dass die Familie sich Hoffnungen machen konnte, als deutschstämmig anerkannt zu werden. Der Nachteil: Solange der Antrag lief, gab es keine Arbeitserlaubnis und keine Lebensmittelkarten. Daran änderte sich auch 1940 nichts.

Ende des Jahres bekam Stefanias älterer Bruder Jerzy den Einberufungsbefehl zur Wehrmacht. Er weigerte sich, ihn zu akzeptieren. Unter dem Vorwand, erkrankt zu sein, blieb er am Einberufungstag der Kaserne fern. Wieder kam der Familie überraschend jemand zu Hilfe: Am Abend desselben Tages stand der örtliche Bäcker vor der Wohnungstür. Er war aktives NSDAP-Mitglied, wohnte in der gleichen Straße und kannte die Familie Laban sehr gut. Die Eltern waren erschrocken und wussten nicht, wie ernst sie die Warnung dieses Nazis nehmen sollten. Jerzy stünde bereits auf einer Liste für den Abtransport nach Auschwitz. Abzusehen sei in solchen Fällen auch, dass die Angehörigen ebenfalls auf Deportationslisten aufgenommen würden. Es folgte eine Debatte zwischen Eltern und Sohn – Stefania ahnte nur, was hinter der verschlossenen Tür besprochen wurde. Am nächsten Tag meldete sich Jerzy zur Wehrmacht. Erst drei Monate später erfuhr die Familie, dass der Rat des Bäckers keine Falle war. Die Gestapo suchte Jerzy, wollte ihn verhaften und war völlig fassungslos, dass der Sohn bei der Wehrmacht und längst an der Front sein sollte.

Das Jahr 1941 brachte den Labans neuen Kummer. Anspruch auf Kindergeld hatte die Familie nicht, der Vater war noch immer arbeitslos und musste als polnischer Schutzangehöriger eine sogenannte Polensteuer für seine Familie zahlen. Außerdem verlangte die Stadtverwaltung, dass die Labans ihr Siedlungshaus räumten. Zwanzig Jahre hatten die Labans hier gelebt – wer von den Nachbarn hatte etwas gegen sie? Wer hatte es auf ihre Wohnung abgesehen? Niemand aus der Nachbarschaft, wie Stefanias Mutter herausfand. Eine Cousine hatte in eine deutsche Familie eingeheiratet. Der Mann war bei der SA und wünschte, in die Wohnung der Labans einzuziehen. Stefanias Mutter beschloss, sich gegen dieses Unrecht zu wehren. Ein befreundeter Rechtsanwalt riet ihr jedoch dringend ab, sich mit einem Brief an die Reichskanzlei in Berlin zu wenden. Offiziell gelte die Familie ja noch als nichtdeutsch, könne darum nichts erwarten. Die Mutter ignorierte den anwaltlichen Rat, schrieb einen Brief und fuhr anschließend nach Kattowitz, um sich dort bei Gauleiter Fritz Bracht über die Zumutungen zu beschweren, die ihnen das Leben in Rybnik erschwerten. Wie durch ein Wunder gelang es ihr nicht nur, dem Gauleiter ihr Anliegen vorzutragen, sondern auch dessen Unterstützung zu gewinnen. Der Familie wurde Hilfe zugesagt – und natürlich könne sie im Haus wohnen bleiben.

Ende 1942 wurden die Labans aufgefordert, geschlossen auf dem städtischen Amt zu erscheinen. Es sollte endgültig über die Volkszugehörigkeit der Familie entschieden werden. Wieder erklärten Mutter und Vater, dass ihr Fühlen und ihr Denken deutsch seien, auch wenn sie sich vor dem Krieg in keiner Organisation der deutschen Minderheit in Rybnik hatten registrieren lassen. Auch diesmal wurde über die Teilnahme am Ersten Weltkrieg debattiert, Verwundungen an der Front und Todesfälle genau erfasst und bewertet. Schließlich erfolgte die Einstufung: «Volksliste Gruppe drei». Damit waren die Labans – wenn auch mit Einschränkungen – als Deutsche anerkannt. In der Familie wurde über diesen demütigenden Moment nie wieder gesprochen.

Das Jahr 1943 begann mit einer schrecklichen Nachricht. Jerzy war an der Ostfront verwundet worden. Die Eltern konnten ihn aber in einem Lazarett in Österreich besuchen und freuten sich, dass er zumindest am Leben war. 1943 erhielt Stefanias Bruder für zwei Wochen Genesungsurlaub. Die Familie war wieder beisammen. Ein letztes Mal – Jerzy wurde 1944 als verschollen gemeldet und ist nie wieder aufgetaucht. Wieder und wieder debattierten die Eltern später, ob Jerzy eine Überlebenschance gehabt hätte, wenn er sich anders entschieden und versteckt hätte oder aber in den Untergrund gegangen wäre. Die Familie fand keine Antwort, denn ihre Erfahrung machte sie ratlos: Ein Klassenkamerad Jerzys hatte sich 1945 in Rybnik versteckt, weil er nicht an die Front zurückwollte. Sein eigener Schwager stöberte ihn in seinem Versteck auf und erschoss ihn standrechtlich.

Und die Nachbarn der Labans? Direkt neben ihnen wohnte eine Familie, die auch nach Lemberg gegangen und von dort zurückkehrt war – allerdings ohne den Vater. Der hatte noch rechtzeitig erfahren, dass die Gestapo über Listen verfügte, die ihn als Teilnehmer an den polnischen Aufständen von 1921/22 auswiesen. Ihm gelang zwar die Flucht, doch 1942 nahm er sich aus Verzweiflung das Leben. Seine Frau und die drei Töchter mussten die Eisenbahnersiedlung verlassen. Zwei Töchter wurden zur Zwangsarbeit nach Deutschland verschleppt. Einer gelang dort die Flucht. Die andere kehrte nach Kriegsende nach Rybnik zurück, wo sie im Alter von siebenundzwanzig Jahren an den Folgen von Misshandlungen starb.

Stefania fragt sich bis heute, ob ihr Bruder Jerzy die Eltern und Geschwister vor dem Konzentrationslager oder der Verschleppung als Fremdarbeiter bewahrt und dafür womöglich mit dem eigenen Leben bezahlt hat? Nicht alle Schicksale der Nachbarn kann Stefania rekonstruieren. Noch immer beschäftigt sie die Frage, was aus der jungen Frau mit schlesischem Akzent geworden ist, die in Kattowitz bei der SS beschäftigt war. Mit ihrer Mutter und Tante bewohnte sie «ein frei gewordenes Haus» in Rybnik. Der jungen Frau gelang 1945 die Flucht in den Westen. Soldaten der Roten Armee verhafteten sie. Dann verlieren sich ihre Spuren.

Flucht

Wer durch Polen reist, muss wissen: Hier fährt man mit eingeschaltetem Scheinwerferlicht. Als diese Regelung eingeführt wurde, haben polnische Polizisten die Touristen aus dem Ausland gern mit einem kräftigen Bußgeld auf ihre Unachtsamkeit hingewiesen. Diese Zeiten sind vorbei. Polnische Autofahrer erinnern die Deutschen mit kurzer Lichthupe an ihre Vergesslichkeit. Man grüßt dankend zurück und lächelt sich zu. Das war vor Jahren noch nicht so. Trotz der Verstimmungen auf großer politischer Ebene – im Alltag kommen Polen und Deutsche miteinander aus.

Auf dem Marktplatz in Legnica/Liegnitz sind wir mit Sigismund von Zedlitz verabredet. Ein sonniger Tag. Junge Leute laufen Eis essend durch die Straßen. Es wird viel gelacht. Sigismund von Zedlitz steht an einer Ecke, telefoniert mit seinem Handy. Er hat uns in Eichholz angemeldet – bei den heutigen Besitzern seines elterlichen Schlosses.

Auf dem Weg aus der Stadt heraus fahren wir am alten Krankenhaus vorbei.

«Dort habe ich 1944 gelegen und bin am Blinddarm operiert worden. Ich lag mit einem Bauern zusammen in einem Zimmer. Der hat auf Hitler und den Krieg geschimpft, dass mir angst und bange war. Ich befürchtete, irgendjemand könnte etwas von dem Fluchen des Bauern hören und ihn abholen. Und mich noch mit, weil ich ihn nicht angezeigt habe. Außerdem hatte ich noch niemals so offen jemanden gegen den Führer sprechen hören. Ich war ja durch die Schule systemtreu erzogen, wusste, dass meine Mutter zur Hitlerei auf Distanz blieb. Aber einem Gegner des Regimes war ich noch nie so nah gewesen. Es war das erste Mal, dass ich darüber nachdachte, was denn nun wäre, wenn der Mann recht hat, wenn wir den Krieg verlieren und vor der Roten Armee auf die Flucht müssten. Sosehr ich nachdachte, ich konnte mir das alles nicht vorstellen. Wir waren ja bisher vom Krieg verschont geblieben.»

Wir passieren die Katzbach und einige Gedenksteine: Die napoleonischen Truppen erlitten hier 1813 in der Schlacht an der Katzbach eine schwere Niederlage. 1945 sind es die deutschen Truppen, die zurückweichen und akzeptieren müssen, dass sie keine Chance gegen die Übermacht der Roten Armee haben.

«Mein Vater ist im Sommer 1944 einen Tag in Haft gewesen, weil er unter dem Verdacht stand, mit den Attentätern des 20. Juli in Verbindung zu stehen. Tatsächlich hatte mein Vater freundschaftlichen Kontakt zu Michael Matuschka, der verhaftet und in Plötzensee hingerichtet wurde. Aber eingeweiht oder beteiligt war mein Vater nicht. Natürlich fragte damals niemand nach den genauen Umständen, die Denunziation genügte, um in Haft genommen zu werden. Und was dann mit einem geschah, hing von Zufällen ab. Mein Vater hatte intuitiv begriffen, dass nur energischstes Auftreten ihn vor Schlimmerem bewahren könne. Er hat mir diesen einen Tag später immer wieder beschrieben. Wahrscheinlich wollte er mir zeigen, dass man im Leben in Situationen kommen kann, wo Argumente nicht zählen.»

Wir rollen auf Warmątowice/Eichholz zu. Das ehemalige Gut liegt von Feldern umgeben. Im Frühling steigen hier die Lerchen hoch in den Himmel, erzählt von Zedlitz, und die Erde duftet, wenn die Sonne sie wärmt. Daran hat sich bis heute nichts geändert. Ein neues Ortsschild steht am Eingang des Dorfes. Der Ort hat vor zwei Jahren einen neuen Namenszusatz bekommen: Übersetzt heißt er jetzt «Eichholz des Sienkiewicz».

«Die Polen sind ganz begeistert von der Geschichte meines Großvaters. Dass jemand damals so weit entfernt von Oberschlesien sich für Polen ausgesprochen hat, die Sprache und Geschichte Polens für sich entdeckt hat, wird heute noch geschätzt. Mir haben sich mit dem Bekanntwerden dieser Geschichte Türen und Herzen geöffnet. Vor allem haben die Leute hier verstanden, wie tief wir uns als Familie in dieser Landschaft verwurzelt fühlen. Das ändert nichts an dem Gefühl, dass ich den Abschied von Schlesien bis heute nicht verschmerzt habe.»

Die heutigen Besitzer begrüßen Sigismund von Zedlitz herzlich. Er hat «seiner» alten Heimat schon oft einen Besuch abgestattet. Die polnischen Eigentümer betreiben Landwirtschaft, bauen Gemüse an und züchten Damwild. In das Schloss, erzählen sie, stecken sie alles Geld, das sie verdienen. Zu einem neuen Dach aber habe es noch nicht gereicht. Dafür seien die ersten Gästezimmer fertig. Wir könnten uns alles ansehen. So kommt es, dass wir zusammen noch einmal die Wohnräume aus Sigismund von Zedlitz' Kindheit betreten, die Treppe in den ersten Stock hinaufsteigen. Links das Kinderzimmer, ein Schreibtisch vor dem Fenster. Dieser Raum in dem alten Schloss, in dem noch die Kälte des letzten Winters steckt, ist leer. Der einstige Bewohner schaut in den Park, sagt kein Wort, schreitet ganz langsam die alte Eichentreppe hinab.

Seit 1812 befand sich das Gut Eichholz im Besitz derer von Olszewski. Heute wird das Gut in Warmątowice wieder bewirtschaftet.

Im Januar 1945 beginnt der Auszug. Er beginnt mit Vorbereitungen, die Anfang des Monats noch unter Strafe stehen. Draga von Zedlitz lässt Wagen für die bevorstehende Flucht umbauen und Futter für die Pferde packen. Aber nicht nur für die eigene Familie. Die Gutsherrin übernimmt für das gesamte Dorf die Verantwortung. Jede Familie bringt Gepäck, verstaut es auf den Wagen. Wertgegenstände werden nach und nach vergraben. Der 23. Januar ist der Tag des endgültigen Aufbruchs und der Trennung der Familie. Sigismund von Zedlitz fährt mit Neffen und Geschwistern in einer Kutsche durch den bitterkalten Winter Richtung Bunzlau. Es ist verabredet, dass Verwandte und Freunde die Kinder aufnehmen. In der Altmark will sich die Familie wiedertreffen. Sigismunds Mutter zieht mit dem gesamten Dorf Richtung Südwesten und will der Front ausweichen. Im Sudetenland erleben sie das Kriegsende. Der Vater räumt sein Amt in der Festung Breslau und verlässt die Stadt mit Akten Richtung Jauer. Auf den verstopften Straßen bleiben Männer, Frauen und Kinder zurück. Sie verhungern, erfrieren, sterben an Fieber. Sigismund von Zedlitz überlebt den unbeschreiblichen Fluchtwinter 1945, nachdem er bei Muskau die Neiße passiert hat und nicht ahnt, dass dieser mitten durch Deutschland fließende Fluss in wenigen Monaten eine Grenze sein wird. Noch achthundert Kilometer liegen vor ihm, aber auch das weiß er in diesem Augenblick nicht. Er ahnt, dass er den Wahnsinn dieses Krieges nur mit Glück überstehen wird.

Im Jahre 2003 schreibt er auf, was er erlebt hat. Er schreibt es mit einer Gewissheit auf: Es ist purer Zufall, dass er seine Eltern wiedergefunden hat.

Als der Osten noch Heimat war: Westpreußen

GEBRÜDER JACOBY

Ulla Lachauer

Goetheschüler. Eine Reise an die Weichsel

> *«Kto myśli o interesach jednego tylko narodu, jest nieprzyjacielem wolności.»*
>
> «Wer an die Interessen nur eines Volkes denkt, ist ein Feind der Freiheit.»
>
> Adam Mickiewicz

Schnee fällt in großen, nassen Flocken auf die barocken Häuser. Drei sind es, vereint bilden sie die Schauseite des Marktplatzes. Sie lehnen ein wenig schief aneinander wie greise Schwestern, die sich wärmen. Der Winter hat ihnen weiße Hauben auf die Köpfe gezaubert. Auf allen Dächern der Altstadt Mützen, Kappen, Hüte aus Schnee, so verschiedenartig wie die Form der Giebel. Der Turm der ziegelroten gotischen Kirche trägt eine leicht verrutschte weiße Mitra. Von St. Nikolai, hat man mir erzählt, soll es nicht weit sein bis zur Weichsel, ein Treppenweg, leicht zu finden. Der Abendhimmel hängt tief über den Dächern. Von unten rauchen die Schornsteine der alten Häuser, unter der niedrigen Wolkendecke fängt sich beißender Kohlequalm, er nimmt mir fast den Atem.

Am Mittag, bei meiner Landung in Gdańsk, war es noch klar gewesen. Ich hatte aus dem Fenster des Flugzeugs den Strom betrachtet, seine enorme Breite und wie er der Ostsee zustrebt, die verschneite Niederung im Sonnenlicht. Grundmoränen, Endmoränen, langgestreckte Seen und kleine kreisrunde – selten zeigen sich die Spuren der Eiszeit so deutlich. Hier und da im Weiß dunkle Flecken: ein Wald, ein Gehöft, ein Dorf, wie Halligen im schäumenden Meer. Und plötzlich das Zentrum der Hansestadt Danzig, selbst aus der Luft hat es etwas Ehrwürdiges, dann, ein paar Minuten vor der Landung auf dem Lech-Wałęsa-Flughafen, Plattenbauten aus kommunistischer Zeit.

Von Gdańsk sind es über die neue Autobahn gut anderthalb Stunden bis Grudziądz. Bei meinem ersten Gang durch die Altstadt ist sie von einem grauweißen Schleier verhüllt. Schmale Straßen und Gassen, etwa alle hundert Meter ein Platz, wohlproportioniert und ansehnlich, bürgerliche Fassaden, die von den Gründerjahren um 1900 erzählen. Backstein, immer wieder roter Backstein, dazwischen barocke Bauten aus der Epoche der Gegenreformation – eine Stadt mit vielen historischen Schichten, bis weit zurück ins Mittelalter. Kaum jemand ist unterwegs. Am Weichselufer bin ich ganz allein, unter meinen Füßen angeschwemmte Eisschollen.

«Zuerst dorthin. Das Beste von Graudenz ist das Panorama», hatte es geheißen.

«Treppe runter und so nahe wie möglich ans Wasser treten. Dann umdrehen.»

Da sind sie: vor mir im gelben Lampenlicht eine lange Reihe von mittelalterlichen Kornspeichern, hoch aufragend, das berühmte Wahrzeichen der wohlhabenden und wehrhaften Kaufmannsstadt.

«Und dann weiter zur Goetheschule.»

Die Wegbeschreibung der ehemaligen Goetheschüler habe ich noch im Ohr. Über die Promenade zu Füßen der alten Befestigungsmauer und wieder stadteinwärts, den Schienen der Straßenbahn folgen. Sie fahre noch denselben Weg wie damals, in ihrer Graudenzer Schulzeit. Ulica Toruńska, ich bin also richtig, und mit einem Mal ist Schluss. Wo ist die südwärts abknickende Straße? Nichts, nur dichter werdendes Schneegestöber, in einiger Entfernung, wie Irrlichter, pulsierende Leuchtreklamen eines Supermarkts. Irgendwo in der Nähe öffnet sich quietschend eine Haustür.

Graudenz am Ufer der Weichsel

«Proszę Pani», rufe ich. Die Frau hält inne. «The way to Goetheschule.»

«Goetheschule?» Die alte Polin im grauen Fuchsmantel lächelt. «Links, rechts und rechts. Hohe Häuser. Madeira. Kennen Sie Madeira? Schule …» Sie sucht nach einem deutschen Wort. «Backstein. Die Schule ist rot. Aber keiner da. Weiße Ferien.»

Die Waisenkinder von Versailles

«Wir Goetheschüler sind wie eine Familie!», hatte Erich Abramowski am Telefon verkündet. Ein Mann mit polnischem Familiennamen, den er von einem Gut östlich der Weichsel mitgebracht hat.

Abramowski und andere Befragte sprachen von ihrer Schule so stolz wie die Ehemaligen gewisser humanistischer Gymnasien, die sich auf eine jahrhundertealte Tradition berufen können, etwa das Johanneum oder eine französische Jesuitenschule. Dabei existierte sie nicht einmal fünfundzwanzig Jahre, wovon die heute noch lebenden Schüler nur die letzten fünf oder zehn, maximal fünfzehn Jahre überblicken. Die Goetheschule in Graudenz war ein flüchtiges Phänomen der Zeit zwischen zwei Weltkriegen – von Ostern 1920, als aufgrund des Versailler Vertrags ihre Stadt und ein Teil Westpreußens polnisch wurden und die Deutschen zu einer kleinen ungeliebten Minderheit, bis Anfang 1945.

Die Goetheschüler, seit 1945 in alle Winde verstreut, halten heute noch zusammen. So ist es für mich nicht schwer, sie zu finden. Besuchen Sie diesen und jenen! «Bitte unbedingt» nach Thüringen zu Abramowski, «ein Unikum». Und zu Rudolph Orlovius, «auch ein Gutsbesitzerssohn, heute in einem stillen Tal bei Hildesheim. Der weiß viel.» Um Hanno Henatsch kommen Sie nicht herum, «Sohn eines Fabrikanten, der mit Zuckerrüben zu tun hatte. Wir Mädchen haben alle für ihn geschwärmt.» Und wenn Sie in München bei Henatsch sind, gleich weiter zur Pfarrerstochter Rosemarie Döhring, «Röschen Gürtler hieß sie in Graudenz». Auf jeden Fall nach Münster, zu Röschens Klassenkameradin Christel, «der Jüngsten von Gärtnermeister Riedel», heute Christel Reichert. Höfliche, mit Nachdruck geäußerte Empfehlungen. Sie führen mich in bürgerliche Wohnzimmer, in denen Fotos und Gemälde von Graudenz hängen, zu Menschen mit einem mehr oder weniger ausgeprägten Selbstbewusstsein: Wir sind etwas Besonderes.

Einen ganzen Winter lang bin ich reisend und lesend unterwegs, auf den Spuren von fünf ehemaligen Goetheschülern – von Orten und Landschaften, Milieus und Lebensumständen. «Glück gehabt!», sagen sie alle unisono. Sie beharren darauf und meinen damit nicht nur die Goetheschule. Ich kenne diese seltsame Hartnäckigkeit aus anderen Gesprächen über das 20. Jahrhundert, weiß, hinter dem Glück lauert der Abgrund. Sie haben noch nicht richtig mit dem Schulalltag begonnen, der Name einer Banknachbarin, Christel oder Aleit, ist gefallen, der «Rex», Direktor Hilgendorf, ist kurz aufgetreten, und plötzlich steht der Erzähler, die Erzählerin an der Weichsel, Januar 1945. «Zum Glück war das Eis dick genug.» Sie sind in Gedanken wieder auf der Flucht, dort, wo der Vater erschossen wurde oder die Schwester verloren ging. Die Männer vor Kursk oder Riga, Soldaten, dann Gefangene, das Ende irgendwo in einer zerbombten Kleinstadt im Westen, «mit nichts». Unmöglich, einfach von einem Sportfest zu reden, vom Sieg im Kurzstreckenlauf 1938 muss Hanno Henatsch sofort in die Schlacht um Berlin, wo er sein Bein verloren hat. Mitten im Satz schlagen die Geschichten um.

«Wir sind hart erzogen worden!» Die Pfarrerstochter Rosemarie Döhring sagt es für alle. «Sonst hätten wir das alles nicht überlebt.»

Die Welt stand kopf, schon bevor die Goetheschüler geboren wurden. Ihre Kindheit und Schulzeit ist eingerahmt von zwei Katastrophen, einer, die gerade geschehen ist, und einer herannahenden.

Die Eltern dieser Kinder haben nach 1920 die Entscheidung getroffen zu bleiben und nicht ins Reich umzusiedeln, sondern als Minderheit unter den Polen zu leben, in Grudziądz, wie Graudenz jetzt heißt. Die Dramatik dieses Exodus war mir bis-

Graudenzer Marktplatz zu Kaisers Zeiten

lang nicht bewusst. Innerhalb weniger Jahre verliert die Stadt den Großteil ihrer deutschen Bewohner – von 40 000 Einwohnern gaben in der Volkszählung von 1910 85 Prozent Deutsch als Muttersprache an. Etwa viertausend oder ein wenig mehr sind es am Ende noch. Im gesamten Pommerellen, der polnischen Wojewodschaft Pomorze, bleiben von 450 000 Deutschen 110 000 übrig. Dies, obwohl die Regierung in Warschau zugesagt hat, den Schutz der Minderheiten im Land zu garantieren, und die Berliner Regierung die Deutschen zum Dableiben ermuntert, denn man will das verlorene Gebiet eines Tages wiederhaben. Je mehr Deutsche, desto besser die Chancen für eine Revision.

Wer wandert ab? Natürlich die Besatzung der Graudenzer Garnison. Die einfachen Soldaten stammen ohnehin meist nicht von hier, Angehörige des Offizierscorps wollen und dürfen keinem fremden Staat dienen. Ebenso die Verwaltung, die meisten

Beamten werden entlassen und sind, schon wegen fehlender polnischer Sprachkenntnisse, schwer verwendungsfähig, sowie 90 Prozent der Lehrer. Aber auch die Arbeiterschaft geht, Berlin und das Ruhrgebiet sind ihr bevorzugtes Ziel. Eine relativ mobile Gruppe, gewohnt, dem Brot zu folgen, außerdem würde man in Polen die Ansprüche aus der deutschen Sozialversicherung verlieren. Viele, sehr viele ziehen fort, nicht in erster Linie, wie oft behauptet, aus Angst vor dem polnischen Nationalismus, sondern eher aus ökonomischen Gründen. Mit einem Land, das in weiten Teilen – so der ehemalige Goetheschüler Hanno Henatsch – «sauarm» ist, unterentwickelt wie kaum eines in Europa, will man sein Schicksal nicht verbinden.

Es bleibt, wer viel zu verlieren hat. Die Besitzer der Landmaschinenfabrik Vensky und der Eisengießerei Herzfeld und Viktorius, insgesamt 84 deutsche Industriebetriebe wollen in Grudziądz weiter wirtschaften. Eigentümer großer Häuser mögen sich verständlicherweise nicht losreißen. Ebenso zahlreiche Handwerksmeister, überdurchschnittlich viele deutsche Metzger sollen dageblieben sein. Der Gärtnereibesitzer Riedel mit Frau und vier Töchtern. Auch der Buchhändler Arnold Kriedte, er wird später der heimliche Führer der Graudenzer Deutschen und Vorsitzender ihres Schulvereins werden, ein Nationalkonservativer und sehr energischer Mann. Kurzum die gesellschaftliche Oberschicht und Teile des Mittelstandes, Menschen, die durch Besitz und Tradition gebunden sind und sich deshalb als überlegen betrachten. Deren Familiengeschichte vielfach mit Preußens zivilisatorischer Leistung an der Weichsel verknüpft ist. Vertreter einer protestantischen Ethik, treu evangelisch, so gehört auch der Pfarrer – einer ist Paul Gürtler, der Vater von Röschen – in diese exklusive Minderheitengesellschaft. Sie grenzt sich auch aus religiösen Gründen scharf von den Polen ab, die Katholiken sind.

Auf dem Land, wo die Familien Henatsch, Abramowski und

Orlovius leben, war der Anteil der Deutschen vor dem Ersten Weltkrieg geringer. Ein gutes Drittel der Bewohner im Landkreis Graudenz war polnisch-katholisch, in Pommerellens Gutsbezirken, die einen hohen Arbeitskräftebedarf haben, sogar die Mehrheit. Grund und Boden, Natur und Landschaft binden stärker, ein Neuanfang anderswo scheint kaum vorstellbar. Mennoniten, deren Vorfahren die Niederung trockengelegt haben, und kleine schwäbische Kolonien halten an der Heimat fest. Die meisten Bauern bleiben, auch kleinere, und die zahlreichen Großgrundbesitzer. Ein Gut wie Groß-Lobenstein aufgeben, den Sitz der Orlovius, mit seinen zweitausend preußischen Morgen? Hoheneck verlassen mit seiner Pferdezucht, eine Wirtschaft mit fünfzig Kühen, über hundert Schweinen, vierhundert Schafen, ein Haus wie ein Schloss, das die Abramowskis erst kürzlich, 1912, haben erbauen lassen? Auf all die Herrlichkeit verzichten – den feierlichen Erntedank, die Hasenjagden und Bälle, die Remontemärkte, Schnaps aus der eigenen Brennerei?

Im Gegensatz zur Stadt lebt man hier auf den Gütern mit den Polen – in einer noch halbfeudalen Welt, in der die Deutschen die Herren sind, die Polen Kutscher, Knechte und Mägde, Instleute und Saisonarbeiter. Und das würde sich auch jetzt, da Polen Staatsnation geworden ist, so schnell nicht ändern. Auf den Gütern der Polen ist die soziale Situation ähnlich. Die junge Republik ist stark vom Landadel geprägt, und dieser würde die zu erwartende, dringend notwendige Bodenreform schon mäßigen. Auch die ländliche deutsche Industrie will sich nicht unterkriegen lassen. In Unisław gründet Dr. Wilhelm Andreas Henatsch, Hannos Vater, 1922 eine Fabrik für Kunsthonig, die «Unamel». Unterstützt von einer schönen, in Betriebswirtschaft promovierten Rheinländerin, die aus Liebe zu ihm in den «Korridor», wie die Deutschen das verlorene Gebiet bezeichnen, zieht.

In der politischen Rhetorik der Zeit klingt es düster, aber fest: «Der letzte Akt ist zu Ende. Die Polen haben die Ostsee erreicht. Westpreußen hat aufgehört zu bestehen.» Lese ich in der «Berliner Post» vom Februar 1920. «Das Land, das in harter Arbeit zu einer Perle unter den deutschen Landen geworden ist, das Land, wo Hunderttausende unserer Volksgenossen schlummern, ist vom Vaterland abgetrennt und einem Fremdvolke ausgeliefert. ... Wir leben jetzt in der Fremde. Wir müssen auf eigenen Füßen stehen, wir haben niemand, der uns beistehen wird. Es ist uns aber eine Stärkung, wenn wir wissen, dass Millionen in der Heimat uns treu im Geist die Hand reichen. Wir sind Bürger Polens geworden. Wir werden die Pflichten erfüllen, die Polen von uns verlangen. Das haben wir versprochen und werden es ehrlich halten, in der Erwartung, dass uns der neue Staat, dessen Bürger wir nun sind, auch seinerseits Schutz unserer Rechte gewähren wird.» Autor des Artikels ist der Gutsbesitzer Nordewin von Koerber-Koerberode aus dem Landkreis Graudenz, der bekannte Vertreter der deutschen Volksgruppe und spätere Sejmabgeordnete.

«Einsamkeit» nennen es meine fünf Zeitzeugen, die Anfang und Mitte der zwanziger Jahre geboren sind. «Wir waren einsam», erzählen sie mir. Eine ihrer prägenden Erfahrungen ist die Isolation vom Mutterland. Am extremsten ist damals die Situation in Groß-Lobenstein, in dieser entlegenen Ecke leben nur noch etwa drei Prozent Deutsche. Den staatlichen Domänenpächtern ringsum ist kurzfristig gekündigt worden, der Boden, enteignet und parzelliert, an Landlose aus Kongresspolen, dem bis vor kurzem russischen Landesteil, übergeben. Seitdem sind die deutschen Pächter nebst Familien und Entourage verschwunden, und so haben die Eltern von Rudolph Orlovius ihre wichtigsten gesellschaftlichen Kontakte verloren. Der kleine Junge, 1922 geboren, und seine Geschwister wachsen ohne deutsche Spielkameraden auf. Rudolph spielt mit den Kindern des polnischen Kutschers und lernt von ihnen Polnisch. Bei Erich Abramowski in Hoheneck, derselbe Jahrgang wie Rudolph, ist es ähnlich. «Meine Jungen», sagt er noch heute, wenn er von den Kutschersöhnen Roman und Janek erzählt, das besitzanzeigende Fürwort ist liebevoll gemeint. Doch irgendwann haben diese polnischen Jungen keine Zeit mehr, nur noch am Sonntagnachmittag. Denn die Arbeit ruft, sie müssen früh in der Landwirtschaft mithelfen.

«Haben Sie auch mitgeholfen?», frage ich den Gutsbesitzerssohn.

«Gar nicht. Keinen Handschlag!», lacht Orlovius. «Wir lebten so richtig nach Gutsherrenart. Der Kutscher hat uns Kindern sogar das Fahrrad aufgepumpt.»

In der Stadt Graudenz, wo die Deutschen damals enger zusammenleben als auf dem Land, kapseln sie sich ein. Sie verkehren meist ausschließlich unter ihresgleichen.

«Waisenkinder von Versailles» hat der Engländer Richard Blanke die Deutschen in den polnischen Westprovinzen genannt. Verwaist, ein Wort, das deren Lage ganz gut trifft.

«Es gab nur fünf deutsche Familien in unserer Straße», erinnert sich die Tochter des evangelischen Pfarrers Gürtler, das Pfarrhaus in der Poniatowskistraße im Stadtteil Klein-Tarpen ist eine Insel im katholischen Meer.

In der Stadtbibliothek von Grudziądz habe ich einige noch erhaltene Adressbücher eingesehen. Die Namenskolonnen spiegeln den Bevölkerungswechsel. 1913 finden sich zum Beispiel in der Blücherstraße 8: ein «Piechotka, L.» ohne Berufsbezeichnung, vielleicht ein Pole, vielleicht ein Deutscher, das

Erich Abramowski (Mitte) mit seinen polnischen Spielkameraden, den Kutschersöhnen Roman und Janek

ist in dieser Gegend, wo Polen und Deutsche seit Jahrhunderten benachbart sind und die Oberhoheit mehrfach gewechselt hat, deutsche Familien polnisiert und polnische germanisiert worden sind, nicht immer klar. Ein Herr Brockien, Rentier. Hauptmann Thiele, mit Sicherheit ein Deutscher, Hauptmann Hilgendorff dito, Professor Dr. Max Hennig dito, ein Fräulein namens Elisabeth dito, eine Witwe Johanna Janz dito, ebenso Leutnant Klawitter. Der Letzte, ein Herr Woyna, von Beruf Arbeiter, könnte Pole sein, muss aber nicht. 1928 leben im selben Haus laut Adressbuch: eine Teofila Borzenska, ein Offizier Władysław Kostecki, der Kaufmann Antoni Gehrmann, der Schauspieler Kowalczyk, Vorname Władysław, noch vier weitere Leute mit polnischem Namen und eine mit deutschem, Berta Lerch, Beruf Portier.

Von den Bewohnern aus dem Jahr 1913 jedenfalls ist niemand mehr da. So ist es in vielen Häusern und Straßen. Auch die jüdischen Bürger, einige hundert, religiösliberal und der deutschen Kultur verbunden, haben größtenteils der Stadt den Rücken gekehrt. Wo mögen der Kohlehändler Salomon Robert und der Rentier Abraham Robert, wohnhaft in der Pohlmannstraße 25, geblieben sein? Vielleicht ließen sich ihre Namen und die unter derselben Hausnummer verzeichneten drei Droschkenbesitzer und der Postillion in einem Berliner oder Frankfurter Adressbuch der zwanziger Jahre wiederfinden.

Angesichts der überwältigenden Bilder der Vertreibungen von 1944/45 läuft man Gefahr, die Umwälzung, die nicht mit physischer Gewalt und Zerstörung einhergeht, zu verharmlosen. Vom Ersten Weltkrieg ist die Stadt verschont geblieben. Der massenhafte Ortswechsel vollzieht sich als langgezogener, folgenschwerer, tränenreicher Umzug. Am 23. Januar 1920 ist Graudenz ordnungsgemäß und ohne besondere Zwischenfälle an den polnischen Stadtpräsidenten Józef Włodek übergeben worden. Es habe auf ihn, wie er später in einem Interview zu Protokoll gibt, den Eindruck einer modernen und «leider völlig deutschen»

Stadt gemacht. Äußerlich ist sie intakt. Grudziądz ist Graudenz und bleibt es noch eine ganze Weile. Straßennamen ändern sich natürlich, die Stationsnamen der Elektrischen, Reklametafeln, im Telefonbuch steht zum Beispiel statt «Schornsteinfeger» jetzt «Kominiarskie». Auf dem Marktplatz wird das Kaiser-Denkmal demontiert, angeblich hat man das Material eingeschmolzen und für Straßenbahnschienen verwendet.

So jedenfalls kursiert es noch heute in Grudziądz. Die Anekdote vom Ende Kaiser Wilhelms I. ist Teil der offiziellen Stadtführung. Eine winterlich eingemummelte Frau in den Dreißigern namens Beata, die vom Touristenbüro geschickt wird, erzählt sie mir.

«Straßenbahnschienen. Schauen Sie, da läuft die Linie 2 drüber, wir fahren bis heute über den Wilhelm.»

Sie lächelt und schüttelt den Schnee von den Haaren.

«Na ja, so sagt man.»

Fügt sie hinzu. Nüchtern und mit leiser Ironie, wie ich sie oft bei der noch im Kommunismus aufgewachsenen Generation bemerke. Hinter jeder Behauptung ein Zweifel, es wird schon nicht stimmen.

Beata hält mir ein Foto aus Kaisers Zeiten unter die Nase. Es zeigt besagtes Denkmal, dahinter der «Königliche Hof», ein prachtvolles Hotel im Renaissancestil. Ich ahnte es, und in diesem Moment weiß ich es: Die Stadt, die mir im Schneetreiben gefiel, die den Erzählungen der Goetheschüler so ähnlich war, existiert nicht mehr. Sie ist untergegangen im Feuersturm, 1945. Beim Wiederaufbau des Marktplatzes hat man die historische Proportion gewahrt, aber die meisten Gebäude haben ein ganz anderes Gesicht bekommen. Früher gab es diese drei schmalen barocken Häuser nicht, ein polnischer Architekt hat sie erst vor fünfzig oder sechzig Jahren entworfen. Möglicherweise hat er sich von dem nahe gelegenen Rathaus, dem barocken ehemaligen Jesuitenkolleg, inspirieren lassen. Vielleicht hat er das

Bild der drei Schwestern, die sich aneinanderlehnen, aus seiner fernen Heimat, aus Wilna oder Lwów (poln. für Lemberg), mitgebracht? Gut möglich, dass die Bewohner im Angesicht der Trümmerwüste debattiert haben – und dann beschlossen, sich die Freiheit zu nehmen, den katholischen, also polnischen Charakter der Innenstadt zu stärken.

Beim Aufbau der vielgeschossigen Speicherkette dagegen hat man sich ans Original gehalten. Allenfalls die unterste Etage und der Keller sind noch reines Mittelalter, der Rest ist rekonstruiert. In ein paar Tagen werde ich die Wunden der Stadt genauer sehen, dann wird sich die Illusion des ersten Abends endgültig verflüchtigt haben. Während ich die Schulwege der Goetheschüler abschreite, werde ich die Einschusslöcher an den Häuserwänden entdecken, die Baulücken, die fehlenden Stuckaturen und angeschlagenen Löwenköpfe, die Überreste verschwundener evangelischer Friedhöfe. Und die große Leere am Trinkekanal und am früheren Getreidemarkt, wo weitläufige Promenaden mit Bänken und Bäumen und Denkmälern kaschieren, was hier 1945 geschehen ist.

Tausend Seiten

Weder Graudenz noch Grudziądz haben mit ihren Chronisten besonderes Glück gehabt. Das am besten überlieferte und analysierte Kapitel ist – vermutlich einzigartig in Europa – eine Schulchronik: der Goetheschule. Ungefähr tausend Seiten, Fußnoten inbegriffen, hat ein Freiherr von Enzberg darüber zusammengetragen. Ein Adeliger, nicht, wie man vermuten könnte, aus Westpreußen, sondern aus dem deutschen Süden, vom Bodensee. Sechs Jahre seines Lebens hat er damit zugebracht, beim Lesen seines Buches spüre ich die Faszination, die die Goetheschule auf ihn ausgeübt hat.

Von Enzberg datiert ihren Beginn auf den 16. Januar 1920. An diesem Tag, eine Woche nach Inkrafttreten des Vertrages von Versailles, eine Woche vor der Übergabe der Stadt an Polen, wird im Hotel zum «Goldenen Löwen» der «Deutsche Schulverein in Graudenz» gegründet. Was von Enzbergs Buch mir über die Anfänge erzählt, entspricht nicht den tradierten Bildern. Von einer «Entdeutschungspolitik» Warschaus, schreibt er, könne hier im Grudziądz der frühen Zwanziger keine Rede sein.

Im Umfeld der Schule finden sich in dieser Zeit kaum Klagen über die zuständigen polnischen Behörden. Und diese, scheint es, erregen sich nicht groß über das Ansinnen der Deutschen, die eine Schule verlangen, also etwas, was Preußen und das Deutsche Reich ihren polnischen Bürgern immer verweigert haben. In dieser Übergangsphase muss vor allem praktisch gehandelt werden. Es ist die Stunde der Kommunalpolitik – Stadtreinigung, Finanzverwaltung, Wohnungspolitik, Gewerbeaufsicht, überall ein fliegender Wechsel. Derweil deutsche Graudenzer abwandern, Polen aus Kongresspolen und Galizien zuziehen. Auch viele aus dem ländlichen Pommerellen, den Kleinstädten und Gutsbezirken, nutzen die Chance zum Sprung in die nahe Stadt, von der mancher schon früher geträumt hat. Ein buntes Volk, man kennt einander nicht. Manche polnische Familie kommt aus dem Westen, aus dem Ruhrgebiet, wohin sie vor zwei, drei oder vier Jahrzehnten emigriert war. Auf gen Osten, wieder unter Polen sein! Ein Heimwehkranker hat es dem anderen gesagt, dass deutsche Unternehmer in Polen, denen die Arbeiter fortgelaufen sind, händeringend Ersatz suchen.

Möglichst schnell sollen die Schulen wieder arbeiten, Volksschulen und die drei höheren Schulen. Das königliche Gymnasium, die Oberrealschule und das Oberlyzeum waren Hochburgen des Deutschtums gewesen. Sich der polnischen Sprache zuzuwenden, hatte man dort als würdelos empfunden. Nun strömen polnische Schüler hinein, Lehrer müssen gefunden werden, es herrscht großer Mangel an studierten Leuten. Polen insgesamt steht vor einer gewaltigen Aufgabe: Nach zwei Jahrhunderten der Teilung – gerade hatte man noch zu Deutschland, Österreich und Russland gehört, an der östlichen Grenze herrschte noch immer Krieg – muss das Land zusammenfinden. Aufbruchsstimmung, unendliche Ratlosigkeit überall.

«Noch ist Polen nicht verloren.» Das alte Lied aus dem Befreiungskampf, jetzt Nationalhymne, erklingt auch in den Schulen der Weichselstadt. Die deutschen Kinder hören morgens die polnischen Mitschüler singen. Es gibt polnische Klassen und parallel dazu, nach Bedarf, deutsche Klassen. Aber der deutsche Schulverein ist damit nicht zufrieden. Unter Ausnutzung der Bestimmungen des Versailler Vertrags, die den Minderheiten Raum für ein eigenes Schulwesen zusichern, baut die deutsche Minderheit eine höhere Privatschule auf, jedes Jahr soll eine Klasse dazukommen, Sexta, Quinta, Quarta und so fort.

Es geht unglaublich rasch, schreibt von Enzberg. Ostern 1920 stehen 130 Schüler vor der Tür, aber es gibt weder Schullokal noch Lehrkörper. Ein Raum in der ehemaligen Oberrealschule steht schließlich zur Verfügung. Geeignete Lehrer zu finden ist äußerst schwierig, entweder sind sie schon fort oder auf dem Absprung nach Deutschland. Walter Peters, der erste Leiter des Schulprojekts, bezichtigt die Kollegen der Treulosigkeit. Er und Hans Rombusch, der ihm 1921 im Amt folgt, sind Realisten, sie hoffen auf ein Miteinander. Rombusch hatte gleich 1919 eine polnische Schulfibel gekauft, um die Sprache zu lernen, die er nun brauchen würde. Vorerst ist er nur nebenamtlich für die deutsche Privatschule tätig, im Hauptberuf ist der Philologe und Historiker Lehrer am klassischen Gymnasium, unter Direktor Mianowski, einem polnischen Patrioten aus Galizien.

Die übrig gebliebenen Graudenzer Deutschen sind auf sich gestellt. Im kommenden Jahr mietet der Schulverein ein Pfarrhaus an, zwei neue Klassenräume und ein dunkler Flur, 1922 findet sich beim evangelischen Frauenverein noch ein weiteres kleines Domizil. Wo sollen die Leibesübungen stattfinden? Im Hinterhof, unter freiem Himmel! Ständig muss improvisiert werden. Es fehlt an Schulbüchern, teils sind sie veraltet, andere hat der polnische Staat wegen ihrer politischen Tendenz verboten. «Der ganze Bestand an Lehrmitteln», berichtet Direktor Rombusch, «setzte sich wie folgt zusammen: etwa zehn erdkundliche und geschichtliche Karten, darunter veraltete und selbst gezeichnete, einige Kästen ausgestopfter und stark von Motten zerfressener Vögel und Schmetterlinge; als Modelle für Zeichnen dienten alte Flaschen aller Art. An naturkundlichen Wandbildern war nur ein Plakat der Rottweiler Pulverfabrik vorhanden, auf dem ein Fuchs abgebildet war, ferner eine Reklametafel von Kathreiners Malzkaffee, auf der die Entwicklungsstufen der Gerste zu sehen waren. Für Physik war eine Influenzmaschine da, wie man sie für Kinder zu Weihnachten schenkt. Also allerlei ‹Urväter-Hausrat› und Spielzeug hatte man hier und da ‹großmütig› der Schule als Lehrmittel gestiftet.»

Ein bürgerliches Milieu: Pfarrerfamilie Gürtler, ganz vorne «das Röschen».

In den Anfangsjahren bringen fast nur die Eltern die Kosten für die Privatschule auf. Schulgeld plus Vereinsbeitrag, im Winter 1922/23 wird zusätzlich Heizgeld gefordert, monatlich festgelegt wegen der galoppierenden Geldentwertung. Im Winter darauf beträgt das Heizgeld 300 000 Mark. Während die Regierung an einer Währungsreform arbeitet (bald wird der Złoty eingeführt), erreicht die Hyperinflation ihren Höhepunkt. Im April 1924 überschreitet der Schulgeldsatz die Grenze von zehn Millionen, die Gebühr für ein Osterzeugnis: eine Million. Es sind Schwierigkeiten vor allem wirtschaftlicher Art. Aus Deutschland, wo Verwandte und Nachbarn von einst gerade Fuß zu fassen versuchen, hört man Ähnliches.

Rosig waren damals selbst bürgerliche Kindheiten nicht, bestätigen meine Zeitzeugen. Die Inflation kennen sie nur vom Hörensagen. Den nächsten Schock, die Weltwirtschaftskrise, die 1929 in den USA beginnt und Europa mitreißt, haben sie schon in Erinnerung. «Bei uns klebte der Kuckuck auf dem Klavier», sagt Christel Reichert. Die auf Blumen spezialisierte Gärtnerei ihres Vaters hat in diesen Jahren schwer zu kämpfen.

In der tausendseitigen Schulchronik des Freiherrn von Enzberg wird minuziös geschildert, wie die kleine Gemeinde der Deutschen die Schwierigkeiten meistert. Das A und O ist und bleibt die Lehrerfrage. Ein Zeichenlehrer ist nicht zu haben, also wird ein Kunstmaler eingestellt. Ein angeblich in Wien promovierter Doktor der Philologie, der glücklicherweise auch noch gut Polnisch spricht, entpuppt sich als Hochstapler. In solchen Zeiten kreuzen allerhand zwielichtige Leute auf. So wird nach dem ersten Unterrichtsjahr ein Lehrer als Sittenstrolch enttarnt, es kommt heraus, dass er andernorts wegen «sittlicher Verfehlung» entlassen wurde. Mancher Kandidat scheitert am polnischen Schulkuratorium, weil Examina nicht anerkannt werden.

Die Deutschen tun sich schwer zu begreifen, dass sie in Polen leben. Für Konfliktstoff sorgt die vom Schulkuratorium gewünschte Einstellung vollausgebildeter Polonisten. Lehrer der polnischen Sprache, nun Pflichtfach, können nach Lage der Dinge nur ethnische Polen sein, und diese bringen nicht unbedingt Verständnis für die deutsche Minderheitenschule mit. Mit einem von ihnen, Longin Lam, der 1927 ins Kollegium eintritt und Schüler zu begeistern versteht, gibt es häufig Auseinandersetzungen. Laut Direktor Rombusch ist er «ein polnischer Nationalist durch und durch bis zum Fanatismus. Er hätte am liebsten an unserer Schule alles polonisiert. Dies unterstrich er auch oft, indem er auf seinen ‹Major Wojsk Polskich› (Major im polnischen Heer) hinwies, öfters in Uniform erschien und sozusagen etwas mit dem Säbel rasselte.» Ein anderer Vorfall, der die Eltern in Harnisch bringt, ist seine Gewohnheit, die Schüler mit polonisierten Namensformen aufzurufen, er verlangt, diese auch

Viele Goetheschüler stammen aus ländlichem Milieu: Die vier Orlovius-Kinder, etwa 1929 (Zweiter von rechts Rudolph), der Kutscher Józef Przybyłowski, das Kindermädchen Anna. Das Pferd ist ein russisches Beutepferd aus dem Ersten Weltkrieg.

auf den Klassenarbeitsheften zu verwenden. 1928 hält Longin Lam am Namenstag von Piłsudski eine Rede auf Polnisch, und wieder herrscht Aufruhr im Schulverein.

Trotz Turbulenzen wächst und gedeiht die Schule. 1929 legen fünfzehn Schüler die erste Reifeprüfung ab, und zwei Drittel bestehen. Mittlerweile gehört eine Vorschule dazu, die aufs Gymnasium vorbereitet, später, mit dem neuen polnischen Schulgesetz, wird sie zur Volksschule mit eigenem Rektor werden, die allen deutschen Schülern offensteht. Es gibt viele Abhängigkeiten, von Enzberg hat uns das komplizierte Gefüge erschlossen, in dem diese Schule steht. Es ist eine Art bewegliches Dreieck. Seine Akteure sind der deutsche Schulverein in Grudziądz, also die Vertretung der Elternschaft, der Zentralschulverein in Bydgoszcz, Dachverband der formell selbständigen deutschen Privatschulen, der immer mächtiger und – vor der Öffentlichkeit sorgsam verborgen – von Jahr zu Jahr mehr zum Außenposten Berlins mit Behördencharakter wird, und das polnische Schulkuratorium, welches trotz bürokratischer Strenge zunächst vieles gewähren lässt und selbst bei später rigiderem Zugriff, urteilt von Enzberg, den Boden des Rechts nie ganz verlassen wird.

Nur wenige Jahre hat die labile parlamentarische Demokratie gehalten. Seit Mai 1926, seit dem Putsch von Marschall Józef Piłsudski, ist Polen ein autoritärer Staat. Piłsudski hält die Deutschen für potenziell nützliche Staatsbürger, wenn sie denn eine starke Hand spüren, und – verglichen mit den anderen Minderheiten, vor allem den Ukrainern – für loyal. Minderheitenpolitisch ändert sich nicht allzu viel. Schulpolitik und Bodenpolitik sind (wie schon früher in Preußen, als man die Polen zu germanisieren versuchte) nach wie vor die wichtigsten Instrumente. Die Bodenreform schreitet voran, und zwar überproportional auf Kosten deutscher Güter, ein Viertel der Betriebsfläche gehen ihnen im Landkreis Graudenz verloren. Ebenso schwinden in

Pommerellen die staatlichen Schulen mit deutscher Unterrichtssprache, vor allem die Volksschulen auf dem Lande.

An diesem Punkt setzen die Erfahrungen meiner Zeitzeugen ein. Als die Landkinder Rudolph Orlovius, Erich Abramowski und Hanno Henatsch Ende der zwanziger Jahre das Schulalter erreichen, entscheiden ihre Eltern, weil im näheren Umkreis nur eine polnische Volksschule existiert, sie durch Hauslehrer unterrichten zu lassen. Ungefähr zur selben Zeit, 1929, nutzt der evangelische Pfarrer Gürtler die Gelegenheit, aus dem Dorf Lindenbrück bei Gnesen fortzukommen. Er tritt in Grudziądz eine frei werdende Pfarrstelle an. Denn seine älteren Töchter sind gymnasialreif, und vom dortigen privaten deutschen Gymnasium hat er viel Gutes gehört.

1929 ist ein Schlüsseljahr für dessen weitere Entwicklung. Der inzwischen amtsmüde Hans Rombusch verabschiedet sich, ein neuer Direktor kommt, Hans Hilgendorf, ein Auswärtiger. Jetzt wird ein Schulbau in Angriff genommen.

Neubau, unweit von Madeira

Was dann geschieht, ist beinahe ein Wunder. Es erinnert an das Märchen vom hässlichen jungen Entlein, das eines Tages ein stolzer Schwan wurde.

1928 wird von den polnischen Behörden der Schulneubau genehmigt. Bald nimmt er konkrete Formen an. Ausgerechnet die deutsche Minderheit plant in dieser Zeit ein Projekt von himmelstürmerischem Ehrgeiz. Mitten in der Weltwirtschaftskrise – in Grudziądz gibt es 1929 über sechstausend Arbeitslose, wie überall sind die städtischen Kassen leer.

Das Grundstück, das die Stadt dem Schulverein zum Kauf anbietet, liegt südlich vom Zentrum, etwas abseits, jedoch nahe genug zum Bahnhof, was für die immer größer werdende Zahl der Fahrschüler wichtig ist. Gleich nebenan Grudziądz' sozialer Brennpunkt, ehemalige Kasernen, in denen polnische Arbeiter und Lumpenproletarier leben, im Volksmund «Madeira» genannt (nach der Insel, auf der der gesundheitlich angeschlagene Marschall Piłsudski Urlaub macht und seine Geliebte besucht). Eine potenziell explosive Nachbarschaft – man will eigentlich Sicherheit gewinnen und baut, wie Friedrich Nietzsche gesagt hätte, «an den Vesuv». Ein Anzeichen von Realitätsverlust? «Die wenig erfreuliche Umgebung», heißt es, soll «mit einer Pappelkulisse» abgedeckt werden.

Hans Hilgendorf ist ein Mann von Format, eine Persönlichkeit von Welt. Er ist in Thorn aufgewachsen, hat Philologie und Philosophie in Leipzig und Heidelberg studiert, noch kürzlich Fortbildungskurse an der Pariser Sorbonne und in Oxford besucht. Und er ist einer der deutschen Lehrer in Polen, der heimlich auch Beamter im Mutterland ist, ein sogenannter «schwarzer Studienrat» mit Extrabezügen aus dem Reich. Dieser neue Direktor weiß, dass erfolgreiches Handeln immer die politische Macht im Auge haben muss. Seit Jahren ist der Zuschuss des Reichs zum Schulbudget immer größer geworden, und Hilgendorf setzt darauf, dass der Löwenanteil für den Neubau (drei Millionen Złoty wird er kosten) aus Berlin kommen wird. Teils indirekt über den Zentralschulverein in Bydgoszcz, teils über die «Deutsche Stiftung», die Geld aus dem Regierungshaushalt in den «Korridor» schleust. Dies bedeutet, dass die einmal von den Eltern gegründete Anstalt ihre Autonomie verliert, in Wahrheit ist sie nun keine Privatschule mehr.

Wer zahlt, schafft an. Unter anderem verfügt Berlin, dass nicht ein einheimischer Architekt, sondern Albert Krüger, der Leiter des städtischen Hochbauamtes in Danzig, den Auftrag erhält – ein geschickter Schachzug. Über Danzig, laut Versailler Vertrag «Freie Stadt», weder Deutschland noch Polen, aber mit einem gewissen Bewegungsspielraum für beide, hofft die deutsche

Regierung, das Schulprojekt besser kontrollieren zu können. Andererseits darf Krüger als Danziger nach Polen einreisen und dort arbeiten, das dürfte ein Reichsdeutscher nicht. In der Praxis erweist sich diese von oben erzwungene Besetzung als Glücksfall, denn Krüger ist ein herausragender Architekt, mit großer Erfahrung und ungewöhnlichem Kunstverstand.

Krüger und Hilgendorf, zwei, deren Vorstellungen gut zusammenpassen: der eine Meister des neuen Bauens, der andere überzeugter Reformpädagoge. Und so geht es nicht nur darum, ein Reservat für die nationale Identität zu schaffen, sondern auch Anschluss an die moderne Zeit zu suchen. Im Entstehen sei ein Bau, schreibt 1930 die «Deutsche Rundschau» in Polen euphorisch, der «zeugen wird vom Wollen und Können der Baukunst von heute, davon, dass nirgends mehr als im modernen Zweckbau die ‹neue Sachlichkeit› wertvolle und zukunftsweisende Leistungen zu zeitigen vermag. Auffälliger noch wird sich in dem Graudenzer Schulbau ein anderer Wandel ankündigen: die Revolution der Erziehung, die, seit langem vorbereitet, sich jetzt anschickt, den Schulbetrieb auf dem ganzen Gebiet der europäisch-amerikanischen Kulturwelt umzugestalten.»

1930 der erste Bauabschnitt, 1931 beginnt der zweite, noch ein Jahr bis zur Einweihung, Juni 1932. Und von da an, wie wir heute wissen: kein Jahr mehr bis zu Hitlers Machtergreifung, die Dämonen warten schon. Wacker setzen die Bauleute, größtenteils deutsche Handwerker, Stein auf Stein, einheimische Ziegel in leuchtend frischem Rot. Keine Trutzburg, keine Kaserne soll es werden – man grenzt sich deutlich von der Vergangenheit ab. Von außen wird die Schule äußerst nüchtern, fast wie ein Industriebau, wirken. Drinnen wird sie sonnendurchflutet sein, funktional und auf großzügige Weise wohnlich – eine Gegenwelt zum «Zeitalter der Krisen und Fanatismen», wie Direktor Hilgendorf in seiner Rede zur Einweihung sagen wird. Wer den Gedanken aufbringt, das Unternehmen «Goetheschule» zu nennen, hat der fleißige Chronist von Enzberg nicht herausfinden können. Anlass ist jedenfalls der hundertste Todestag des Dichters in ebenjenem Jahre. Geschickt nutzen die Deutschen dieses Jubiläum, das seinerzeit international gefeiert wird. Wer etwas gegen Goethe hat, kann nur ein Provinzler sein! Tatsächlich regt sich von polnischer Seite kein Widerspruch. Zumal der Schulverein signalisiert, dass man nicht nur pflichtgemäß die Büste von Marschall Piłsudski aufstellen werde. In der Reihe der Denker und Kunstschaffenden vor der Aula werde neben Plato, Schiller, Bach und Kant auch Adam Mickiewicz, der polnische Nationalpoet, stehen. «Den Dichter des Pan Tadeusz und Bewunderer Goethes», so intern Hans Hilgendorf, «könnten wir gerade noch vertragen.»

Lang ist seine Festansprache an jenem 25. Juni 1932. In der vollbesetzten großen, luftigen Aula entfaltet Hilgendorf ein

Die Goetheschule im Jahr ihrer Eröffnung 1932

ganzes pädagogisches Programm: «An die Stelle der alten Lernschule, deren Hauptaufgabe die meist nur verbale Übermittlung gedächtnismäßig einzuprägenden Wissens war, tritt die sog. Arbeitsschule, die Schule der aktiven Selbstbetätigung, die vor allem die im Kinde schlummernden Schaffensenergien und -gaben an gemäßem Bildungsstoff entwickeln will.» Dieses sei «eine kopernikanische Wende», ein Wort, das hier in der Region, wo Kopernikus wirkte, besonders gern gehört wird. Teil der Neuerung ist auch die Zusammenarbeit von Schule und Elternhaus sowie die Öffnung der Schule zum Leben. Zu der heiklen Frage, wie sich die Erziehung in der deutschen Kultur mit der Pflicht vertrage, treu zum polnischen Staat zu stehen, führt Hilgendorf aus: Es gebe zwei Brücken. Erstens eine Art aufgeklärte Heimatliebe – «die herbe und schlichte Schönheit dieses Weichsellandes» könne alle vereinigen. Zweitens der Gedanke der europäischen Völkerfamilie – jedes Land leiste einen besonderen Beitrag zur Menschheitsgeschichte. So wie Johann Wolfgang von Goethe, «Stern und Hoffnung über unserer Erziehungsarbeit», es gesehen habe, daran möge man sich orientieren.

Für das Schulkuratorium spricht in polnischer Sprache der Visitator Kozanecki Glückwünsche aus, seine Rede ist mehr als nur höflich, fast herzlich. Hätten nicht ein paar Rabauken vom «Westmarkenverein» am Vorabend in Grudziądz einige Schaufensterscheiben von deutschen Geschäften eingeworfen, wäre der Himmel wolkenlos gewesen.

Nach dem «Air» von Bach allgemeine Besichtigung der Anstalt. Schüler, Lehrer, Ehrengäste laufen fröhlich durch die Korridore. Am meisten Aufsehen erregen das Lehrschwimmbecken und der Ruderkasten im Souterrain. Und im zweiten Stock die Fachräume für Physik, Biologie und Chemie, ganz besonders der «Kulturenraum» mit seinen sechs Aquarien, drei Aquaterrarien. Säugerkäfig, Insektarium. Das ist keine arme Schule mehr, sie ist anregend und staunenswert in jedem Detail. Da gibt es ein Bildwurfzimmer, wo Bilder und Karten mit Hilfe eines Projektors auf eine aluminiumbronzierte Wand geworfen werden können. An der Decke befindet sich eine Aushöhlung, in die mit Hilfe eines «Coelux» die Bewegung des Sternenhimmels dargestellt werden kann – ein kleines Planetarium.

Sternengucker sollen die Goetheschüler werden, Jungen wie Mädchen. Und Meteorologen, Instrumente für Wetterkunde stehen auf dem flachen Dach und unten im Schulgarten. Ein Flur ist Gemäldegalerie, nirgends wird die Ambition der Schule so deutlich wie hier. Auf einen Aufruf des Architekten haben Otto Dix, Lyonel Feininger, Erich Heckel, Käthe Kollwitz, Emil Nolde, Max Pechstein und andere eines ihrer Werke gestiftet. Es ist eine illustre Versammlung von Künstlern, die bald als «entartet» verfemt werden. Hier in Grudziądz werden sie noch hängen, wenn über Deutschland der nationalsozialistische Bildersturm gegangen ist.

Keiner meiner Zeitzeugen ist an diesem Junitag dabei. Aber

Die Goetheschule 1932, Vierte von rechts Christel Riedel, Fünfte von links Röschen Gürtler

zwei, die Städterinnen Christel Riedel und Röschen Gürtler, sind im September 1932 unter den ersten Abc-Schützen. Und beziehen auf dem Dach, unter der Turmuhr, das kleine separate Reich für Schulanfänger. «Unsere Sonnenklasse», schwärmen sie noch heute. Nach Süden ausgerichtet, mit Blick auf den Stadtwald, vorgelagert ein windgeschützter Pausenhof. Bei den ehemaligen Schülern, die ich kennenlernte, ist zu spüren, wie sehr sie von der Architektur beeindruckt waren. Die prägende Kraft des Raumerlebnisses, die Klarheit, das Nichtideologische ist für alle wichtig gewesen. Diese wohldurchdachte äußere Welt bleibt, während alles andere ringsum sich dramatisch ändert.

Zwischen Skylla und Charybdis

«Erinnern Sie sich an die Goetheschule?»

«Ja, sie war die schönste Schule der Stadt.» Eine typische Antwort in Grudziądz.

Fast alle Polen, die schon in den dreißiger Jahren hier wohnten, erinnern sich daran. Eine Goetheschülerin Susi Kopischke habe in der Nachbarschaft gelebt. Eine Traudel Thiel, «ihr Vater war ein anständiger Mensch, er war Kirchendiener in der evangelischen Kirche». Viele wissen noch: «Sie trugen Mützen, die Mädchen hatten blaue Kleider, die Jungen blaue Hemden.» Offenbar fielen die Goetheschüler im Stadtbild auf. «Da waren Schüler, die wurden jeden Morgen mit Droschken zur Schule gebracht.» Demnach bessere Leute, sie wurden aus der Ferne beobachtet. Man schuf selbst Distanz, indem man sich kritisch über die Architektur äußerte: «Surowe pruski stil», der «harte preußische Stil».

In die Schule selbst durften die polnischen Grudziądzer erst, als die Deutschen weg waren. «Sie hatten eine sehr schöne Zentralheizung», erzählt mir ein pensionierter Schornsteinfeger, der sie nach dem Krieg gewartet hat. Einzig ein Herr Turski ist schon in den dreißiger Jahren in der Goetheschule gewesen, ein deutscher Junge hat ihn mal nachmittags «in die Badeanstalt» mitgenommen. «Nahe Madeira» ist eine häufige Charakteristik, eine Anspielung auf den krassen sozialen Gegensatz. Manchmal sei dieser handgreiflich geworden, im Park zwischen Schule und Bahnhof hätten die Jungen «die deutsch-polnische Frage gelöst», sagt eine durch die deutsche Besatzung traumatisierte Lehrerin. Noch heute ist bei vielen Polen Bitterkeit zu spüren: «Goetheschule, das war die höchste Stufe. Wir Polen waren unterste Stufe.»

Wie geht es nach ihrer feierlichen Eröffnung im Sommer 1932 weiter? Unser Schulchronist sieht sie zwischen «Skylla und Charybdis», den beiden Meeresungeheuern der antiken Mythologie. Seit Januar 1933 ist Hitler Reichskanzler. Im November dieses Jahres: die ersten Toten in Grudziądz. Ein Überfall von etwa hundert Polen auf eine Gruppe deutscher Wahlmänner; in der Massenschlägerei, die daraus entsteht, werden zwei Handwerksmeister tödlich verletzt. Ihre Namen wird die nationalsozialistische Propaganda benutzen, «Unsere Volksgenossen Krumm und Riebold» wird in den Grabstein gehauen. An diesem Novemberabend kommt auch der Gärtner Riedel, Christels Vaters, mit Blessuren nach Hause. Die Gewalt ist erstmals ausgebrochen.

Und so herrscht Erleichterung unter den Deutschen in Grudziądz, als sich Hitler Polen annähert und Piłsudski mitzieht. Anfang 1934 unterschreiben beide Staaten einen Nichtangriffspakt. Allgemeines Aufatmen, Direktor Hans Hilgendorf wird fortan noch mehr seine Loyalität zum polnischen Staat demonstrieren. Das Schuljahr 1934/35 wird er später als «die glücklichste Zeit» bezeichnen.

Das Glück wird drinnen gesucht, in der schönen neuen Schule und im Elternhaus: unter Deutschen. «Wir waren eine elitäre, selbständige Gruppe, die sich bemühte, nichts von den Polen anzunehmen.»

In Christel Reicherts Stimme höre ich aufrichtiges Bedauern. Dabei ist in ihrer Familie, bei den Riedels, das Polnische sogar Teil der Familiengeschichte. Ein Urgroßvater von Christel ist Pole gewesen, ein Jakob Tomaschewski, Konfession katholisch. Und Christels Mutter spricht ziemlich gut Polnisch, weil sie auf einer Dorfschule war und polnische Mitschüler hatte. Trotzdem suchen auch die Riedels keinen Kontakt zu polnischen Mitbürgern. Das Personal der Gärtnerei ist fast ausschließlich deutsch. Wenn Vater Riedel telefonieren möchte, begrüßt er das Fräulein vom Amt mit einem galanten «proszę Pani» und nennt dann die gewünschte Nummer auf Deutsch. Christel ist eine der wenigen Goetheschülerinnen, denen der Polnischunterricht Spaß macht. «Ich konnte sehr gut polnisch singen.» Für kurze Zeit hat sie sogar eine polnische Freundin, Krysia. Die Begegnung der Mädchen ist Teil eines pädagogischen Versuchs, in dem deutsche und polnische Schüler zusammengeführt werden. Doch die Beziehungen schlafen bald wieder ein.

«Du gehst nicht in die Madeira!» Alle Eltern der Goetheschüler erteilen dies Verbot. Wegeverbote, Freizeitgebote, Einkaufspflichten – alles soll unter Deutschen stattfinden. In der Art und Weise der Abgrenzung gibt es, je nach Familie, gewisse Unterschiede. Bei den Gürtlers ist sie offenbar schärfer als bei den Riedels. Pfarrer Gürtler, einer der beiden evangelischen Geistlichen in Grudziądz, widmet seine ganze Kraft der kirchlichen Gemeinschaft. Immer im Lutherrock unterwegs – Seelsorge, Konfirmandenunterricht, Posaunenchor, in der Diaspora ist alles besonders intensiv. Zumal das politische Leben der Minderheit immer stärkeren Restriktionen unterliegt. Mit den Katholischen hat Gürtler kaum Berührungspunkte. Er grüßt den Geistlichen mit «dzien dobry», und an Ostern ruft er ihm das traditionelle «Wesołego Alleluja!», «Fröhliches Alleluja!», zu.

Nur sein Hobby, die Imkerei, führt ihn ab und zu in größere Nähe zu Polen. Wenn die Bienen schwärmen, helfen sich die Imker, da ist Nationalität und Konfession unwichtig. Es kann passieren, dass Gürtler aufs streng bewachte Kasernengelände muss, weil sich ein Schwarm verflogen hat.

Ein Landei wie Hanno Henatsch, der 1933 aus Unisław nach Grudziądz kommt, um die Goetheschule zu besuchen, wundert sich, dass Deutsche und Polen hier völlig aneinander vorbeileben. Ich bin in einer «polnischen Stadt» gelandet, ist der erste Eindruck des zehnjährigen Hanno. Die Deutschen nimmt er erst allmählich wahr. Und er macht sich deren Gewohnheit zu eigen, den Polen aus dem Weg zu gehen; nicht einmal die polnische Familie, die im selben Haus lebt, grüßt er. Wie viele Auswärtige wohnt er in einer Pension. Es ist keine der üblichen, die von hiesigen mütterlichen, strengen Damen geführt werden. Hannos Mutter hat eine Wohnung gemietet und ein adeliges Fräulein engagiert, das für die Henatschsöhne und ein Dutzend andere Kinder aus besseren Kreisen sorgt. Im selben Mietshaus wohnt auch Direktor Hilgendorf, es liegt direkt gegenüber der Schule. Im Umkreis von hundert Metern gibt es alles, was Hanno braucht. Nur selten verlässt er diese Zone, um in die italienische Eiskonditorei oder in die Buchhandlung Kriedte zu gehen. Oder zum Bahnhof, alle drei Wochen etwa fährt er nach Hause.

Rudolph Orlovius ist bis heute ein Rätsel, warum er, der bis zum dreizehnten Lebensjahr gern mit den Kutschersöhnen in Groß-Lobenstein zusammen war, die polnischen Jungen in dem Grudziądzer Haus, wo sich seine Pension befand, so behandelte. «Sie waren neugierig», erinnert er sich. «Sie wussten, dass ich gut Polnisch konnte.» Und hätten seine Nähe gesucht – und er, Rudolph, habe sie geschnitten. Vermutlich sei der Druck von der Goetheschule ausgegangen.

Nachdem mit Hilfe zweier Hauslehrer Rudolphs Fortgang Jahr um Jahr hinausgezögert worden ist, müssen er und sein älterer Bruder 1935 nach Grudziądz. «Für unsere Eltern ein echtes Opfer.» Dem Betrieb geht es nicht gut, «wir haben keineswegs in Saus und Braus gelebt». Für Schulgeld und Pension geben die Eltern Orlovius das Milchgeld von sechzig Kühen.

Den letzten der ländlichen Zeitzeugen zieht es erst 1937 in die Stadt. Erich Abramowski ist damals schon fünfzehn. Wegen seines Herzfehlers und seiner schwachen Augen haben ihn die Eltern lange zu Hause behalten. Ihm ist dies mehr als recht gewesen, Hoheneck ist für ihn ein Paradies. «Eine sorglose, schöne und sonnige Kindheit», wird er als alter Mann schreiben, seinen Kindern und Enkeln schwelgend davon erzählen. Vom Schlittschuhlaufen auf Teichen, den «Jesurken», wird er berichten, seiner Liebe zu Pferden und dem Kutscher, der dem Herrensohn, wenn er Unfug macht, die Leviten liest. Wie er mit seinem Pony «Schek» Fahrten in die Nachbardörfer unternimmt, zusammen mit «seinen» Jungen, Roman und Janek. Der Wagen, den sie benutzen, ist «ein Fahrzeug, das die Bolschewiken, die Anfang der zwanziger Jahre durch unsere Lande zogen, dagelassen hat-

Hoheneck, das Gutshaus der Familie Abramowski

ten». Alles interessiert Erich. Er steckt die Nase in den Hühnerstall, er muss unbedingt wissen, wie es in der Brennerei zugeht. Viele Stunden verbringt er mit seinen Tauben, oder er schießt mit dem Kleinkalibergewehr auf Spatzen. Sobald die Hauslehrer ihn freilassen, ist er unterwegs auf dem Gut. Alles beobachten, dabei sein, wenn im Sommer die Zigeuner durch den Ort ziehen.

Am meisten Freude bereitet ihm die Getreideernte, mit vierzig, fünfzig Schnittern im Frühtau aufs Feld. Er selbst hat keine Sense, ein Herrensohn tut das nicht, aber er schaut zu und bangt, ob das Wetter auch hält. Zum Schluss das Erntefest, heute erscheint es ihm fast wie ein Traum: Das ganze Dorf ist versammelt, der große Zug der polnischen Instleute und Arbeiter, der Knechte und Mägde, vorneweg die Blaskapelle. Sie kommen, der Familie des deutschen Herrn zu huldigen. Erichs Vater bekommt eine Erntekrone überreicht. Musik und Tanz bis zum nächsten Morgen, und Erich tanzt mit. Es ist sonnenklar für ihn, er selbst wird einmal Gutsherr sein, das ist seine Bestimmung, sein eigener Wunsch.

Wie selbstverständlich der Familie diese feudale Welt noch war! In Abramowskis Memoiren spürt man dies in jeder Zeile, diese Gutsbesitzer hielten sich für unentbehrlich. Hätten die Polen, so glaubt Erich Abramowski noch heute mit seinen sechsundachtzig Jahren, die deutschen Gutsbesitzer nach 1920 verjagt, wäre das gewesen wie jüngst in Simbabwe, wo nach Enteignung der weißen Farmer die gesamte Agrikultur zusammenbrach.

«Nun kam das Jahr 1937.» So beginnt das Kapitel über seine Goetheschulzeit. In der Pension Hertzberg ist er unter seinesgleichen, fast alle Jungen sind Gutsbesitzerssöhne. Unter der Obhut der «Ollen», einer altgedienten Krankenschwester, geht es «streng, aber gerecht zu. Meldete man sich früh krank, so bekam man kein Frühstück, aber dafür einen Löffel Rizinusöl.» Die resolute Frau Hertzberg geht auch mal zum Lehrer, wenn einer ihrer Schützlinge eine schlechte Zensur bekommen hat. Kurz und bündig handelt Abramowski die gymnasiale Phase ab. Über Mathe und Latein verliert er kein Wort, bei den berühmten Sportwettkämpfen der Goetheschule, gesteht er, ist er bloß Statist. Ihn lässt auch die Stadt ziemlich kalt, mit Ausnahme des Kinos, das er liebt. 1941 wird er ohne Abitur zu den Eltern zurückkehren.

Folgen wir weiter dem Schulchronisten von Enzberg. Im Laufe der dreißiger Jahre hat sich die Atmosphäre politisiert. «Skylla» nähert sich gefährlich, die Deutschen in Pommerellen strömen nationalsozialistisch beeinflussten Parteien zu. Keine Politik, schärft «Rex» Hilgendorf den Schülern ein. Auch Angriffe aus der Elternschaft, die zum Beispiel fordert, man möge den jüdischen Musiklehrer Hass entlassen, kann er bis auf weiteres abwehren. Auf der anderen Seite zeigt sich «Charybdis». 1934 hat Polen das Minderheitenschutzabkommen gekündigt. Mehrfach warnt der polnische Schulvisitator davor, Vorbilder aus dem Reich nachzuahmen. Es droht die Einschränkung des «Öffentlichkeitsrechts», also der Verlust der Gleichstellung mit öffentlichen Schulen, vor allem des Rechts, die Abiturprüfungen intern durchzuführen. Jedes Schuljahr ist unter ein Motto zu stellen. «Die große Persönlichkeit und wir» ist das erste, aktueller thematischer Schwerpunkt: «Das Erbe Marschall Piłsudskis». Piłsudskis Tod in diesem Jahr ist ein tiefer Einschnitt, er destabilisiert Polen.

Der schützende Kreis

Im Sommer 1936 landet die Goetheschule auf dem Boden der Tatsachen. Am 6. Mai besuchen zwei Herren von der polnischen Schulverwaltung überraschend die sechsten Klassen. Erst ist Rechnen an der Reihe, dann Polnisch. Zwischendurch werden die Taschen der Schüler überprüft, in einer findet sich ein alter zerrissener deutscher Atlas mit den Grenzen vor 1920, woraufhin ein Examen in polnischer Geographie einsetzt, das nur Unkenntnis zutage fördert. «Die Kinder wussten jämmerlich wenig von Polen, es kamen Antworten wie: Wilna liegt in der Wojewodschaft Warszawa, Lwów in der Wojewodschaft Poznań.» Berichtet ein Lehrer, der dabei war. Was denn die Kinder an ihren freien Nachmittagen so tun, will der Visitator noch wissen. Ihm sei zu Ohren gekommen, sie zögen in seltsamer Kluft los. Das Verhör, vermutlich durch den Hinweis eines Polnischlehrers an der Goetheschule ausgelöst, zielt auf den «Wanderbund».

Er ist das Zentrum der Freizeitaktivitäten der Jungen und Mädchen, und diese beschränken sich nicht auf Pfadfinderromantik. Im Juni desselben Jahres veröffentlicht die nationaldemokratische Zeitung «Kurier Poznański» einen aufsehenerregenden Artikel, der der Goetheschule beinahe das Genick bricht. Jemand hat ein Notizbuch, das eine Schülerin verloren hat, der Presse zugespielt. Darin zwei Liedtexte, die eindeutig nationalsozialistisch sind.

«Deutschland, Mutterland,
Hör unsern Schrei.
Deutschland, Vaterland,
Hör, mach uns frei.»

In dem zweiten von der Presse zitierten Lied noch deutlicher:

«Heil dem Führer Adolf Hitler dir. …
Frühling kommt ja bald ins Land.
Gott sei Dank.»

Mit Mühe nur kann Direktor Hilgendorf seine eigene Entlassung abwenden, aber einer der involvierten Lehrer muss gehen, und der Goetheschule wird das volle Öffentlichkeitsrecht entzogen. Man muss es wohl so sagen: Es sind vor allem die Schüler, die immer wieder durch ihre Begeisterung für das nationalsozialistische Deutschland die Schule gefährden.

Dass der Wanderbund in diesen Jahren der Hitlerjugend immer ähnlicher wird, können die Zeitzeugen nur bestätigen.

«Wir waren die besseren Nazis!» Hanno Henatsch quält die Frage, warum er sich hat verführen lassen, immer noch.

«Wahnsinn!» Wer noch ein bisschen Verstand im Kopf gehabt hätte, sagt Henatsch, trug im Winter Knickerbocker. «Die Treudeutschen nicht, die hatten rotgefrorene Knie.»

«Wir waren fanatische Deutsche. Es konnte für uns nichts Schöneres geben, als zum Reich zu gehören.» Christel Reichert will nichts beschönigen.

Genauso schätzt Rudolph Orlovius den Wanderbund ein. Auch er ist damals dabei, bis zur zehnten Klasse ist Mitgliedschaft Pflicht, bleibt jedoch innerlich auf Distanz, unter dem Einfluss eines regimekritischen Onkels, den er in den Ferien gern besucht – ein glücklicher Umstand.

An die Wanderbundaffäre von 1936 erinnert sich Orlovius nicht. Aber an die helle Aufregung, die von älteren Schülern der Ruderriege ausgelöst wird. Diese schon etwas studentisch sich gebende Gruppe hat ihre heimlichen Aufnahmerituale, unter anderem verlangt sie einen Besuch im Bordell. Vier Schüler werden deswegen aus der Goetheschule ausgeschlossen. Der Fall zeigt, wie schwer eine moralische Verfehlung wiegt, verglichen mit einer politischen. Das Trommeln für eine verbotene Ideologie wird vertuscht.

Viele Fakten und Zusammenhänge haben die Goetheschüler erst durch von Enzberg erfahren. Damals hieß es vor allem: pauken, pauken, pauken. Es wurde «unheimlich viel verlangt», sagen alle Ehemaligen. Schulaufgaben bis abends um neun, für schwache Schüler sei die Goetheschule kein guter Platz gewesen. Eine Haltung, die dem Programm der Reformschule eigentlich widersprach, aber: «Der Rex hielt das für nötig wegen der Polen.»

Angesichts der zunehmenden Spannungen versucht Direktor Hans Hilgendorf im Frühjahr 1937 das Dilemma der Schule noch einmal klar zu definieren: «Der Staat scheint zu sagen: Die Goetheschule lebt im polnischen Lande, sie ist also eine polnische Schule.» Mit der wichtigen Eigenart, dass die meisten Fächer auf Deutsch unterrichtet werden, die Kinder in der deutschen Kultur und in Verbundenheit mit dem Mutterland aufwachsen. Aber eben nicht im politischen Sinne. Politik, «die gelebte wie gelehrte, in Polen darf nur polnische Politik sein. Nur der in der polnischen Ideologie erzogene junge Mensch kann ein echter Staatsbürger werden.» Dagegen fordere die deutsche Minder-

Goetheschüler: Die Gürtlerkinder mit Goetheschülermützen, rechts außen «Röschen»

heit: «Die Goetheschule ist eine deutsche Schule. …Du, Schule, erziehe mein Kind so, dass es sich von seinen Volksgenossen im Mutterlande in nichts unterscheide, auch nicht in seiner Haltung zum polnischen Staat. … Vor allem bewahre mein Kind vor jeder Überfremdung, vor jeder weitgehenden oder gar allzu warmen, anerkennenden Beschäftigung mit polnischer Art.»

Hilgendorfs rettende Formel: «der schützende Kreis». Seine Schulgemeinde – Eltern, Schüler und Lehrer – will er als «eine weitgehend geschlossene Welt» verstanden wissen, die den politischen Instanzen beider Staaten zu geben versuchte, was sie begehrten, «um desto ungestörter bleiben zu können, was unter den gegebenen Umständen einzig möglich schien: eine deutsche Schule in Polen».

Klug formuliert und möglicherweise aufrichtig, nicht nur taktisch gemeint. Jedenfalls hat die Geschichte ihm widersprochen: Wenn überhaupt Rettung möglich war in dieser vertrackten, immer gefährlicher werdenden Situation, dann nicht durch Isolation, sondern durch Kontakt. Es war seine Beziehung zu den polnischen Imkern, die Pfarrer Gürtler vor der Deportation bewahrte. Rudolph Orlovius' Vater rettete einen polnischen Priester, den er gut kannte, vor dem KZ.

Hilgendorfs Schriften kommen mir vor wie von einem Hochsitz verfasst. Wo bleibt die konkrete, lebendige Welt vor seiner Nase? Da schottet sich jemand ab, indem er theoretisiert.

Eine sich abschließende Schule im weitgehend abgeschlossenen «Korridor», eins kommt zum anderen. Hier und da ein Fenster nach draußen – ein Besuch bei Onkel und Tante in Ostpreußen, Christel Riedel fährt einmal im Jahr zur Kindererholung ins Reich. Nächtliche Heimlichkeiten an der Grenze, selten nur fallen Warnschüsse, ein Schmuggler lebt nicht sehr gefährlich. Mancher Bauer hüben hat Felder und Wiesen drüben. Im Kino von Grudziądz laufen deutsche Filme – Grüße aus der Ferne, zum Beispiel von den Olympischen Spielen in Berlin. Und nach

Danzig gibt es eine Tür, dorthin dürfen die Eingeschlossenen ohne Pass, nur mit einem Passierschein. Viele Familien haben Verwandte dort, wer es sich leisten kann, macht wie die Abramowskis Urlaub im Ostseebad Sopot.

Der Sohn des letzten Kutschers

An einem Sonntag fahre ich aufs Land. Ein paar Autominuten, und die Vororte von Grudziądz mit ihren Plattenbauten und kleinen Industriezonen liegen hinter uns. Zum ersten Mal seit meiner Ankunft im Weichselland reißt der Himmel auf. So weit das Auge reicht, Flächen von gleißendem Schneeweiß, wie ich sie schon aus dem Flugzeug gesehen habe. Aus dem Weiß leuchtet das Rot, vor Roggenhausen, links der Dorfstraße, eine typische preußische Volksschule, in einiger Entfernung ein majestätischer alter Wasserturm. Backsteinrot ist das Signal für Vergangenheit, an so einem Wintermorgen ist es leicht auszumachen. «Ein altes Haus!», ruft der achtzigjährige Herr neben mir. Klemens Grabowski, der Vorsitzende der deutschen Minderheit in Grudziądz, ist seiner Familiengeschichte nach eher Pole als Deutscher. «Ein altes Haus!»

Er freut sich. Manchmal erwartet er etwas Rotes, und es ist nicht mehr da.

Vor dem Gutshaus von Koerber-Koerberode in Jankowice halten wir an. Ein privates polnisches Gestüt, heißt es auf dem Schild, Zutritt verboten. Nein, sie lebe nicht mehr, sagt eine Passantin, die Frau des letzten herrschaftlichen Kutschers sei letztes Jahr leider verstorben. Wir setzen unsere Fahrt durch die helle Weite der Landschaft fort. Ganz allmählich wird sie hügeliger. Und immer noch sind wir im Einzugsbereich der Goetheschule. Hier waren viele Schüler zu Hause, fünfzig, sechzig Kilometer von Graudenz entfernt. Nicht nur Gutsbesitzerskinder, auch

Bauernkinder, darunter viele, deren Eltern sich den Luxus eigentlich nicht leisten konnten. Da oben auf der Anhöhe, wo nur noch ein Stück Stallmauer steht, könnte ein Goetheschüler gewohnt haben. Und über dem Ladengeschäft gegenüber der Dorfkirche, deren Glocken die Katholiken zur Sonntagsmesse rufen. Wir sind noch nicht lange aus dem Ort, und der nächste Kirchturm erscheint, groß und herrschaftlich – gewisse Ansichten sind immer noch evangelisch.

«Ergebenst bitten wir, diesem Gesuch freundlichst zu entsprechen», schrieben damals bäuerliche Familienväter in einer Petition an den deutschen Schulverein, die ich in von Enzbergs tausendseitigem Wälzer gelesen habe: Man möge ihnen wenigstens das Schulgeld erlassen. Sei es doch schon schwer genug, in dieser wirtschaftlich katastrophalen Situation auf die Mithilfe der Kinder zu verzichten, und auch die Pferde fehlten stundenlang auf dem Feld, weil sie für das Fuhrwerk gebraucht würden, das die Schüler zum Bahnhof bringen müsse.

Große Entfernungen legen die Fahrschüler in den dreißiger Jahren zurück. Ohne das entwickelte Eisenbahnnetz – zum Teil aus der Zeit, als sich ein Großgrundbesitzer beim preußischen König eine eigene Station erbitten konnte – wäre dies unmöglich gewesen. Unterwegs überqueren wir Gleise, hier und da ein kleiner, meist stillgelegter Bahnhof. Auch Klemens Grabowski ist damals Fahrschüler, erzählt er, pendelt täglich nach Grudziądz, in die polnische Volksschule. Sein Vater ist Eisenbahner, der Zug fährt praktisch vor der Haustür ab. Zwanzig Kilometer fahren ist Klemens lieber als der lange Fußweg zur Dorfschule von Lindenau. Natürlich trifft er im Zug auf Goetheschüler, er kennt etliche mit Namen.

Die Goetheschule wird damals zum Anziehungspunkt für das ganze Umland, zu ihren Musikabenden kommen viele Eltern. Das große Fest am Ende des Schuljahrs hat allgemein pommerellischen Charakter, da ist die deutsche Diaspora versammelt.

Ab 1937 sammeln Aktivisten der «Jungdeutschen Partei» deutsche Bauernkinder ein, holen sie aus polnischen Landschulen und bringen sie nach Grudziądz. Manche werden den widerstrebenden Vätern und Müttern regelrecht entrissen. Infolgedessen explodiert die Goethe-Volksschule, das übersteigt bei weitem ihre Kapazitäten. Das Leistungsniveau sinkt, wie Rektor Patock nüchtern feststellt. Johannes Patock ist eine der schillernden Figuren im buntgemischten Lehrerkollegium, ein Kaschube, von Hause aus also zwischen beiden Völkern schwebend. Ein passionierter Volkskundler und Sammler kaschubischer Literatur und einer, der mäßigend wirkt. In den Augen der polnischen Schulbehörde ist die Aktion der «Jungdeutschen» eine Provokation. Ebenso die illegalen deutschen Wanderlehrer, die sich bei Bauern in abgelegenen Weilern, in der Tucheler Heide oder der Kaschubei, einquartieren.

In der Weichsellandschaft von heute sind die großen geschichtlichen Zäsuren erst auf den zweiten oder dritten Blick zu erkennen. Gutshäuser fehlen. Die allermeisten, die meine alte Landkarte verzeichnet, sind wie vom Erdboden verschluckt. Wann sie verschwanden, kann man nicht sehen, das muss man wissen. Hoheneck, das wir an diesem Sonntag streifen, ist Anfang September 1939, in Abwesenheit der Abramowskis, von polnischen Grenztruppen niedergebrannt worden. Wir werden den Gutsfriedhof finden, es ist der einzige noch identifizierbare Überrest. Viele Herrensitze gingen 1945 in Flammen auf oder wurden wie Groß-Lobenstein bald danach abgebrochen, unter anderem, um Steine für das zerstörte Warschau zu gewinnen. Die übrigen wurden bald nach dem Krieg vergesellschaftet, samt Ländereien zu «volkseigenen Betrieben». Jahrzehnte später waren sie dann kaum noch wiederzukennen, und die landwirtschaftlichen AGs und GmbHs, die nach 1989 entstanden, haben Dringenderes zu tun, als einen Feudalbau zu sanieren. Mal hat sich ein kapitalkräftiger Liebhaber gefunden, doch Anfang des dritten Jahrtau-

Edmund Przybyłowski, der Sohn des letzten Kutschers auf dem Gut Groß-Lobenstein, um 1940

sends ist meistens Schluss gewesen. Leerstand, Verfall, das altersschwache Monstrum erweist der Gesellschaft noch einen letzten Dienst als Steinbruch. Im Vorbeifahren sehen wir immer wieder an Hauswänden oder Schuppen gestapelte rote Ziegel.

An jeder größeren Straßenecke, an vielen Einfahrten: Wegkreuze oder Altarhäuschen mit einer Marienstatue. «Boża Męka» (Gottes Leiden) nennt man sie in Polen. Vor manchen frische Fußspuren, bunte Bänder und Blumen, ein Hauch von Fronleichnam im tiefen Winter. Als Kinder, erzählte mir Rudolph Orlovius, seien sie fasziniert gewesen von den katholischen Bräuchen. «Kirchgänger gucken» am Sonntagmorgen mochte er besonders gern. Katholisch oder evangelisch, diese Unterscheidung war die wichtigste damals, «die Nationalitäten haben wir uns nicht richtig gemerkt». Er sehe den Kutscher Przybyłowski noch vor sich, wie er grüßend die Mütze lüpft an jeder «Boża Męka». Orlovius benutzt das polnische Wort, ein deutsches hatte man dafür in Westpreußen nicht.

Hinter Lubsztyn, dem früheren Löbau, führt eine kahle Lindenallee bergan, geradewegs in den grauen Horizont. Das Land schwingt jetzt in großen Wellen, auf und ab. «Ski laufen konnte man bei uns!» Was ich Rudolph Orlovius nicht so recht glauben mochte, sehe ich jetzt vor mir: Endmoränenrücken, die sich für eine vergnügliche Abfahrt eignen. An diesem Sonntag wird gerodelt, überall Kinder mit ihren Schlitten – Winterszenen wie bei Breughel.

Die Nebenstraße nach Groß-Lobenstein ist vom Schnee verweht. Ohne Geländewagen wären wir nicht ans Ziel gekommen. Edmund Przybyłowski lebt, und er ist sogar zu Hause.

«Grüße von Rudolph Orlovius aus Deutschland.»

Der alte Mann, der mir die Hand küsst, ist klein und schmächtig. Er hat blassblaue Augen, die buschigen Brauen darüber scheinen vor Freude zu tanzen. Wir trinken den in Polen üblichen Kaffee «auf türkische Art» – bei einem der letzten noch lebenden Zeugen der deutschen Gutsherrschaft im Osten. Sein Großvater war Kutscher, sein Vater war Kutscher, er selbst, 1930 geboren, wäre auch Kutscher geworden.

«Pan Orlovius? Ein guter Herr!» Seine Leute habe er besser behandelt als die polnischen Herren, übersetzt mir Klemens Grabowski.

«Rudolph? Er war älter als ich. Wir haben uns geduzt.»

«Und noch etwas?», frage ich.

«Einmal hat Rudolph auf eine Taube aus seinem Taubenschlag geschossen, aus Mutwillen, wie Jungen so sind. Und er hat mir das tote Tier geschenkt.»

«Waren Sie gekränkt?»

«Nein, das war ein gutes Geschenk. Wir Kinder mochten uns gern. Manchmal gab es etwas, das mir nicht gefiel, kleine Beleidigungen. Rudolphs Schwester hat mal so getan, als verstünde sie kein Polnisch, als ich sie ansprach. Das tat weh.»

Edmund Przybyłowski, 2009

Ganz aufrichtig, es gebe nichts Böses zu erzählen. Dennoch, erzählt Herr Przybyłowski, hat sich seine Familie wie auch der Großteil der Polen auf dem Gut, als sie von den Nazis gedrängt wurden, sich eindeutschen zu lassen, verweigert. Sein Vater hat während der Besatzungszeit mit der polnischen Untergrundarmee zusammengearbeitet. Gleichzeitig waren er, «wir alle loyal zu unserem Herrn».

«Was haben Sie gedacht, als die Familie Orlovius auf die Flucht ging?»

Die Antwort kommt ohne Zögern: «Wir waren traurig. Wir haben doch zusammengelebt.»

«Dachten Sie, die Orlovius würden zurückkehren?»

«Nein. Wir waren ganz sicher, sie würden nicht wiederkommen.»

Edmund Przybyłowski zeigt seine Gefühle. In seinem Herzen ist alles ganz klar: dort die Geschichte mit ihren Verbrechen, ihren Feindschaften, auch bei uns wirken sie bis heute nach. Hier sind wir, meine Familie und ein paar Menschen, denen ich treu bleibe. Das Leben hat ihn oft beleidigt, auch nach der Vertreibung der deutschen Herren ist er in gewisser Weise geblieben, was er war. Was war ein Arbeiter in einem «volkseigenen Betrieb» anderes als ein Knecht? Seine Lebensbilanz: «Zufrieden.» Drei Söhne, drei Töchter, siebzehn Enkel, im April werden er und seine Frau goldene Hochzeit feiern.

«Die Nazis haben unsere Boża Męka*s* zerstört», erzählt er, kurz bevor wir Abschied nehmen. Noch einmal strudelt der Schmerz hoch. Da stehen wir schon vor dem Haus, in dem auch Przybyłowskis Sohn mit Familie wohnt, und schauen uns die Augen aus, ob noch etwas von dem Gut der Orlovius zu entdecken ist. Nichts! Ein paar bescheidene Häuschen aus kommunistischer Zeit, beziehungslos ins Tal gesetzt, ein Strommast mit Storchennest. Aus dem großen Stall hinter uns weht der beißende Gestank von Schweinepisse herüber.

Auf dem Rückweg fällt mir auf, wie neu die meisten Boża Męka sind. Nach der Zerstörung im Herbst 1939, nachdem deutsche Vandalen alles Katholische in der Landschaft beseitigt, die Heiligtümer mit Äxten traktiert, mit Hilfe von Pferden und Traktoren umgerammt hatten, hat es sechzig Jahre gedauert, bis die Polen wieder frei waren und ihrer Frömmigkeit Ausdruck verleihen konnten. Nur in der unmittelbaren Nachkriegszeit gab es die Möglichkeit, für wenige Jahre – erfahren wir bei unserem letzten Halt vor Grudziądz, in Linowo, wo Klemens Grabowski zu Hause war: Nach Kriegsende, sagt eine alte Frau, hätten die Bewohner vieler Dörfer wieder eine Boża Męka errichtet. Hier im Ort gleich im Mai 1945.

«Unsere Maria hat den Kommunismus gut überstanden.»

Blutiger Herbst

Wann hat die Goetheschule aufgehört zu existieren? Unter den Ehemaligen ist dies umstritten. 1939 oder 1945? Oder wird sie erst demnächst, mit dem letzten Schüler, sterben?

Jedenfalls beginnt der Anfang vom Ende im Frühling 1939. Am 21. März, kurz nach dem Einmarsch in die Tschechoslowakei, stellt Hitler Polen ein Ultimatum: ein «Globallösungsangebot», unter anderem fordert es die Rückkehr Danzigs ins Reich. Polen lehnt ab. Man ahnt, es geht um mehr. Wenig später kündigt das nationalsozialistische Deutschland den Nichtangriffspakt auf. In Grudziądz machen Gerüchte die Runde, der Einmarsch der deutschen Wehrmacht stünde kurz bevor. Angst herrscht in der Stadt, gespannte Erwartung in den deutschen Familien:

«Hitler hat alles. Wohnzimmer, Schlafzimmer und Küche. Ihm fehlt nur noch der Korridor.» In der Familie des Pfarrers Gürtler wird es geflüstert. Überall, wo Deutsche sind.

In der Buchhandlung Kriedte werden die Fensterscheiben

eingeworfen. Für Deutsche wird das Leben gefährlich. Patock, der Rektor der Goethe-Volksschule, klagt: «Die Lehrer scheuen sich, Ausflüge zu machen, weil sie vom Pöbel belästigt werden, eine wilde Horde halbwüchsiger Jungen folgt der Klasse und schreit: ‹Szwaby, Szwaby.›» Zur Sicherheit werden jetzt die Fahrschüler am Bahnhof abgeholt und von Lehrern zur Schule eskortiert.

Röschen Gürtler wird in der Straßenbahn angespuckt. «Dumme Szwabka!», ruft ein polnischer Junge der dreizehnjährigen Christel Riedel hinterher und wirft einen Stein, der sie am Ellbogen trifft. «Immer, wenn der Hitler wieder etwas ausgefressen hatte, waren wir schuld. Dann mussten wir auf Sammetpfötchen gehen.»

Immer wieder mahnt die Schulleitung: Nicht auffallen! Dennoch verzichtet sie nicht auf die für April geplante Premiere von Friedrich Hebbels «Nibelungen». Germaniens stolzeste Helden werden auf die Bühne gebracht. Eine literarisch verbrämte Provokation – Fräulein Dr. Strobelt, die als Deutschlehrerin Regie führt, wird sie, als der «Korridor» wieder deutsch ist, ganz offen feiern: «Auf rauschte das Lied von deutscher Treue bis zum Tode, ja bis über das Grab hinaus; der Treue zu sich selber, dem tragischen Schicksal, dass, um Treue zu halten, Treue gebrochen werden muss.» Ist das noch die Goetheschule gewesen?

Im Mai ist Abitur, unter neuen, verschärften Bedingungen, extern. In der ehemaligen Oberrealschule, einem «fremden, dunklen Bau mit dem intensiven, uns so fremden Schulmief nach Staub und altem Fußbodenöl», berichtet eine der Abiturientinnen. Agnes Gürtler, die ältere Schwester von Röschen, hat uns den Vorgang überliefert: Eine ‹Ściągawka› hat sie dabei, eine fein säuberlich gefaltete, winzige ‹Ziehharmonika› mit den richtigen Antworten, aber die Angst, sie zu benutzen, ist zu groß. Ungewöhnlich schwer die Aufgaben in Latein und Astronomie. In Deutsch muss sie statt des erwarteten Walther von der Vogelweide über den «jungen Goethe», der ihr nicht liegt, schreiben. Erstmals werden Geschichte und Gegenwartskunde auf Polnisch geprüft. «Die nationalen Minderheiten in Polen», ein heikles Thema. «Polska nie jest państwem narodowościowym, lecz narodowym», beginnt sie, äußerlich ganz ruhig. «Polen ist kein Nationalitätenstaat, sondern ein Nationalstaat.» Genau so will es die Kommission hören.

Über das Ergebnis der Abiturprüfungen schreibt Agnes Gürtler: «Von siebzehn Schülern, die ins Abi gingen, fielen fünf durch, vier davon bestanden es kurz danach in Danzig oder Zoppot. Nur Eugen blieb auf der Strecke, als Jude hatte er keine Chance.» Eugen ist Eugen Ehrlich. In ein paar Monaten wird er verschwunden sein – in Grudziądz erschossen, ins KZ gesperrt oder ins Exil gelangt, niemand weiß es.

Im Juni 1939 meldet der Direktor der Goetheschule der Grudziądzer Polizei sechs tätliche Angriffe auf Schüler. Womöglich haben diese selbst dazu beigetragen. Hanno Henatsch bekennt heute offen, deutsche Schüler hätten einander auf der Straße mit «Heil Hitler!» gegrüßt. Ihm ist eine Versammlung in der Erinnerung, in der Hilgendorf mit großem Ernst zur Vorsicht aufruft. Unter anderem verbietet er das Tragen der Schülermützen, an denen man die Goetheschüler schon von weitem erkennt. Daraufhin seien viele Jungen der oberen Klassen anderntags aus Protest mit alten Hüten in die Schule gekommen.

«Eine glückliche Fügung», schreibt Hilgendorf am 1. Juli an den Zentralschulverein in Bydgoszcz, bevor er mit seiner Familie in die Tucheler Heide abreist, «dass schon Ende Juni die Schule in die Stille der großen Ferien versank.» Der letzte Satz seines Briefes: «Wenn nicht überhaupt alles ganz anders kommt.»

Am 1. September 1939 sind die Goetheschüler an sehr verschiedenen Orten. Zwei meiner Zeitzeugen sind wie viele andere Deutsche außerhalb des «Korridors». Zehntausende haben im Laufe des August das Weite gesucht. Hanno Henatsch und seine

Familie sind, «weil Krieg in der Luft lag», bei der Großmutter in Danzig-Langfuhr. Sie hören die Schüsse von der nahen Westerplatte und bleiben bis auf weiteres dort. Hanno wird am 19. September «auf vier Meter Entfernung Adolf Hitler brüllen» sehen. Abramowskis haben in Sopot Ferien gemacht und sind nun bei Verwandten in Ostpreußen, sie verfolgen die Frontberichte im Radio und bangen. Nach Ende des Blitzkrieges, am 25. September, werden sie in Hoheneck vor ihrem ausgebrannten Gutshaus und den leeren Stallungen stehen. «Ich habe nicht geweint», erzählt Erich Abramowski, «nicht damals, mit siebzehn Jahren», erst als reifer Mann habe er darüber Tränen vergossen.

Rudolph Orlovius ist zu Hause. Gerade haben sich die jungen polnischen Gutsarbeiter «per Handschlag» zur Armee verabschiedet, am 27. August hat Polen mobilgemacht. Alle Jagdwaffen auf dem Gut sind beschlagnahmt. Kein Radio mehr in Groß-Lobenstein, keine Zeitung, im unmittelbaren Grenzgebiet sorgt der Staat für Nachrichtensperre. Jemand schießt auf Rudolphs geliebte Tauben, sie könnten dem Feind Informationen überbringen. An jenem 1. September, einem Freitag, kehren die polnischen Frauen früher als üblich vom Wochenmarkt in Lubsztyn zurück, es sei wegen Truppenbewegungen kein Durchkommen mehr. Zur Kaffeezeit wird auf dem Gut ein deutscher Spähtrupp gesichtet. Die nächste Nacht ist schlaflos – die polnischen Reiter, die erwartet werden, kommen nicht. Am Morgen des 2. September fährt ein deutscher Gendarm aus einem Grenzort auf ostpreußischer Seite mit dem Moped vor, «um kurz nach dem Rechten zu sehen». Rudolph, damals siebzehn, hat sich die Zeit genau gemerkt: «zwischen zehn und halb elf», damit ist der Krieg hier vorüber gewesen.

In der näheren Umgebung der Mädchen Christel und Röschen ist die Lage brisanter. «Wir hatten unendliche Angst», berichtet Christel Reichert. In diesen Tagen ist sie auf dem Land, bei ihrer großen Schwester, einer Pfarrersfrau. Schon Ende August sind

Steine ins Pfarrhaus geflogen. Am 1. September wird Christels Schwager wie viele andere evangelische Pfarrer verhaftet und auf einen Gewaltmarsch Richtung Brest-Litowsk geschickt. Paul Gürtler in Grudziądz erwartet dasselbe Schicksal. In seinem Amtszimmer hat sich ein Trupp polnischer Soldaten einquartiert, derweil die Gürtlers im Keller sitzen. «Wojna jest!» Am 1. September signalisieren ihnen polnische Rufe: «Es ist Krieg!» An diesem Tag wird Pfarrer Gürtler interniert. Überall sammelt man polnische Staatsbürger deutscher Nationalität ein. Damit sie dem Feind nicht helfen können, sollen sie aus dem Kampfgebiet in östliche Regionen gebracht werden. Gürtler wird nach ein paar Stunden wieder freigelassen, offenbar auf Fürsprache eines polnischen Imkers. Drei Tage dauert der Schwebezustand, bis die polnische Armee fort und die deutsche da ist. Als am 4. September die Wehrmacht in Graudenz einzieht, stürzt Pfarrer Gürtler in den Garten und reißt sämtliche Dahlien aus. Und wirft sie, weinend vor Freude, in die marschierenden Kolonnen. Seine ganze Familie ist bei ihm, in der jubelnden Menge von Deutschen. «Sieg Heil!», rufen sie.

Deutsche in Pommerellen (und Posen) sind beim Überfall Hitlers auf Polen die ersten Opfer. Die prominente deutsche Schulgemeinde befindet sich in diesem blutigen September im Auge des Sturms. Vier Lehrer, sieben Schüler und neunundzwanzig Schulvereinsmitglieder, heißt es, werden verhaftet und nach Osten verschleppt. Sogar eine Dreizehnjährige ist auf dem «Marsch nach Lowitsch» dabei. Inzwischen bricht der Verkehr zusammen, die Gefangenen müssen zu Fuß weiterlaufen, hungrig und durstig, Misshandlungen ausgesetzt. Manche werden wie Hannos Onkel unterwegs erschossen, andere gehen an Entkräftung zugrunde. Von deutscher Seite hat man diese Gewalttaten mit der «Bartholomäusnacht» verglichen, aber das gehört eher ins Reich der Propaganda – wie der Versuch der Nazis, die Toten des «Blutsonntags» von Bromberg, des schrecklichsten antideutschen Exzesses dieser Tage, nachträglich zu verzehnfachen, um von den eigenen Gräueltaten abzulenken.

Pommerellen wird von den Siegern mit Terror überzogen. Eine Miliztruppe, der «Selbstschutz», der sofort aus der deutschen Minderheit rekrutiert wird, wütet in fast jedem Ort. Sie wird Ludolph von Alvensleben, einem Adjutanten von Heinrich Himmler, unterstellt. Teils spontan, aus Rachedurst oder schierer Mordlust, teils systematisch nach vorbereiteten Listen (die mit Hilfe von ortskundigen hiesigen Deutschen von langer Hand vorbereitet sind) geht sie auf Juden und Polen los. Vor allem die Intelligenz soll vernichtet werden, Lehrer, Beamte, Politiker, Priester. 30 000 Menschen werden allein im Gau Danzig-Westpreußen, wie das Gebiet jetzt heißt, im Herbst 1939 erschossen. 57 namentlich bekannte polnische Pädagogen aus Graudenz und Umgebung sind damals und den Jahren darauf umgekommen.

Zeugen haben berichtet, auch Goetheschüler und Deutsche aus dem Umkreis der Goetheschule seien 1939 unter den Tätern. Jungen der oberen Klassen sollen sich Anfang Oktober an Razzien bei polnischen Gymnasiasten beteiligt haben. Wohl auch an Exekutionen – unter den bei Graudenz Niedergemähten ein jüdischer Mitschüler. Wer waren die Schuldigen? Weder Horst-Dieter von Enzberg noch ich haben einen einzigen Namen erfahren. Bis heute ist es unter den Ehemaligen ein ungeschriebenes Gesetz, darüber zu schweigen. Rosemarie Döhring sagt, ihre ältere Schwester Agnes wusste von einem, «der Böses getan hat», und sie habe darauf bestanden, den Namen desjenigen «mit ins Grab» zu nehmen.

Die Goetheschule, die am 3. Oktober 1939 verspätet ins neue Schuljahr geht, ist eine andere Schule als die, die im Juni in die Ferien ging. Es fehlen: der jüdische Musiklehrer Hass, die jüdischen Mitschüler, die Polnischlehrer. Es fehlt: die jüdische Hutmacherin, das Fräulein Liebert, die jedes Jahr die Schülermützen neu gerichtet hat. Es fehlen auch: die Bilder von Corinth, Nolde,

Feininger, Kollwitz, die seinerzeit, 1932, mit Stolz aufgehängt wurden. Ihre Spur verliert sich wie die der Menschen, die ausgesondert werden.

Konsequenterweise löst sich der Schulverein auf, einige seiner Protagonisten gelangen nun als Ratsherren zu neuen Ehren. Ab sofort ist die Goetheschule reichsdeutsche «Oberschule für Jungen (mit Mädchen)». Das heißt, sofortige Gleichschaltung der Lehrpläne: kein Polnischunterricht mehr, Biologie wird zum Gesinnungsfach, Rassenlehre, Erbhofgesetz, eben das im Reich Übliche. Die Koedukation, eine der wichtigen Errungenschaften der Reformpädagogik, wird endgültig abgeschafft. Bald wird Direktor Hilgendorf öffentlich abschwören: Seine Loyalität gegenüber Polen sei pure Heuchelei gewesen. Und er interpretiert sein Wort vom «schützenden Kreis» im Sinne der neuen Zeit um: «Der Wille zu wertsteigernder Isolierung und Einsamkeit, das war das letzte und wichtigste Anliegen der Schule.» So Hilgendorf 1941. Trotzdem ist die NSDAP ihm gegenüber misstrauisch bis ablehnend. Um seinen Schulleiterposten zu behalten, tritt er in die SS ein.

Gewiss, der Druck ist gewaltig. Viele ändern ihre slawischen Familiennamen. Studienrat von Zaelski nennt sich jetzt «von Zelisch», aus dem frischgebackenen Abiturienten Fritz Rozanski wird «Rosemüller». Nur einige bleiben bei ihren Namen, darunter die Abramowskis. Lehrerwechsel – neue, nationalsozialistisch geschulte Kräfte aus dem Reich lösen altgediente ab. Schülerwechsel – Kinder von zugewanderten Reichsdeutschen stellen sich vor die Klasse und brüllen: «Ich werde euch jetzt mal zeigen, was richtige Deutsche sind!»

In der Goetheschule spiegelt sich das Geschehen in Stadt und Land. Wie 1920 ist die Region Schauplatz gewaltiger Bevölkerungsverschiebungen, diesmal unter Einsatz physischer Gewalt. Polen werden ins Generalgouvernement abgeschoben oder zur Zwangsarbeit verschleppt. Gleich 1939 werden polnische Bürger aus ihren Wohnungen geworfen. Christel Reichert erzählt, dass ihr Vater sich geweigert habe, bei so einem Rausschmiss mitzuhelfen, und wie er leichenblass nach Hause kam.

Hände hoch und Platz geschafft für Graudenzer, die aus dem Reich zurückkehren, und «Reichsgermanen», für Glücksritter und Schlagetots. Heimatlos gewordene Balten und Bessarabiendeutsche kommen später in die Region, dann Kriegsgefangene, Engländer, Franzosen, Russen, Ukrainer. Heimatlich ist es hier für niemanden, auch nicht für die alten Graudenzer, die «heim ins Reich» geholt sind.

«Da waren wir frei!», antwortet Rosemarie Döhring auf meine Frage, was nach dem «Anschluss» passiert sei. Siebzig Jahre danach steht dieser Satz immer noch wie in Stein gemeißelt da. Eine Mauer, hinter der sich ganze Welten von Ungesagtem und entsetzliche Hilflosigkeit verbergen. Bei den Gürtlers stellt sich nach 1939 rasch Ernüchterung ein, sie betrifft vor allem die Kirchenpolitik der Nationalsozialisten. Einen Sonntag Gottesdienst, einen Sonntag BDM, dies handelt Röschen mit ihrem Vater aus: zwei Herren dienen, der Kompromiss zwischen Pfarrer und Pfarrerstochter – der Zwiespalt bleibt. In den Alltag der Familie drängt sich der Schrecken. «Schleier-Anna» ist weg, das schielende arme Wesen, das jeden Winter bei ihnen im Keller unterkriecht und im Frühling fortfliegt wie ein Zugvogel. «Die Nazis haben sie ganz schnell umgebracht.» Eine «Gemeinschaftsfremde» nach den Normen des Staates, der die Gürtlers «befreit» hat.

Normen setzen, neu definieren, was Recht und was Unrecht ist, das ist den Nationalsozialisten in Pommerellen, wo im September 1939 nur noch zwölf Prozent Deutsche leben, sehr wichtig. Deswegen wird die Gewalt im späten Herbst dieses Jahres öffentlich inszeniert. An vielen Orten finden Geiselerschießungen statt, in Graudenz am 29. Oktober. Als Anlass dient das heimliche Ankleben von Plakaten, die zum Widerstand aufrufen. Daraufhin lässt der Militärkommandant mehrere hundert

Polen als Geiseln festnehmen. Zehn von ihnen müssen sterben! Kommt zur Hinrichtung auf dem Bismarckplatz! Wird in deutscher und polnischer Sprache überall verkündet. Alle sollen es sehen, Polen und Deutsche. Doch nur wenige Schaulustige finden sich ein. Deswegen treibt man an diesem Tag, einem Sonntag, Bewohner aus den umliegenden Häusern. Aus der katholischen Pfarrkirche St. Nikolai werden die Gottesdienstbesucher herausgeholt. Mit Hundestaffeln werden die Widerstrebenden zum Schauplatz eskortiert. Zur Abschreckung lässt man die Toten noch zwei Tage und Nächte liegen.

Wo sind die Goetheschüler an diesem Oktobertag? Ein paar Jungen aus den höheren Klassen stehen in der schweigenden Menge, ziemlich weit vorn.

«Es war eine Schande!»

Warum sie dort waren, wer sie dazu angestachelt hat, daran kann sich der Zeitzeuge heute nicht mehr erinnern. Sensationslust? Vielleicht habe jemand in seiner Pension den Einfall gehabt, dorthin zu gehen? Siebzig Jahre ist das her, und es ist das erste Mal, dass er darüber spricht. Und dann will er sein Bekenntnis doch nicht namentlich veröffentlicht wissen, zu groß ist die Scham. Tief verborgen, sagt er, sei dieses Erlebnis im Alter von sechzehn Jahren ausschlaggebend gewesen, um im späteren Leben Freundschaft mit Polen zu suchen. Etwas «wiedergutmachen», das liegt ihm bis heute am Herzen.

«Unsere Eltern verboten uns, in die Nähe des Bismarckplatzes zu gehen.»

Wie Rosemarie Gürtler müssen viele Kinder in den Tagen nach dem 29. Oktober 1939 einen anderen Schulweg nehmen als gewohnt – Montag, Dienstag, Mittwoch, und als die Toten nicht mehr da liegen, verbreitet der Ort weiterhin Schrecken. Selbst auf die, die noch weiter entfernt vom Geschehen sind, etwa die Fahrschüler vom Lande, die nur gerüchteweise davon hören, übt der blutige Sonntag eine unheimliche Macht aus.

Unter dem Eindruck des Terrors wird ein junges Mädchen wie Christel Riedel – so sieht sie es heute – «fanatisch antipolnisch». Von allen Bindungen, allen Kontakten sollen sich die Schüler abschneiden, von polnischen Sportkameraden, polnischen Kindermädchen und Ammen, polnischen Nachbarn. Christels Schwester von einer heimlichen Liebe, alle Riedels von ihrem Ahnen Tomaschewski. Erich Abramowski von «seinen Jungen», Janek und Roman. Sich als Deutsche zu isolieren, haben sie in den Jahren davor in der Goetheschule gelernt. Das setzt sich fort, im nächsten Schritt sollen sie Herrenmenschen werden.

Wirtschaftlich ist das Leben für die hiesigen Deutschen mit einem Schlag besser geworden. Die Gärtnerei Riedel steigt von Blumen auf Gemüse um, ist nun Teil des «Reichsnährstandes». Ebenso die «Unamel» in Unisław, bei den Henatschs läuft die Produktion auf Hochtouren, Glukose für die Lebensmittelindustrie, Kunsthonig für Arbeitsdienst und Wehrmacht. «Unamel», deutsch «der eine Honig», ist bei den Eroberungen im Osten immer dabei, in Wehrmachtstornistern und Feldküchen. Restbeständen wird Hanno später in Brest-Litowsk wiederbegegnen, 1945, in russischer Kriegsgefangenschaft.

Auch für die Gutsbesitzer öffnet sich der Markt. Bei den Orlovius in Groß-Lobenstein läuft es wirtschaftlich wieder gut. Die Abramowskis, deren Gutshaus 1939 von Polen niedergebrannt wurde, werden im März 1940 Herren von «Siegsruh», einem großen Gut unweit von Unisław. Sein polnischer Besitzer – einer mit deutschem Namen, ein Dr. Putz – ist enteignet worden und danach in Warschau untergetaucht. «Siegsruh» hat gute Böden, für Zuckerrüben und Weizen geeignet, viel besser und weniger bergig als in Hoheneck. Erich ist nun Nachbar seines Freundes Hanno Henatsch. Sonst ist hier wenig vertraut. Ein Neuanfang, bei dem Vater Abramowski die Hilfe seines einzigen Sohnes gut gebrauchen kann. 1941 verabschiedet sich der achtzehnjährige Erich von der Goetheschule und stürzt sich in die Landwirtschaft. Nicht spielerisch wie bisher, jetzt macht er Ernst. «Von früh bis spät im Betrieb, meistens reitend.»

Über dem Kamin im verlorenen Hoheneck stand ein Spruch: «Was du ererbt von deinen Vätern, erwirb es, um es zu besitzen.» Ob der junge Erich damals glaubt, er könne getreu dieser Goethe-Maxime «Siegsruh» durch Fleiß und Leidenschaft erwerben?

Józef lernt!

Durch Grudziądz pfeift ein scharfer Wind. «Bei der Eisbahn links», hat man mir im Hotel gesagt. Walzermusik und das Juchzen der Schlittschuhläufer wehen bis zu dem kleinen Park am Rande eines modernen Wohnblocks herüber. Früher war hier der Bismarckplatz.

Drei-, viermal habe ich in dieser Woche schon vor der Stele gestanden. Heute ist ein alter Mann in grauem Anorak da. Er scheint die Namen zu lesen, und nachdem er das Denkmal umrundet hat, liest er wieder. Minutenlang, Zeile für Zeile, ohne sich um das Hundewetter zu scheren. Nicht mal einen Hut hat er auf. Irgendetwas sagt mir, dass er an diesem 29. Oktober 1939 hier war. Ich stürme los. Langsam, nicht rennen, denke ich noch. In welcher Sprache willst du ihn denn ansprechen?

«Haben Sie jemanden von den Geiseln gekannt?»

Einen Moment ist der Mann erschrocken.

«Nein.»

«Aber Sie haben sie gesehen?»

«Ja.»

Wir sprechen deutsch miteinander. So, wie ich in den letzten Tagen oft mit Polen seines Alters geredet habe. Immer aufs Neue überrascht, wie gut und reich ihr Deutsch ist, wenn man bedenkt, dass die meisten es gezwungenermaßen, in den Schulen der Besatzer, mit dem Rohrstock im Nacken gelernt haben. Der Herr, der seinen Namen nicht nennen mag, hat als achtjähriger Junge die zehn Männer gesehen, wie sie hier lagen. «Schrecklich, so viel Blut.» Sagt er. Sein Vater habe ihn fest an der Hand gehalten. Und in ebendiesem Herbst sei er in die deutsche Volksschule gekommen.

«Ja, ich spreche gut Deutsch. Nicht wahr, gnädige Frau?»

Bei einem, der damals beinahe unter den Geiseln gewesen wäre, bin ich an diesem Mittwoch zu Besuch – in einem bürgerlichen, schlechtgeheizten Wohnzimmer, auf dem Tisch feines Porzellan, ein frischgebackener Sandkuchen. An meiner linken Seite der 95-jährige Hausherr Czesław Szachnitowski in einem dunkelblauen Anzug mit Weste. Ein feingliedriger, kleiner Mann, der sich sehr gerade hält und beinahe blind ist. Keine Sorge, sagt er, er sehe die Umrisse meines Gesichts, das reiche, mit dem bisschen Sehkraft male er sogar noch. Mir gegenüber sein dreizehn Jahre jüngerer Freund Józef Nogal, ein Sportsmann, der noch

Die Lehrer Czesław Szachnitowski und Józef Nogal

Fahrrad fährt. Immer mittwochs radelt er zu seinem ehemaligen Kollegen, um ihm Gesellschaft zu leisten.

Zwei aus Pommerellen gebürtige Intellektuelle, beide sind Lehrer in Grudziądz gewesen. Czesław Szachnitowskis Erinnerungen reichen noch bis in Kaisers Zeiten zurück, 1914 wird er als Sohn eines Schmieds in der Speichergasse, im Herzen von Graudenz, geboren. Dass die Deutschen 1920 ihre Häuser verkaufen, weiß er noch, und wie in der Nachbarschaft immer mehr Polen einziehen. Damals wird er gerade eingeschult – Schulsprache ist zu seiner großen Verwunderung Polnisch. Nicht Deutsch, wie die Eltern ihm, seit er denken kann, versprochen haben, und was ihm keine Mühe gemacht hätte, denn er hat genügend Deutsch auf der Straße aufgeschnappt. Polens junge Republik braucht ehrgeizige Jungen wie ihn. Ermutigt durch die Bildungsoffensive des Staates, tritt der begabte Czesław 1923 ins klassische, ehemals «königliche» Gymnasium ein. Zu den deutschen Schülern, die bis auf weiteres dort lernen, hat er kaum Verbindung. Mehr zu deutschen Lehrern, bei Franz Bastian hat er Latein, «der beste Lateinlehrer, den es geben kann». Und er ist traurig, als Bastian 1926 endgültig in den Dienst des deutschen Privatgymnasiums überwechselt.

«Bastian und ich haben uns weiterhin gegrüßt. Unsere Schulwege kreuzten sich. Ich sagte: ‹Guten Tag!› Er grüßte mit ‹Dzień dobry!›.»

Dabei macht Czesław Szachnitowski die Geste der Ehrerbietung nach, er neigt den Kopf tief, bis fast auf den Kuchenteller. Und wendet sich mir wieder zu, mit suchendem Blick. Er hat Tränen in den Augen. Zuletzt sei er dem Lateinlehrer unter der deutschen Besatzung begegnet, 1942.

«Bastian ging zwischen zwei Wehrmachtsoffizieren. Und er erkannte mich gleich: ‹Dzień dobry, Czesław.› Ein Deutscher sagt zu mir ‹dzień dobry›! In dieser Zeit, wo wir Polen der letzte Dreck waren. Niemand durfte auf der Straße Polnisch sprechen.»

Józef Nogal und ich schauen ihn nicht an, während er mit einem Taschentuch seine Tränen abwischt.

In der Erinnerung an das Gute muss er weinen. Wenn es um das Schlechte geht, das diesen unvergesslichen Augenblick umrahmt, ist er die Sachlichkeit in Person. Bereits mit zwanzig Jahren, erzählt er, hat er das Lehrerpatent in der Tasche gehabt. Sein erster Einsatzort 1934 ist «eine primitive Dorfschule im Kreis Schwetz». Und dann zurück nach Grudziądz, da ist er, als 1939 die wilde Hatz auf «alle Pfarrers, alle Lehrers» losgeht. Unter den Hunderten von polnischen Geiseln ist seine Schwester, ebenfalls Lehrerin. Nach ihm wird gesucht. Czesław Szachnitowski? Ist schon verhaftet! Habe sein Vater geistesgegenwärtig geantwortet. So entgeht er den Häschern. Auch der Zwangsarbeit entwischt er durch plötzliches Verschwinden; auf das Schreiben, sich dafür zu melden, reagiert er nicht. Schließlich wird er in Graudenz bei Landmaschinen Vensky als Hofarbeiter eingesetzt, später als Hilfsschlosser in der auf Rüstung umgestellten Produktion.

Wer sich wie er für die Volksliste 3 entscheidet, das heißt der Eindeutschung zustimmt, hat eine Chance, am Ort zu überleben. Mit dem Risiko, zur Wehrmacht eingezogen zu werden. 1943 wird Szachnitowski an die Ostfront beordert. 1944 nach Frankreich. Wenige Tage vor Landung der Alliierten taucht er bei einem Bauern unter und gelangt mit Hilfe der Amerikaner nach London. Das Ende der Odyssee: eine polnische Offiziersschule in der britischen Hauptstadt, erst 1946 kehrt er zu Frau und Tochter, ins zerstörte Grudziądz, zurück. So weit Czesław Szachnitowskis Geschichte, die er mir an diesem Nachmittag erzählt.

Józef Nogal setzt fort. Sein Lebenslauf führt uns aufs Land, in das Dorf Dulsk und eine polnische Dorfschule, in die auch einige Kinder deutscher Bauern gehen. Wieder ist Bildung wichtig, der 1927 geborene Józef, Sohn eines kleinen Bauern, will unbedingt lernen. Mit zwölf Jahren ist seine Schulzeit zu Ende.

«September 1939, das war eine Tragödie. Am Dritten, das war Sonntag, kreisten Flieger über dem Dorf. Ohne Hoheitszeichen. Wir haben geglaubt, das sind die Engländer, die kommen uns zu Hilfe.»

Deutsche Flugzeuge bombardieren gezielt polnische Häuser, und danach hört die Angst beinahe sechs Jahre nicht mehr auf. Am ersten Schultag, Anfang Oktober 1939, heißt es: «Polnische Kinder, Hände hoch!» Wer aufzeigt, wird nach Hause geschickt, für Polen in Józefs Alter ist keine Schule mehr vorgesehen.

Was in Dulsk geschieht, kommt Heinrich Himmlers Anweisung zuvor: «Für die nichtdeutsche Bevölkerung des Ostens darf es keine höhere Schule geben als die vierklassige Volksschule. Das Ziel dieser Volksschule hat lediglich zu sein: einfaches Rechnen bis höchstens 500, Schreiben des Namens, eine Lehre, dass es ein göttliches Gebot ist, den Deutschen gehorsam zu sein und ehrlich, fleißig und brav zu sein. Lesen halte ich nicht für erforderlich.» So der Reichsführer SS im Mai 1940. Józef, der noch ein Kind ist, droht jetzt Zwangsarbeit. Im letzten Augenblick kommt er im Dorf, bei einem Sattler und Tapezierer, unter. Abends lernt der Junge heimlich weiter:

«Ich habe besucht keine vierte, fünfte, sechste und siebte Klasse. Ich hab immer unter der Kerze gesessen und gelesen, bei uns zu Hause.»

Als der Krieg aus ist, sind seinem Bildungshunger endlich keine Grenzen mehr gesetzt. Plakate an Bäumen und Hauswänden werben: «Der Westen braucht Lehrer.» Józef ist Feuer und Flamme und meldet sich zu einem Schnellkurs an. Offiziell sind sieben Klassen Schule und ein Mindestalter von achtzehn Jahren Voraussetzung, und er ist erst siebzehn und hat nur drei Klassen. Trotzdem nimmt man ihn an, nach einem halben Jahr ist er, das Diplom in der Tasche, schon an in seinem ersten Dienstort irgendwo in Pommern. In der von Deutschen verlassenen Region sind Heimatlose aus dem Osten, den Polen verloren hat, eingetroffen. «Ukrainer, aus den Bergen verpflanzt in die Ebene. Die brauchten mich.» Nogal ist hier Lehrer und Schulleiter zugleich. Währenddessen qualifiziert er sich weiter, fünf Jahre Ferienkurse, weitere fünf Jahre Fernstudium bis zum Abitur. «Józef lernt!», heißt es in der Familie bewundernd und manchmal ein wenig ironisch. Und Józef Nogal lernt weiter, sechs Jahre Studium der Biologie und Chemie. Fünfunddreißig Jahre ist er dann Direktor eines Lyzeums gewesen und hat immer noch gelernt.

Bildungswege, Lebensläufe im Weichselland – grundverschieden von denen der Goetheschüler. Lernbegierige Polen und bildungsbewusste Deutsche lebten am selben Ort auf zwei verschiedenen Planeten.

Hier in Grudziądz, scheint mir, hat das Sprechen über diese Vergangenheit gerade erst angefangen. Unter kommunistischer Herrschaft ist für solche Geschichten kein Raum gewesen, schon gar nicht für Biographien zwischen den Völkern. Wegen ihrer Nähe zu den Deutschen hat man hiesige Polen lange pauschal Verräter genannt. Nach 1989 kam es dann heraus wie aus geöffneten Schleusen, aber der Erzählstrom versiegte bald wieder. Man hatte wirtschaftliche Sorgen, und diese dauern an, Grudziądz ist eine arme Stadt, die immer weiter zurückfällt.

Frei und ohne Furcht von sich zu erzählen, ist hier immer noch ziemlich ungewöhnlich. Mein Zuhören, so ein langer Nachmittag auf Deutsch, ist deswegen sehr willkommen.

München, Seniorenwohnpark

Was hat die Goetheschule nach 1939 noch von anderen Lehranstalten unterschieden? Vor allem das besondere Gefühl der Zusammenhörigkeit wird gern zitiert.

Es war ein langes Sterben, vom ersten Hissen der Hakenkreuzfahne im Schulhof am 3. Oktober 1939 bis Anfang Februar

1945, als Direktor Hilgendorf, inzwischen Leutnant beim Volkssturm, ein letztes Mal durch die leere Schule ging. Das Ende ist vor allem die Geschichte der Schüler und Schülerinnen, die in den Krieg hineingerissen wurden. Über hundert Absolventen der Goetheschule sind als Soldaten der Wehrmacht oder der Waffen-SS gefallen, aus Hanno Henatschs Klasse zum Beispiel fünf von zehn Jungen. Für Kriegszwecke wurde die Schulentlassung forciert. Rudolph Orlovius machte 1940 ruck, zuck Abitur, im Frühjahr statt im Herbst, Hanno Henatsch 1941 ein «Notabitur». Christel Riedel erhielt im Januar 1944 nur noch einen «Reifevermerk», acht Mädchen waren sie, die Jungen ihrer Klasse hatte ein Jahr zuvor schon die Wehrmacht kassiert.

Orlovius und Henatsch wurden kreuz und quer durch Europa gehetzt – Bordeaux, El-Alamein, Südpolen, Krim, Weißrussland, zuletzt Gefangenschaft in einem sowjetischen Lager. Der herzschwache, extrem kurzsichtige Erich Abramowski dagegen verbrachte den Krieg heimatnah, auf der Schreibstube eines Bataillons in Thorn, und wurde erst im Januar 1945 fronttauglich geschrieben. Nach zehn Tagen Kampf an der Weichsel dreieinhalb Jahre Gefangenschaft. Auch diese verlebte er in der näheren Heimat, was er seinem plötzlichen Impuls verdankte, sich als Pole auszugeben. Sein perfektes Polnisch half ihm – und seine alten Kontakte, einige ehemalige Gutsarbeiter, steckten ihm Lebensmittel zu. Unter anderem wurde er auf den Feldern eingesetzt, der Gutsbesitzerssohn erfuhr in diesen Jahren, wie Landwirtschaft von unten aussieht, lernte schwere körperliche Arbeiten wie Sensen, Säcke schleppen, Zuckerrüben verladen. «Meine landwirtschaftliche Lehre» wird er diese Zeit später nennen.

Wie viele Goetheschülerinnen waren Rosemarie Gürtler und Christel Riedel den Großteil des Krieges in Graudenz. Rosemaries Traum war eine Ausbildung zur MTA, aber die Sechzehnjährige, die 1942 die Goetheschule mit der mittleren Reife beendet hatte, wurde im Lazarett gebraucht. Im Januar 1945 ging sie mit fünfhundert marschfähigen Patienten auf die Flucht – über Stettin, die Oder bis an die Elbe, sie durchlief das «ganze Inferno». Christel wurde nach der Schulentlassung zum Arbeitsdienst eingezogen, eine Flugzeugfabrik in Hinterpommern war ihr Standort. Von dort verschlug es sie über Berlin nach Halle, wo sie als Straßenbahnschaffnerin eingesetzt wurde und die schweren Bombenangriffe erlebte. Ganz allein, ohne Familie und ohne jede Nachricht von ihr. Ihre Mutter, erfuhr sie später, konnte sich nicht von der Gärtnerei losreißen und schob die Flucht immer wieder auf. Bis Ende 1945 leistete sie in Pommern Zwangsarbeit – in einer Gerberei, Pferdefelle einsalzen. «Ihr ist das Schlimmste passiert», Christel Reichert will es nicht aussprechen. Stattdessen zeigt sie mir ein Foto der Mutter, einige Jahre nach deren Rückkehr: ein hartes, eingefallenes Gesicht.

Die Dramen des Kriegsendes durchziehen alle meine Gespräche mit den Goetheschülern. Auch an diesem Februarvormittag im 21. Stock eines Münchener Seniorenwohnparks, im Apartment von Rosemarie Döhring, der so leicht, mit einer phantastischen Aussicht über die bayrische Hauptstadt, beginnt.

«Bis in die Alpen», schwärmt die Graudenzerin. Hanno Henatsch, der mit der S-Bahn aus Gilching gekommen ist, stimmt mit ein.

«Glück muss der Mensch haben, sonst ist er ein armer Teufel.» Und dann redet Henatsch einfach weiter. «Glück haben», das Stichwort, das ihn direkt an die Weichsel führt.

«Man hörte die Russen schon. Und die Herren? Gingen auf Hasenjagd! Ist doch Wahnsinn! Am 13. Januar 1945 Treibjagd bei Abramowskis!» Aus den braunen Augen des sechsundachtzigjährigen Henatsch sprüht es Funken.

«Mein Vater sagte nur, wenn meine Mutter ihn aufforderte, sich an den Treckvorbereitungen zu beteiligen: ‹Wir schlagen uns dann schon in die Büsche.› Abends trank er dann wieder mit Gutsbesitzer Kauffmann die besten Flaschen leer. ‹Nein, nein, wir wollen nicht trecken.› »

Es dauert etwa eine Stunde, bis Henatsch das Szenario vor unseren Augen ausgebreitet hat: eine Situation auf Leben und Tod, in der er, der einundzwanzigjährige Hanno, seinem Vater Contra gibt: «Das ist unser Todesurteil!» Noch heute muss er den Satz schreien. «Wir können nicht auf das Urteil eines dummen Jungen hören», habe der Vater entgegnet.

Hanno gegen das Bündnis zweier alter Freunde, die sich in einen Wahn hineinsteigern. Erst ist es Gutsbesitzer Kauffmann, der den Fabrikanten Henatsch aufstachelt: «Ihr wollt trecken? Ich trecke nicht!» Beide versprechen einander in die Hand zu bleiben, es sei ohnehin kein Durchkommen mehr auf den vollgestopften Straßen. Auf einer Patrouillenfahrt mit dem Pferdeschlitten, die Vater Henatsch und Sohn Hanno unternehmen, ventilieren sie die Lage: Wo ist der Feind? Hält das Eis auf der Weichsel? Dabei entdecken sie in einem Treck, der sich

Hanno Henatsch und Rosemarie Döhring, geb. Gürtler

anschickt, den Strom zu überqueren, bekannte Gesichter – die Abramowskis und: Erich Kauffmann. «Du treckst doch?» Jetzt ist es Henatsch, der drängt und den weinenden Freund zur Umkehr bewegt.

«Jemandem in einer Grenzsituation einen Rat geben, das darf man nicht. Da spielen Leute Schicksal. Das darf man nicht!»

Über sechzig Jahre, sagt Hanno Henatsch, quäle er sich damit herum. Und er werde diese Frage mit ins Grab nehmen. Was mag seinen damals fünfzigjährigen Vater bewegt haben? Heimatliebe? Woanders zu leben, hat er sich vermutlich nicht vorstellen können. Heldentum? Wollte er diesmal nicht «feige sein», wie man ihm und anderen, die 1939 nach Danzig flohen, vorgeworfen hat? Eitelkeit? Er war ein feiner Herr, vielleicht glaubte er, die Russen würden es schon nicht wagen, ihm den Respekt zu verweigern. Wollte er einen letzten Machtkampf mit der Partei gewinnen? Für Unisław hatten die Behörden nach langem Zögern Treckbefehl erteilt, und dagegen setzte er einen Gegentreckbefehl. Allgemeine Verwirrung? Der Vater verleugnete offensichtlich die Wirklichkeit. Die Ehefrau, zwei Töchter und zwei Söhne waren noch in Unisław, es ging nicht nur um ihn.

Am 25. Januar brach Hanno allein mit dem Motorrad auf. «Nimm Aleit mit», hatte die Mutter noch gesagt. Aber es war ihm zu riskant, er wollte der Schwester bei 15 Grad minus die Fahrt auf dem Rücksitz nicht zumuten. Unterwegs, in Pommern, traf er auf einen Treck aus seiner Heimat und führte diesen mit Bravour und Chuzpe in nur acht Tagen durchs Frontgebiet, um sich dann wieder der Wehrmacht zur Verfügung zu stellen. Im Kampf um Berlin musste er immer an Unisław denken. Dort trieben unterdessen seine nächsten Familienangehörigen in die Katastrophe. Sein Vater Wilhelm Andreas Henatsch wurde Anfang Februar im Park der Zuckerfabrik bei dem Versuch zu flüchten erschossen. Auch dessen Freund und Nachbar Erich

Kauffmann überlebte nicht. Elisabeth Henatsch, Hannos Mutter, blieb zunächst in Polen hängen. Seine Schwester Aleit starb im Juli 1946 im Arbeitslager Pustascha, nördlich von Moskau.

«Wir Goetheschüler waren nicht kritisch.» Der alte Herr lehnt sich erschöpft zurück. Es ist Mittag geworden. «So habe ich dich in siebzig Jahren nie erlebt», sagt Rosemarie Döhring. Teile des Erzählten kannte sie, zum Beispiel die Geschichte vom Tod ihrer Freundin Aleit. Es folgt noch ein Nachtrag, dabei setzt sich Hanno Henatsch in Positur wie ein Generalfeldmarschall.

«Ich sage meinen Enkeln immer: Beobachten! Beobachten! Beobachten!» Und dann: «Analysieren! Analysieren! Analysieren!»

Im Laufe der nächsten Stunden dringen wir zur Goetheschule vor – zu Schulereignissen, Räumlichkeiten, bis in «die Madeira» und ans Weichselufer. Doch das Erzählte bleibt für mich vergleichsweise blass, das Geschehen fern.

«Es wäre vielleicht besser für mich gewesen, in Unisław in die ganz normale polnische Volksschule zu gehen.» Meint Henatsch, der Fabrikantensohn.

Rosemarie Döhring, die Pfarrerstochter, schüttelt energisch den Kopf.

Fixstern im Chaos

An diesem Tag in München habe ich verstanden: Es ist ganz wesentlich die Erfahrung des Verlustes, die die Goetheschüler zusammenhält. Fester und inniger als Lateinarbeiten, dumme Streiche, Pensionsmütter und gemeinsame weite Schulwege.

1945 ist es mit der Goetheschule endgültig aus. Doch vielleicht hat sie gerade jetzt, da ihre Schüler überall verstreut und in Not sind, ihre größte Bedeutung. Aus ihr geht damals ein Netzwerk hervor, das sich bald über alle vier Besatzungszonen erstreckt. Sein Zentrum ist Potshausen, ein «Kuhdorf» in Ostfriesland, wo Gürtler eine lang verwaiste Pfarrerstelle und ein baufälliges Haus mit verwildertem Garten übernommen hat. Hier, «beim Deibel auf de Rinn», beginnt der Pfarrer im ersten Friedenssommer, Adressen zu sammeln. Wo sind unsere Graudenzer geblieben? Sein Sohn Paul, angehender Theologiestudent, steigt mit ein. Er ein Goetheschüler, die vier Schwestern Goetheschülerinnen, alle zusammen kannten aus der Vergangenheit Hunderte von Leuten. War nicht Hanno mit Erich in der Klasse? In Erichs Pension lebten noch Gert Kauffmann aus Unisław und Archibald von Keyserlingk! In Gedanken klappern die Gürtlers die Klassenverbände und Pensionen ab. Bei der alten Hertzberg? Die Orloviusbrüder, das Geschwisterpaar Fibelkorn … Und schon ist ein Faden gesponnen. Zufällig sind die Orlovius nahebei, in Ostfriesland, von diesen ist zu erfahren, der Treck der Fibelkorns sei im Kreis Gifhorn gelandet. Jemand von denen wiederum will den Lateinlehrer Bastian in der Lüneburger Heide gesehen haben.

Im März 1946 erscheint auf gelblichem, grobem Papier der «Goetheschulbrief Nr. 1», ein Grußwort und 250 Anschriften. Damit ist ein Schneeballsystem in Gang gesetzt. Obwohl weder Verkehr noch Post richtig funktionieren, fließen die Informationen hin und her. Aus einem Marktflecken bei Bamberg hört man zum Beispiel: Witwe Henatsch wäre aus Polen zurück; zusammen mit ihrem jüngsten Sohn, der die Zwangsarbeit in Sibirien überlebt hat, koche sie in alten Kesseln vom Reichsarbeitsdienst Zuckerrüben zu Sirup. Fachwissen aus dem westpreußischen Unisław für hungernde Bayern, solche Ermutigungen können andere gut gebrauchen. Ende August 1946 verbreitet die Buschtrommel: Hanno ist aus Russland zurück und bringt Schwung ins Sirupgeschäft! Am Jahresende: Rudolph Orlovius ist zurück! Durch den Kontakt zu seiner früheren Pensionskameradin Ursula kann er Arbeit finden, bei den Fibelkorns. Diese haben eine Siedlerstelle in der Lüneburger Heide ergattert, für achtzig Ostlandwirte ist gerade ein Truppenübungsplatz parzelliert worden. Der Heimkehrer hat Glück – Knecht bei Freunden zu sein, ist leichter als bei Fremden. «Wir sind hier Eindringlinge», erklärt Ursula Fibelkorn dem Neuankömmling. Mit den Fibelkorns teilt er die Erkenntnis: Es wird die Welt der Güter nie wieder geben. Morgens sieht Rudolph den ehemaligen Gutsherrn Fibelkorn in Holzpantinen seine zwei Kühe auf die Weide treiben oder zum Torfstechen ausrücken.

Viel können die ehemaligen Goetheschüler nicht füreinander tun. Bei der Entnazifizierung bürgt der eine für die Integrität des anderen. Doch Seilschaften, wie ich vermutet hätte, gibt es selten, auch in späteren Jahren kaum. Dazu leben sie alle zu weit auseinander. Besonders diejenigen, die in der Sowjetischen Besatzungszone wohnen, sind isoliert. Von Christel Riedel in Halle hört man lange überhaupt nichts. Sie wird Russischlehrerin werden und 1958 mit ihrem Mann, einem Theologen, «rübermachen» in den Westen. Abramowskis, von denen es zuerst schien, sie seien weich gefallen, weil sie in Thüringen Familie haben und bei dieser, auf dem Rittergut Tümpling, unterkommen konnten, stehen dann doch vor dem Nichts. Denn die Amerikaner überlassen das Gebiet im Juli 1945 den Russen. «Junkerland in Bauernhand!», ist nun die Parole, das Rittergut wird enteignet. Sodass Abramowskis als normale «Neubauern» mit sieben Hektar Land, einer Kuh und zwei Ferkeln ihr Schicksal meistern müssen. Bald wird ein «Eiserner Vorhang» Deutschland teilen, Nachrichten von Abramowskis und anderen werden kaum noch in den Westteil gelangen.

1953 in Hannover, das erste Goetheschultreffen. Wie einst in Graudenz hielt Hilgendorf eine große programmatische Rede. Selbst auf mich hat sie als Niederschrift noch Eindruck gemacht. Erstaunlich seine kritische Distanz zu den «großen Schaustellungen der Landsmannschaften» und was da an europäischer

Zukunftsmusik anklingt. Ein Versuch, nach früheren Deutungen und Umdeutungen das Bild der Goetheschule noch einmal zu formen: zu einer Institution im Grenzland, die die «engen nationalen Schranken zu überfliegen vermochte hinaus in die östliche Weite». Die Goetheschule sei ein Modell für das Sich-*nicht*verschließen und eben deswegen beispielhaft für europäische Verständigung.

Für seine ehemaligen Schüler ist die Rede sicherlich «Öl up de Seel» gewesen. Ihr «Rex» hat ihnen den Stern gezeigt, auf den sie in Chaos und Verzweiflung schauen können. Wichtiger aber als die Vergangenheit ist die reale Sternfahrt, das große, überwältigende Wiedersehen. Wo steckst du? Was macht ihr? Lebt dein Vater noch? Man ist sich einig, dass jetzt vor allem die in Graudenz erworbene Bildung hilft.

In der jungen Bundesrepublik sind technische Studiengänge oft die Grundlage ihrer Karrieren. Hanno Henatsch wird von seiner Mutter überredet, die kleine Sirupfabrik in Bayern mit einem Studienplatz an der TH Berlin zu vertauschen, was ihn befähigt, in der Branche, in der schon sein Vater war, aufzusteigen bis zum Leiter eines Werkes von Südzucker. Mit Hilfe eines Ingenieurstudiums findet Rudolph Orlovius seinen Platz im Hamburger Tiefbauamt, eine solide Stellung, die seinen Neigungen entspricht. Und Rosemarie Gürtlers Ehemann reüssiert in der Autobranche, eine Wirtschaftswundergeschichte par excellence: Er wird den VW Golf mitentwickeln und früh einen modernen Tod sterben – in den siebziger Jahren, auf der Testfahrt eines «Erlkönigs».

Es sind tüchtige und zunehmend erfolgreiche Leute, die alle zwei Jahre zum Goetheschultreffen anreisen. Man diskutiert dort viel über Politik. In den großen NS-Prozessen der sechziger Jahre ist auch Graudenz in den Schlagzeilen. Willy Brandts neue Ostpolitik teilt die Gruppe vorübergehend in verschiedene Lager. Die Nostalgie weicht allmählich dem Wunsch nach rea-

Auf den Schultreffen werden Fotos ausgetauscht: Pension Schöneberg, 1936, auf dem Heimweg von der Kirche. Rudolph Orlovius (hinten, Zweiter von rechts) und Ursula Fibelkorn (vorne, Erste von rechts) haben sich in der Bundesrepublik wiedergefunden und 1974 den Ehebund geschlossen.

listischer Einschätzung der Goetheschule. Damals in Graudenz war eben nicht alles Gold, heißt es immer öfter. Ein Pedell, der Schülern Angst einjagt? Da gibt es nichts zu verklären. Andererseits wird aus der zeitlichen Entfernung sichtbar, dass sie in ihrer pädagogischen Provinz, unter den Polen, für ein paar Jahre mehr Freiheit hatten als in Nazi-Deutschland.

Schultreffen, das ist ein gepflegtes Hotel, Lichtbildervortrag, Sightseeing, jedes Mal ein neues Stückchen Deutschland, das sie in ihrer Jugend von Westpreußen aus nicht besuchen konnten. Am späten Abend passiert es manchmal, dass einer dem anderen seine Albträume offenbart. Die alte Angst, die unter der Oberfläche verborgen ist, bricht hervor. Mit einem, der sie kennt, kann man auch über neue Verzweiflung sprechen, über den heranwachsenden Sohn, der in eine tiefe Depression gefallen ist. In diesen Nachtgesprächen wächst im Laufe der Jahre die Erkenntnis: Es gibt auch in der nächsten Generation noch ein Trauma.

Immer neue Dimensionen der Vergangenheit zeigen sich. In den siebziger Jahren zum Beispiel kommt ein Dichter und Dissident aus Moskau nach Deutschland, der über den Untergang von Graudenz berichten kann, bei dem sie selbst, weil sie im Januar geflüchtet sind, nicht dabei waren. Dieser Lew Kopelew hat die letzten Zuckungen der eingeschlossenen Stadt miterlebt, von Ende Januar bis zur Kapitulation am 6. März 1945. «Aufbewahren für alle Zeit» heißt sein Buch, das 1976 erscheint. Darin ein langes Kapitel, in dem er erzählt, was er in diesen sechs Wochen in Graudenz gesehen hat. Als gelernter Germanist hat der junge Major der Roten Armee Zugang zu Sprache und Kultur des Feindes. In den Nächten beschallt er im Wechsel mehrere Stadtviertel mit Aufrufen, sich zu ergeben. Seine Quartiere sind Privatwohnungen. Tagsüber streift er umher oder trifft Parlamentäre, dolmetscht zwischen dem russischen Stab und General Fricke, der sich mit ein paar tausend Soldaten in der Festung verschanzt hält. Deutsche Zivilisten sieht Kopelew unterwegs kaum, fast nur Polen. 24 000 etwa leben in Kellern und Erdhöhlen und warten auf das Ende der Kämpfe, ihre Befreiung. Haus um Haus geht das schöne Graudenz nieder, Kopelew sieht es mit Trauer. Und er beobachtet mit Abscheu, wie seine Leute plündern und Frauen Gewalt antun. Manchmal kann er Übergriffe verhindern wie Wochen zuvor, in Ostpreußen. Aus Lew Kopelews Niederschrift können die alten Graudenzer Rückschlüsse ziehen, wie es ihren polnischen Nachbarn von einst, Bekannten und Sportskameraden, ergangen sein mag. Graudenz muss nach dem Sieg der Roten Armee für Polen die Hölle gewesen sein.

Immer neuer Stoff zum Nachdenken. 1984 beschließen die

ehemaligen Goetheschüler etwas ganz Großartiges: Sie wollen einen jungen Historiker engagieren, der die Geschichte ihrer Schule gründlich erforscht und aufschreibt. Da ist sie wieder, die Elite, die sich für etwas Besonderes hält! Aber vor allem ist es «Glasnost» und «Perestroika», sie sind Gorbatschow ein Jahr voraus. Es soll endlich frische Luft in die Sache kommen, der Experte, den sie beauftragen wollen, soll insbesondere die polnischen Quellen aufspüren. Natürlich ist der Versuch der Wahrheitsfindung mit hohen Risiken verbunden. Das Projekt soll die Jahre bis 1939 umfassen und Schluss, sagen die einen. Der Rex in SS-Uniform? Kein Thema für die Öffentlichkeit! Warum nicht, meinen andere, es muss bis einschließlich 1945 geforscht werden.

Das Allerschwierigste ist die personelle Besetzung: Nach Lage der Dinge kann ein Doktorand mit Ostinteresse und Polnischkenntnissen eigentlich nur ein Linker sein. Will man sich von so einem den Spiegel vorhalten lassen? Schwer genug, die eigenen rebellischen Kinder zu ertragen. Es beruhigt ein wenig, dass der Historiker und Slawist, den sie schließlich aus mehreren Bewerbern auswählen, einen Adelstitel trägt. Man lässt Horst-Dieter Freiherr von Enzberg (übrigens: ein Studienkollege von mir aus Westberliner Zeiten) alle Freiheit, die er braucht. In diesen Jahren, es werden sechs statt der geplanten zwei, hat er eine vielköpfige Hydra – Dutzende von Ehemaligen, die ihn beäugen – im Nacken, aber sie beißt nicht. Als er endlich fertig ist und sein Buch «Die Goetheschule in Graudenz und das deutsch-polnische Verhältnis 1920 bis 1945» erscheint, ist die Mauer in Europa längst gefallen, und Busladungen von Goetheschülern sind scharenweise nach Grudziądz gereist.

Das Goethe-Wort, das von Enzberg seinem Werk vorausgeschickt hat, passt in die neue Zeit:

«Eine wahrhaft allgemeine Duldung wird am sichersten erreicht, wenn man das Besondere der einzelnen Menschen und Völkerschaften auf sich beruhen lässt, bei der Überzeugung jedoch festhält, dass das wahrhaft Verdienstliche sich dadurch auszeichnet, dass es der ganzen Menschheit angehört.»

Für die ehemaligen Goetheschüler bringt der Völkerfrühling in Europa viel Gutes. 1988, zum Goetheschultreffen in Lüneburg, kündigt sich ein Besuch aus der DDR an. Es ist der fünfundsechzigjährige Erich Abramowski, derzeitiger Beruf: Briefträger. Unser Erich ist wieder da! Ein echter Frühlingsbote, selbstbewusst, heiter, schwungvoll und redselig. Mit Staunen hören die Westler Abramowski zu – einem ehemaligen Herrensohn, der immer ein Landmensch geblieben ist und die Landwirtschaft in fast allen erdenklichen Positionen erlebte, die das 20. Jahrhundert zu bieten hatte: zweimal ein Gut verloren, drei Jahre schwere Landarbeit in Gefangenschaft, Neubauer in der DDR und dann hochgerappelt, 1960 in die LPG gepresst, zum Pferdeknecht abgestiegen und beinahe erblindet, weiterqualifiziert zum Schweinezuchtmeister, seit 1983 für die Dorfpost von Tümpling zuständig.

Von der DDR aus ist Abramowski viele, viele Male in Polen gewesen. Der erste Goetheschüler, der seine Heimat, Graudenz, die Weichsel, einige Dörfer, wiedersah, Anfang der sechziger Jahre. Der Erste, der es mit Charme und gutem Polnisch schaffte, sich zur Goetheschule Zutritt zu verschaffen und mit den Lehrern der heutigen «Zespoł Szkoł Technicznych» Freundschaft zu schließen. Auch das erregt beim Treffen in Lüneburg allgemeines Aufsehen.

Überhaupt, scheint mir, sind die Schüler vom Lande die Pioniere der Heimwehreisen gewesen. Nach den Ostverträgen konnten Bundesbürger mit einiger Mühe eine Reise nach Polen bewerkstelligen, einen wie Orlovius zog es früh nach Groß-Lobenstein. Jemand wie er hat, anders als ein früherer Städter, nicht nur Sehnsucht nach einem Ort, sondern auch nach Menschen, denen er gerne wieder begegnen würde und die noch da sein könnten. Von Rudolph Orlovius' Schwester Irmgard, die es noch etwas früher als er, 1974, wagte, ist ein bewegender, poetischer Reisebericht erhalten. Beim Lesen habe ich das Gefühl gehabt, selbst dabei zu sein. Voller Bangigkeit nähert sie sich Groß-Lobenstein. «Die Wiese ist die gleiche, auch das Bächlein darin. ... Rechts die Sandkuhle, wo wir als Kinder spielten.» Aber kein Gut mehr, nur ein kleiner Rest des alten Wohnhauses. «Ich bin da und weiß nicht mehr, wo ich bin. Alles ist fremd.» Und sie denkt, wäre ich doch nicht hierhergekommen. Dann, wie eine Erlösung, alte Bekannte. «Die jetzigen Siedler sind also unsere Spielgefährten aus der Kinderzeit. Und so werde ich auch empfangen. Als wir 1945 flohen, war ich das ‹junge Fräulein› und wurde von fast allen schon mit ‹Sie› angesprochen. Heute boten mir fast alle sofort das ‹Du› der Kinderzeit wieder an. ... Ich konnte plötzlich auch wieder fließend Polnisch sprechen.» Der größte Moment für sie ist, als sie in einem Mann mittleren Alters Edzion erkennt. «Mein kleiner Kutscher aus der letzten Zeit des Krieges. Damals ein Junge von 13 oder 14 Jahren, der mich überall begleitete, um auf die Pferde aufzupassen oder der im Geschäft hinter mir stand, um die Einkäufe in Empfang zu nehmen.» Edzion ist der Kosename für Edmund Przybyłowski.

Von Stunde zu Stunde ist Irmgard Orlovius mehr zu Hause. Da ist der alte Kachelofen. Das Plumpsklo. Schwärme von Fliegen, verschlammte Wege. In der Nacht ist es still, «von ferne nur einige Frosch- und Unkenlaute», sie fühlt sich geborgen. Ich zitiere so ausführlich, weil hier noch etwas von der Tiefe einer alten Verbindung sichtbar wird und von der Möglichkeit, Nähe wiederzufinden. Wäre die Wende in Europa doch in diesem Jahr 1974 gekommen!

Fünfzehn Jahre später ist dann doch noch einiges geglückt. Nach 1989 ist die Goetheschule wieder zu einer realen Größe für die Graudenzer geworden. Ihnen stehen die Türen ihrer alten Lehr-

Die Goetheschule heute: Der Ruderkasten ist noch immer in Betrieb.

anstalt, heute ein Technikum, offen. Und die Lehrer und Schüler von dort sind bei den Ehemaligen jederzeit willkommen. Inzwischen ist die Freundschaft mit Polen in der Satzung des Ehemaligenvereins festgehalten.

Am Tag vor meiner Abreise aus Grudziądz habe ich endlich den erhofften Ortstermin. Obwohl die «weißen Ferien» immer noch nicht vorbei sind, werde ich empfangen. Direktor Schewtschuk ist da, zwei Fachlehrer, die Bibliothekarin. Zu fünft spazieren wir durch die Schule, vom Souterrain bis ins Dachgeschoss. Es ist still, ohne Schulbetrieb wirken die Flure noch länger, an den roten Ziegelwänden keine Bilder, keine Pinnwände oder Graffiti, nichts Störendes – Architektur pur. Das Vorhandene wurde anscheinend gut gepflegt, für Veränderungen war wohl kein Geld da. Die Turnhalle, der Ruderkasten sehen beinahe wie auf den alten Bildern anno 1932 aus. Nur das Lehrschwimmbecken ist seit geraumer Zeit geschlossen. Vieles hier ist fast spartanisch streng. Manches im Gegenteil richtiggehend gemütlich, der Fachraum für Geschichte zum Beispiel. «Historia magistra vitae est», «Die Geschichte ist die Lehrerin des Lebens» steht in gotischen Lettern über der Tafel, die Teil einer wohnzimmerartigen Schrankwand ist. Nischen mit selbstgebasteltem Lehrmaterial, das eine glückliche pädagogische Hand verrät. Ein Depot alter Landkarten im Eck, auf einem Beistelltischchen ein Globus und daneben, in etwas seltsamem, lustigem Bonbonrosa, ein Modell der Goetheschule.

«Dort oben ist 1945 die einzige Bombe eingeschlagen», sagt der Geschichtslehrer und zeigt auf den Turm aus Pappmaché.

Und genau dort, wo heute der Turm fehlt, ist die Besichtigung zu Ende. Dort wird mir das Beste von allem präsentiert, worauf meine Gastgeber besonders stolz sind. Über eine eiserne schmale Leiter führt der Weg, eine Tür öffnet sich, und ich bin in einem kleinen Planetarium. Es wird dunkel, Orion erscheint, der Große Wagen, die Milchstraße. Die Vorstellung ist eigens für mich vorbereitet.

Das Planetarium sei 1972 eingerichtet worden, erzählt der Direktor beim anschließenden Kaffeetrinken im Lehrerzimmer. Die Schule habe Ambitionen, das architektonisch gelungene Gebäude sei immer wieder Ansporn für ihren Ehrgeiz. Alle Kollegen hier sind seit Jahren in gutem Kontakt zu ehemaligen Goetheschülern. Erich Abramowski? Den Tausendsassa kennt jeder hier.

«Wenn man nicht wüsste, dass er ein Deutscher ist, würde man ihn für einen Polen halten.»

Mühelos werden wir miteinander warm. Wir sind ungefähr im selben Alter, in den fünfziger Jahren geboren, wir wissen, was es heißt, im Schatten eines Krieges groß zu werden. Bis auf den Geschichtslehrer, der von einem Bauernhof in Pommerellen stammt, sind alle meine Gastgeber Vertriebenenkinder. Die Eltern des Direktors sind aus der Ukraine, Gutsbesitzer aus Wolyn. Mirka, die Deutschlehrerin, hat teils ukrainische, teils litauische, teils deutsche Wurzeln. Die Familie der rundlichen, lustigen Bibliothekarin Teresa ist aus Wilna. Unser Gespräch dreht sich um Grudziądz nach 1945, den großen Bevölkerungszustrom aus dem Osten, der die Stadt noch einmal völlig verändert hat. Um die traumatisierten Eltern, ihr Schweigen, um den Hass, der uns, die Nachgeborenen, oft sprachlos und maßlos wütend gemacht hat, heillose Geschichten, die ich als Deutsche auch gut kenne. In unserer Generation sind sie ein großer Stoff für Freundschaft.

Ich fühle mich wohl, an diesem Vormittag bin ich endlich in Grudziądz angekommen.

Als der Osten noch Heimat war: Pommern

Gerald Endres

Gutsherren- und Pferdeland, Kartoffelacker und Reichsluftschutzkeller

Das Ende der alten pommerschen Welt

Der Kutscher auf dem Gut Hanshagen im Kreis Schlawe war ein ruhiger, schmaler Junge, der gut mit Pferden umgehen konnte. Auf dem Kutschbock saß er, weil das von jeher die Aufgabe der Männer in seiner Familie war. Als sein Vater 1934 an Magenkrebs starb, hatte selbstverständlich Heinz' älterer Bruder dessen Platz eingenommen. Doch der Bruder kam bald darauf bei einem Reitunfall ums Leben, und der sechzehnjährige Heinz rückte auf den Kutschbock nach. So war das in Hinterpommern: Man hatte seinen festen Platz und seine Pflichten, seinen zugewiesenen Rang in einer festgefügten Welt.

Die Stellung des Kutschers nahm gewöhnlich ein älterer Mann ein, denn so ein Kutscher spielte eine wichtige Rolle auf einem pommerschen Gut. Er transportierte die Herrschaften und begleitete den Gutsherrn, wenn der die Arbeit auf den Feldern beaufsichtigte. Doch die Aufgaben eines Kutschers auf Hanshagen gingen weit darüber hinaus, die Herrschaften nur in der Gegend herumzufahren. Derartigen Luxus leistete man sich nicht in einer sparsamen pommerschen Gutswirtschaft. Heinz Blossey arbeitete im Stall bei den Pferden und in der Pferdezucht, die sehr wichtig für die Bilanz des Guts war. Zur Erntezeit fuhr er die hochbeladenen Erntewagen. Trotz seiner Nähe zum herrschaftlichen Haushalt gehörte Heinz Blossey, der einst mit den Kindern der von Xylanders gespielt hatte, zu den Dorfleuten. Als «Deputant» war er kein selbständiger Bauer, aber doch etwas Besseres als ein Tagelöhner. Er, seine Mutter und seine Schwester hatten ihren Platz in der Welt und ein gesichertes Auskommen.

Oft war der Kutscher stundenlang mit seinem Herrn auf weiten, holprigen Wegen allein. Gesprochen wurde dann meistens über das Dorf und den Gutshof. Der Kutscher wurde so zum Verbindungsglied zwischen dem Schloss, wie das Gutshaus in der Regel genannt wurde, und den Dorfbewohnern, und mancher wuchs in die Rolle eines unersätzlichen Ratgebers der Herrschaft hinein. Davon war der noch jugendlich unerfahrene Heinz Blossey weit entfernt. Die Welt, die er gesehen hatte, reichte bis zur Kreisstadt und zu den Gütern, mit denen die Herrschaften Umgang pflegten. Der Militärdienst stand ihm noch bevor. Da konnte er dem «Herrn Hauptmann», wie Hans-Harald Ritter von Xylander sich anreden ließ, nicht viel erzählen oder raten.

Wenn von Xylanders feierliche Diners gaben, wenn ein Fest der Familie gefeiert wurde oder eine der häufigen Jagdgesellschaften anstand, dann schlüpfte der Kutscher aus der Jacke des Landarbeiters in eine feierliche dunkelrote Livree und zog Glacéhandschuhe an. Die Livree bewahrten die von Xylanders seit Generationen für diesen Zweck auf, und nur zu besonderen Anlässen wurde sie hervorgeholt. Die Glacéhandschuhe waren meistens ein wenig zu schmal für derbe Kutscherhände, deshalb waren die Knopflöcher schon erheblich ausgeweitet. Schon Tage vor einem Fest oder einer Abendveranstaltung trafen die Dienstmädchen und die Mamsell im Schloss, unterstützt von Dorffrauen, die Vorbereitungen. Dann fuhren schließlich Kutschen und Autos in Hanshagen vor, die Mamsell stand mit rotem Kopf am Herd und erteilte Befehle, die Mädchen im dunklen Kleid mit weißer Schürze rannten aufgeregt treppauf, treppab, und der Kutscher in seiner feierlichen Livree bediente bei Tisch. Nach seinem Dienst hatte Heinz Blossey noch lange nicht Feierabend.

Die eigene Wirtschaft stand an, denn Mutter und Schwester konnten die Arbeit nicht allein bewältigen. Das Vieh wurde versorgt, und die kleinen Felder mussten bestellt werden.

Die Leibeigenschaft und persönliche Dienstbarkeit waren in Preußen schon vor mehr als hundert Jahren abgeschafft worden, und mit dem Ende des Kaiserreichs 1918 war auch die preußische Gesindeordnung gefallen, die noch die strafrechtliche Verfolgung eines Landarbeiters erlaubte, wenn er seinen Dienst gegen den Willen des Dienstherrn verließ. Auch Gewerkschaften waren vor 1918 verboten. Aber an den wirtschaftlichen Abhängigkeitsverhältnissen und dem Leben auf den Gütern änderte sich auch in der neugegründeten Republik nur wenig. Die Arbeiter auf den pommerschen Gütern erhielten in der Regel kaum Geld, sie wurden in Naturalien entlohnt, dem Deputat.

Ein Deputant hatte freie Wohnung mit seiner Familie, und die Deputantenhäuschen boten auch die Möglichkeit, Vieh, Schweine und Geflügel zu halten. Zum Deputat gehörte eine kleine Fläche Ackerland, auf dem Futterrüben und Kartoffeln angebaut werden konnten, und dann stand dem Deputanten noch ein genau bemessener Anteil an den Erzeugnissen des Gutshofs zu: Korn und Kartoffeln, Holz für den Winter und Backstrauch, das war schnell und heiß brennendes Strauchwerk, mit dem die Backöfen beheizt wurden. Eine Kuh und ihr Kalb pro arbeitendem Familienmitglied waren erlaubt und durften auf den gutseigenen Wiesen grasen, die Gänse fraßen sich im Herbst auf den Stoppelfeldern das letzte Fett an. Dafür musste dann aber auch jede siebente Gans bei der Herrschaft abgeliefert werden.

Das meiste, was man zum Leben brauchte, produzierte man selbst. Geld verdiente eine Deputantenfamilie durch den Verkauf von Butter und Milch, meistens wurde auch ein Schwein im Jahr verkauft. Die anderen Schweine schlachtete man selbst, ihr Fleisch wurde geräuchert, gepökelt und eingekocht, sodass immer etwas Deftiges in der Speisekammer vorrätig war. Die Kinder sammelten Blaubeeren oder Pilze im Wald und verdienten so dazu, und etwas zusätzliches Geld gab es im Herbst bei der Kartoffelernte.

Im Kreis Schlawe, zu dem das Gut der von Xylanders gehörte, lebten noch 1929 rund 80 Prozent der Bevölkerung von der Land- und Forstwirtschaft. Es war ein karges Leben voll harter Arbeit, moderne Annehmlichkeiten wie elektrischen Strom, fließendes Wasser und eine Spültoilette gab es meistens nicht. Aber man kannte es nicht anders. Es war schon immer so gewesen, und den anderen ging es ja genauso. Zudem hatte man ein Dach über dem Kopf und immer genug zu essen, und das war mehr, als in den krisengeschüttelten Städten mancher Industriearbeiter von sich sagen konnte. Dennoch gab es eine kontinuierliche Landflucht. Vielen wurde das Leben unter dem weiten Himmel Hinterpommerns zu eng, sie gingen als Arbeiter ins ferne Ruhrgebiet, nach Berlin oder nach Stettin mit seinem Hafen und den Schiffswerften. Während anderswo die Industrialisierung in ihre zweite oder sogar dritte Phase ging, blieb Pommern ein rückständiges Agrarland, ganz besonders das dünnbesiedelte Hinterpommern, das pommersche Gebiet jenseits der Oder, das heute zu Polen gehört. In Pommern zählte man bei der letzten Erhebung im Jahr 1939 nur 62 Einwohner pro Quadratkilometer, der Reichsdurchschnitt dagegen lag bei 130, und in manchen Teilen Hinterpommerns kam man nicht einmal auf 25 Einwohner pro Quadratkilometer.

Pommern war altes Preußen, Hinterpommern wurde schon 1648 dem Kurfürsten von Brandenburg zugesprochen, 1720 erwarben die Brandenburger auch Vorpommern aus schwedischem Besitz. Hier etablierten sich fast in Reinkultur das preußische System und die preußische Lebensweise. Die adligen Herren lebten auf ihren Gütern und von ihren Gütern, wenn sie nicht als Verwaltungsbeamte oder Soldaten dem preußischen

König dienten. In ihrer Jugend verbrachten sie eine gewisse Zeit beim Militär und kehrten dann als Reserveoffizier auf ihr Gut zurück, wenn sie denn eins hatten. Diese Gutsherren waren jederzeit bereit, für den König in den Krieg zu ziehen, sollte der zu den Waffen rufen, und so mancher fühlte sich mehr als Soldat im Wartestand und nicht so sehr als Landwirt. Das merkte man jedoch oft auch an der Bewirtschaftung. Da die Güter in der Erbfolge nicht geteilt wurden, blieben die jüngeren Söhne, für die nichts übrig war, häufig ganz beim Militär oder suchten sich eine Stelle im Staatsdienst. Das führte dazu, dass praktisch überall, wo in der Obrigkeit Entscheidungen fielen, auch ein Standesgenosse beteiligt war. Die Botschafterposten waren ohnehin dem Adel, den Herren «von und zu» reserviert, doch da spielten die Herren aus Pommern weniger eine Rolle, sie galten als zu kantig und zu direkt für die Diplomatie. Die Pommern eigneten sich mehr für die Aufgaben eines Soldaten.

Waffen im Taubenschlag

Schon vor dem Untergang der preußischen Monarchie wurde manches Rittergut von einem Bürgerlichen gekauft; wo einst Leibeigene lebten, wohnten jetzt Tagelöhner und Deputanten in den Gutsdörfern, doch an der Lebensweise des preußischen Adels und der Gutsherren änderte sich nur wenig. Selbständige bäuerliche Familienbetriebe gab es in Pommern immer nur wenige. Mit 62 Prozent wird der Anteil des Großgrundbesitzes an den landwirtschaftlichen Flächen in ganz Pommern in der späten Kaiserzeit angegeben, das war mehr als irgendwo sonst in Preußen oder in Deutschland.

Doch dann ging der Erste Weltkrieg verloren, der deutsche Kaiser und König von Preußen hatte sich abgesetzt. Es war Revolution – in Pommern allerdings weniger als andernorts.

Natürlich bildeten sich auch hier Arbeiter- und Soldatenräte, aber die taten sich nicht durch radikale Aktionen hervor, und man beeilte sich, recht bald zum gewohnten Gang der Dinge und zur gewohnten Ordnung des Lebens zurückzukehren. Der neue preußische Landwirtschaftsminister, der Sozialdemokrat Otto Braun, ein ehemaliger Funktionär der Landarbeitergewerkschaft in Ostpreußen, bekam sehr schnell zu spüren, dass die pommerschen Gutsherren ein gefährlicher Gegner waren. Dabei wollte Otto Braun die Gutsherren und ihre Betriebe eher sanft angehen. Als Pragmatiker ging er davon aus, dass es angesichts der Not der Nachkriegszeit vor allem darum ging, die Lebensmittelproduktion wieder anzukurbeln, und nicht um irgendwelche Landreformen oder gar um revolutionäre Experimente.

Aber die preußische Gesindeordnung und die Vorrechte der Gutsbesitzer waren aufgehoben, jetzt sollten die Gutsherren Tarifverträge mit ihren Arbeitern abschließen. Und das sahen gerade die pommerschen Gutsbesitzer keinesfalls ein. Warum sollten sie mit ihren Leuten, mit denen sie oft schon seit Generationen in einer festgefügten Ordnung lebten und arbeiteten, auf einmal nun von Gleich zu Gleich verhandeln? Das traditionelle System von Treue und Fürsorge, von Pflichten und Verpflichtungen, von Leistung und Gegenleistung sollte durch einen schnöden Arbeitsvertrag ersetzt werden. Für die Gutsbesitzer war das unannehmbar und eine Republik, die derartige Zumutungen vertrat, eine vorübergehende Verirrung, eine bedauerliche Abweichung von der natürlichen Ordnung.

Der pommersche Landbund, ein Zusammenschluss der Landbesitzer, weigerte sich entschieden, überhaupt in Tarifverhandlungen mit der Landarbeitergewerkschaft einzutreten, und der Konflikt brachte den gerade erst gegründeten demokratischen Freistaat Preußen ins Wanken. Die Gutsherren standen nicht allein. In den kleinen Städten Pommerns saßen die alten kaisertreuen Beamten in den zivilen Behörden. In den Militärverwaltungen, die noch immer eine wichtige Rolle spielten, gaben Offiziere den Ton an, die der neuen Republik ebenfalls feindlich gegenüberstanden und nur auf eine Gelegenheit warteten, die vorrevolutionäre Ordnung wiederherzustellen.

Die Arbeitskämpfe, die 1919 ausbrachen, kamen da gerade recht und wurden von den Gutsbesitzern in Absprache mit den Militärbehörden noch angeheizt. So erklärten die Militärs vielerorts den Belagerungszustand und gingen mit Soldaten gegen die Arbeiter vor. Auf den Gütern sammelten sich demobilisierte Soldaten und aus dem Baltikum zurückgekehrte Freicorpskämpfer. Sie bildeten paramilitärische Kampfgruppen, die von der Reichswehr in Absprache mit dem pommerschen Landbund heimlich mit Waffen versorgt wurden. Dieser Dauerkonflikt schwelte, als 1920 der Kapp-Putsch begann. Aus Pommern zog ein ganzes Infanterieregiment los, zusammengestellt und besoldet vom Landbund. Es sollte in Berlin die rechtsgerichteten Putschisten gegen die neue Republik unterstützen. Der Aufstand wurde fast überall in Pommern begeistert gefeiert, in Belgard kam es dabei zu antisemitischen Ausschreitungen. Doch der Aufstand von rechts brach bald zusammen. Die pommerschen Landsknechte wurden allerdings von der jetzt regierungstreuen Reichswehr gegen die Rote Ruhr-Armee eingesetzt, die sich im Gefolge und gegen den Putsch gebildet hatte. Die Putschisten wurden glimpflich behandelt. Viele kamen auf den pommerschen Gütern als Verwalter oder in irgendeiner anderen Beschäftigung unter – und warteten dort auf ihre Zeit.

Die unmittelbare Gefahr eines Umsturzes war vorläufig gebannt, doch in Pommern etablierte sich ein eigenartiger Untergrund. Der Vertrag von Versailles hatte die Größe der Reichswehr auf 100 000 Mann begrenzt, auch die Ausbildung von Reservisten wurde beschränkt. Diese Vorschriften zu unterlaufen galt in weiten Kreisen als patriotische Pflicht. Pommern und seine Güter wurden zu einem Rückzugs- und Ausbildungsgebiet der sogenannten «Schwarzen Reichswehr». Heimlich waren hier paramilitärische Einheiten stationiert, der «Grenzschutz» war vor allem gegen Polen gerichtet, mit dem es immer noch Grenzstreitigkeiten gab. Diese illegalen Einheiten hielten Waffen versteckt, die Gutsherren und ihre Leute übten regelmäßig für den Tag des Einsatzes gegen einen inneren und äußeren Feind. Sozialdemokratische preußische Innenminister versuchten immer wieder, gegen diese paramilitärischen Strukturen vorzugehen, scheiterten aber regelmäßig am vereinten Widerstand des pommerschen Milieus und seiner hochrangigen Unterstützer. Denn gedeckt und unterstützt wurde die heimliche Aufrüstung von der Reichswehrführung. Die Waffen, die bei In-Kraft-Treten des Versailler Vertrags vielfach widerrechtlich abgezweigt und verborgen worden waren, kamen meist von der Reichswehr. Auch Herr von Xylander hielt auf Hanshagen solche Waffen im Taubenschlag versteckt, denn wie viele sah er es als seine selbstverständliche patriotische Pflicht an, die Wehrkraft des vom Feind entwaffneten Volkes zu bewahren. «Pommerntreue» nannte sich die Grenzschutzeinheit, der die Männer von Hanshagen angeschlossen waren.

Der Gutsherr war zudem wie die meisten Standeskollegen in der Umgebung Mitglied des Stahlhelms – dem Bund der Frontsoldaten. Da wurde nicht nur die Erinnerung an gemeinsame Kriegstage aufgewärmt, der Stahlhelm war auch die Wehrorganisation der erzkonservativen und republikfeindlichen Deutschnationalen Volkspartei. In ihm waren selbst junge Männer aktiv, die nie die Front gesehen hatten. Von unschätzbarem Vorteil war, dass der Stahlhelm einen offiziellen Anstrich bot, wenn Hans-Harald von Xylander mit seinen Kameraden zu Wehrübungen ins Gelände um das Gut zog. Ganz selbstverständlich führten die Herren auf den Gütern noch ihren alten Offizierstitel und ließen sich mit ihm anreden.

Auch bei der Offiziersausbildung, die ein junger Herr vom Stand traditionell absolvieren sollte, wurden die Bestimmungen des Versailler Vertrags umgangen. Die jungen Männer aus den Offiziersfamilien meldeten sich wie schon ihre Väter, absolvierten ihre Ausbildung, doch bei der Abschlussprüfung fielen sie lächelnd und in Absprache mit den Prüfern durch. Offiziell waren sie dadurch keine Reserveoffiziere, wenn sie ins Zivilleben zurückkehrten, und dennoch waren sie vorbereitet auf das, was sie als Dienst fürs Vaterland begriffen.

Die gemeinsame soldatische Vergangenheit verband nicht nur die Offiziere miteinander. Im Kriegerverein galten zwar die alten militärischen Ränge weiter, aber Freundschaften und Loyalitäten übersprangen die Ranges- und Standesunterschiede. Da ging in Groß Justin der selbständige Bauer Hugo Nemitz zusammen mit dem adligen Herrn und Hindenburg-Schwiegersohn von Brockhusen auf die Jagd, so wie er einst im Krieg als Wachtmeister bei der Kavallerie mit dem Bruder des Gutsherrn auf Patrouille geritten war, bis der Offizier fiel. Der Stahlhelm und die konservative Gesinnung waren das Band zwischen den Männern – und ihren Familien. Wenn Kordula von Wühlisch vom Gut Nesekow auf ihrem Weg zur Schule in Stolp nicht rechtzeitig die Bahnstation erreichte, wartete der Zug eine Weile auf sie, und wenn sie ihre Fahrkarte vergessen hatte, war das auch nicht so schlimm. Der Mann, der die Karten kontrollierte, hatte schließlich bei ihrem Vater, dem Herrn Rittmeister, gedient.

Preußische Werte

Die Verhältnisse auf vielen Gütern waren oft so, dass manch einer der Soldaten im Wartestand lieber heute als morgen wieder die Uniform getragen hätte. Auch den Rittmeister von Wühlisch drückten die Sorgen. Er hatte das Gut Nesekow erst nach dem

Krieg gekauft, und seine wirtschaftlichen Verhältnisse waren schwierig. Die Schulden drückten, jeder Pfennig musste umgedreht werden, und jede noch so kleine Verdienstquelle war willkommen. Frau von Wühlisch buk Brot, das die Töchter auf dem Schulweg nach Stolp zum Landfrauenverein brachten, der es anschließend auf dem Markt verkaufte. Mit großer Leidenschaft kümmerte sich die Gutsherrin um ihre Hühnerzucht, denn auch die Eier brachten etwas Geld. Meistens war das Eiergeld der Gutsherrin vorbehalten. Erika von Xylander kaufte sich davon sogar ein kleines Auto, aber auf Nesekow wurde es dringend in der täglichen Wirtschaft gebraucht. Eier einfach nach Lust und Laune zu essen, konnte man sich nicht leisten. Auch der Rittmeister bekam nur am Sonntag ein Ei zum Frühstück, und die Kinder sahen ihm beim Essen zu. Wenigstens wurde ihnen reihum das «Hütchen» des väterlichen Sonntagseis zugeteilt.

Doch alle Sparsamkeit konnte nicht verhindern, dass immer wieder der Gerichtsvollzieher kam und schließlich sogar das persönliche Reitpferd des Rittmeisters pfänden wollte, das dieser doch so dringend brauchte, um auf die Felder zu reiten und die Arbeit zu beaufsichtigen. Also wurde das temperamentvolle Tier in seiner Box vorher ein wenig gereizt und ging sofort in die Höhe, als der fremde Mann sich näherte. Das war dem Gerichtsvollzieher denn doch etwas zu gefährlich, und er wollte einen jüdischen Viehhändler beauftragen, das Pferd abzuholen. Der Viehhändler war ein beliebter Mann in der Region, schließlich war er der wichtigste Informationsträger zwischen den Dörfern. Er wusste, was auf jedem Gut los war, und weigerte sich, das Pferd abzuholen. Er wollte es sich schließlich nicht mit seiner Kundschaft verderben, schon gar nicht mit dem streitbaren Rittmeister von Wühlisch. Der Verlust des Pferdes konnte so vorerst verhindert werden.

Auch Kordula von Wühlischs gleichaltrige Freundin auf dem Nachbargut Wintershagen wuchs nicht unter leichten Bedingungen auf. Editha von Uckermanns Vater war mitten in der Inflationszeit gestorben, die Mutter, eine Heidelberger Professorentochter, sah sich außerstande, den Landwirtschaftsbetrieb weiterzuführen, und verpachtete ihn. Sie wohnte zwar weiter im Gutshaus und behielt den Forstbetrieb, der aber warf so wenig ab, dass selbst die Waldbesitzerin im Winter Heizkosten sparen musste.

Das größte Problem war jedoch: Wie konnte man den Kindern eine standesgemäße Erziehung ermöglichen? Natürlich gab es überall eine Dorfschule. Herr von Wühlisch hatte sogar ausdrücklich gewünscht, dass seine Söhne mit den Dorfkindern die Schulbank drückten und das pommersche Platt ihrer Kameraden erlernten. Auch die Kinder der von Xylander besuchten die ersten zwei, drei Jahre die Dorfschule.

Das Gutshaus Wintershagen im Kreis Stolp. Hier wuchs Editha von Uckermann auf.

Doch dann wurden sie, wie es auf vielen Gütern üblich war, von einem Hauslehrer unterrichtet, meistens zusammen mit Kindern von Verwandten oder Freunden, die während der Unterrichtsphasen bei der Familie in Hanshagen wohnten. So ein Schultag begann mit einem Choral, der durchs ganze Haus schallte, dann hatte der Lehrer oder die Lehrerin alle Freiheit, ihren Unterricht zu gestalten. Zum Ende des Schuljahrs wurden die Kinder allerdings an einer Kösliner Schule geprüft, wo amtlich darüber entschieden wurde, ob sie das Klassenziel erreicht hatten.

Je älter die Kinder wurden, umso weniger konnten die Hauslehrer oder gar die Dorfschule die Erziehung bieten, die eine künftige junge Dame und ein junger Herr für ihren weiteren Lebensweg brauchten. Der Weg in das nächstgelegene Gymnasium war meist zu weit und zu beschwerlich für jeden Tag. Zudem sollten die Kinder ja etwas von der Welt sehen, also kamen sie in ein Internat, üblicherweise in Potsdam oder Berlin.

Das war ein harter Einschnitt. Die Kinder einer pommerschen Gutsherrenfamilie waren das Leben auf dem Land gewohnt und genossen die Freiheit auf dem Hof und in der Natur sowie das Herumtollen mit den Altersgenossen aus dem Dorf. Jetzt kamen sie in strenge preußische Zuchtanstalten. Editha von Uckermann litt wie die meisten Kinder vom Land unter Heimweh, aber preußisch erzogen, wie sie war, ließ sie sich natürlich nichts anmerken. Es herrschte strenge Zucht im Luisenstift in Berlin, die Mädchen trugen Uniform, die Kleiderordnung war bis ins Detail festgeschrieben. Auch vom großstädtischen Leben bekamen die Zöglinge des Stifts nicht viel mit, nicht einmal spazieren gehen durften sie ohne Aufsicht. Die hauptstädtische Kultur erlebten sie nur als verordnete und beaufsichtigte Veranstaltung. Theater- oder Museumsbesuche waren Pflichtveranstaltungen, sie wurden befohlen, und die Mädchen gehorchten. Da war es schon ein besonderes Ereignis, wenn einer der seltenen Besucher aus der Heimat oder ein Verwandter aus Berlin ein Mädchen mit Erlaubnis der Stiftsleitung für ein paar Stunden zu einem Bummel in die Stadt mitnahm.

Aber Editha von Uckermann beklagte sich nicht über das Leben im Internat. Ihrer Mutter fiel es ohnehin schwer genug, überhaupt das Schul- und Pensionsgeld aufzubringen. Editha ging jetzt auf, wie schlicht die Verhältnisse in ihrer Heimat waren. Staunend sah sie zu, wie ihre Kameradinnen von wohlhabenden Mecklenburger Gütern herrliche Leckereien aus ihren Paketen wickelten, während das Mädchen aus Pommern gerade mal die nötige Wäsche bekam. Editha biss die Zähne zusammen und trug sogar zur finanziellen Entlastung ihrer Mutter bei, als sie das Amt einer Erzieherin übernahm, einer Aufsicht über die jüngeren Schülerinnen. Die Tätigkeit als «Trieze», wie das Amt im Internatsjargon hieß, wurde nämlich mit einer Verringerung des Schulgelds belohnt.

Die Kinder der Herrschaft auf Hanshagen wurden nach Potsdam geschickt. Die Jungs kamen in das Pensionat des Majors von der Lancken, die Tochter Inge in das Kaiserin-Augusta-Stift. Als die strenge Mutter ihren ältesten Sohn in seiner preußischen Erziehungsanstalt ablieferte, schmerzte es sie sehr, zu sehen, wie der Junge mit Tränen in den Augen zum Hofappell antrat. Von Xylanders schickten ihren Kindern mit dem regelmäßigen Wäschepaket auch Nahrungsmittel, die Verpflegung in den Internaten reichte nicht aus für die Jungen, die kräftige pommersche Kost gewohnt waren.

Die Trennung fiel Eltern wie Kindern schwer, doch sie waren fest überzeugt, dass die strenge Zucht der Internate eine wichtige Vorbereitung auf das künftige Leben sei. In von der Lanckens Internat sollten die Jungen aus adeligen und Gutsbesitzersfamilien die alten preußischen Werte lernen: Pflichttreue, Gewissenhaftigkeit und Verantwortungsbewusstsein. Als einer der Verschwörer des 20. Juli zahlte Fritz von der Lancken einige

Hans-Harald Ritter von Xylander mit seinen Kindern Eberhard, Inge
und Hans Hagen. Noch ist die Familie in den Ferien auf dem Gut Hanshagen
vereint.

Jahre später für seine Werte mit dem Leben. In seiner Villa war zeitweise der Sprengstoff für das Attentat auf Hitler versteckt. Von der Lancken wurde vom Volksgerichtshof zum Tode verurteilt und in Plötzensee hingerichtet.

Ein ganz anderer Lebensweg als den Kindern der Herrschaft war den Mädchen aus den Dörfern und den Gesindehäusern vorgezeichnet. Neben der Schule hatten sie schon immer im Haushalt und der Landwirtschaft mithelfen müssen, und dieser Tätigkeit gingen sie nach der Volksschule nun hauptberuflich nach, irgendwann an der Seite eines Mannes aus der Umgebung.

Erika Piepenburg wuchs als Tochter eines kleinen selbständigen Bauern in Tessin, Kreis Cammin, auf. Auch sie war von klein auf harte Arbeit gewöhnt. Niemand machte sich Gedanken, ob solche Kinderarbeit vertretbar sei. Sie musste helfen, das Vieh zu versorgen, Heu und Runkeln zu Futter häckseln; und wenn gedroschen wurde, trieb Erika viele Stunden das Pferd im Kreis herum. Das Vieh musste auch am Sonntag versorgt werden, und dann lief man noch den langen Weg zur Kirche. Mit dem Wagen zu fahren, sah der Vater nicht ein. Die Pferde hatten die ganze Woche schwer gearbeitet, jetzt sollten sie einen Tag verschnaufen können.

Da der Vater der Meinung war, seine Tochter sollte über die eigene Wirtschaft hinaus anderes kennenlernen, besorgte er Erika eine Stelle als Dienstmädchen bei den von Flemmings auf dem nahen Schloss Martenthin, ein Gutshaus, das malerisch am See lag. Das war eine neue Welt. Erika lernte servieren, kochen und was in einem vornehmen Haushalt sonst noch vonnöten war. Freizeit gab es wenig. Die Mädchen lebten die ganze Woche im Schloss und hatten sich zur Verfügung zu halten. Nur alle zwei Wochen stand ihnen ein freier Samstag zu. Dennoch war das Leben leichter als zuvor. Erika hatte jetzt eine eigene kleine Kammer, und die Arbeit war lange nicht so hart und anstrengend wie noch auf dem elterlichen Bauernhof. In der kleinen Welt des Dorfes war sie schon ein wenig etwas Besseres. Sie gehörte jetzt zum Schloss und nicht länger zu den Landarbeiterinnen auf dem Hof.

Wenn der Gutsherr Gäste empfing, war sie am Abend oft sehr müde vom Treppauf-Treppab, die Herrschaften mussten bedient werden und gingen spät zu Bett, aber andererseits war es auch immer spannend und lehrreich, zu sehen, wie sich die feinen Leute benahmen und worüber sie redeten. Außerdem aß bei solchen Gelegenheiten auch das Personal unten in der Küche sehr gut.

Erika Piepenburg mit ihrer Familie vor dem elterlichen Haus in Tessin (Kreis Cammin). Die Piepenburgs hatten einen eigenen kleinen Bauernhof. Davon gab es nicht viele in Pommern. Erika wuchs, wie viele Kinder in der pommerschen Landwirtschaft, mit harter Arbeit auf.

Arme Ritter, hochverschuldete Gutsbetriebe

Die Herrschaften bemühten sich, einen gewissen Lebensstil beizubehalten. Allerdings war das Geld auf den pommerschen Gütern in der Regel sehr knapp. Die preußische Landwirtschaft östlich der Elbe mit ihren großen Gütern steckte schon seit dem 19. Jahrhundert immer wieder in der Krise. Dampfschiff und Eisenbahn brachten billigeres Korn aus Argentinien und England ins Deutsche Reich, während gleichzeitig die Frachtraten von Hinterpommern nach Berlin so hoch waren, dass kaum noch eine Gewinnmarge für die Erzeuger übrig blieb. Dazu kam oft eine altertümliche Bewirtschaftung. Besonders die adligen Gutsbesitzer versuchten nicht, durch Modernisierung ihrer Anbaumethoden und durch neue Produkte die Probleme zu lösen, sondern verlegten sich auf die schlichte Vergrößerung ihrer Anbauflächen. Mit den Ländereien wuchsen aber nur die Schulden. Auch der Güterhandel spielte eine wichtige Rolle. Weil so ein Gut für die preußische Herrenschicht aus Prestigegründen unverzichtbar war, wurde es nicht selten zu einem Preis erworben, der die Ressourcen des Käufers eigentlich überstieg und dem Ertrag des Hofes oft nicht entsprach. Mit jedem Kauf und Verkauf kamen neue Hypotheken und Grundschulden hinzu. Auch die natürlichen Gegebenheiten wirkten sich sehr zum Nachteil der Grundbesitzer aus. Der Boden in Pommern ist bis auf wenige Ausnahmen recht karg und das Klima rau. Kartoffeln und Roggen gedeihen am besten, während Weizen nur in wenigen Gegenden erfolgreich angebaut werden kann.

Doch an den entscheidenden Stellen im Kaiserreich und in der preußischen Ministerialbürokratie hatten Standesgenossen der Gutsbesitzer das Sagen. Als «Herren von Ar und Halm» hatten sie meist selbst ein Gut oder stammten von einem und setzten sich dafür ein, dass die Güter durch Schutzzölle, staatliche Subventionen und Entschuldungsaktionen gestützt wurden.

Bekämpft wurde diese Subventionspolitik von den Arbeiterorganisationen genauso wie von den Industrieunternehmern in Preußen. Arbeiter und Unternehmer waren gleichermaßen an billigen Lebensmitteln interessiert. Gegen die Schutzpolitik für die Großgrundbesitzer kamen sie allerdings nicht an, galt doch die Schicht der adligen Gutsherren als Rückgrat und verlässlichste Stütze des preußischen Staates und Militärs. Auch nach dem Ersten Weltkrieg und dem Untergang der preußischen Monarchie fand die staatliche Stützung des Großgrundbesitzes im Osten des Reiches kein Ende.

Nach dem Krieg kamen zur vorhandenen Schuldenlast und geringen Rentabilität noch weitere Probleme hinzu: Maschinen, soweit überhaupt vorhanden, waren veraltet und abgenutzt, der Tierbestand hatte sich nach der Kriegsbewirtschaftung dramatisch reduziert. Dadurch fehlte es an Dünger für die Felder, und Kunstdünger, auf den mageren pommerschen Böden nötiger als anderswo, war knapp und teuer. Hinterpommern war außerdem durch die Gebietsverluste des Reiches und die Wiedergründung Polens in eine Randlage geraten. Danzig, der von Hinterpommern aus nächste Hafen, lag nun hinter dem Polnischen Korridor und fiel als Verladestelle aus, bis nach Stettin war es weiter und die Transportkosten entsprechend hoch.

Wem es trotz der widrigen Umstände gelang, sich hochzurappeln, den brachte die Inflation erneut an den Rand des Ruins. Das Geld, das man für seine Produkte erlöste, musste sofort wieder ausgegeben werden, denn schon am nächsten Tag konnten Saatgut, Dünger und Geräte wieder wesentlich teurer sein. Das wenige Geld, das sich viele Dorfleute mühsam erspart hatten, ging verloren. Kordula von Wühlisch erlebte mit, wie die Waschfrau des Guts weinend vom Markt in Stolp zurückkam. Sie hatte einen Hering kaufen wollen, und dieser Hering kostete genauso viel, wie sie in 20 Jahren harter Arbeit als Lohn erhalten hatte. In dieser Zeit versuchte man auf Nesekow möglichst ganz ohne

Geld auszukommen; die Arbeiter bekamen das wenige, was ihnen an Lohn zugestanden hätte, in Getreide ausbezahlt. Jeder hatte einen Sack mit seinem Namen im Speicher stehen und bekam den Lohnwert dazugeschüttet.

Nach der Inflationszeit trat eine gewisse wirtschaftliche Erholung ein. Doch die große, weltweite Wirtschaftskrise beendete die kurze Atempause und setzte den ohnehin unter Schulden ächzenden Gutsbetrieben zu. Nach einer Erhebung der preußischen Zentralgenossenschaftskasse waren schon 1927 65 Prozent aller Betriebe über 100 Hektar zu mehr als 50 Prozent ihres Gesamtvermögens verschuldet, ein Viertel der Betriebe sogar zu mehr als 70 Prozent.

Und wieder traf es die Güter härter als die kleinen Bauernwirtschaften. Die Bauern lebten fast in einem Subsistenzsystem, sie ernährten erst einmal sich und ihre Familie von dem, was der Hof erbrachte. Sie kauften nur wenig dazu, und das meiste davon war nicht überlebenswichtig. Man holte es sich, wenn etwas Geld übrig war. War keines da, musste man eben auf die neue Hose und das Glas Bier in der Kneipe am Marktplatz verzichten. Schulden wurden nicht gemacht.

Die häuften sich auf den Gütern, und doch legte der Staat immer neue Programme zur Entschuldung der Großgrundbesitzer auf und ermöglichte ihnen mit billigen Krediten das Weiterwirtschaften. Der preußische Ministerpräsident Otto Braun, der sich schon als Landarbeitergewerkschafter und als Landwirtschaftsminister mit der Lobby der Gutsbesitzer angelegt hatte, versuchte, möglichst viel Geld umzuleiten. Statt immer aufs Neue die Güter zu unterstützen, wollte er die Ansiedlung von bäuerlichen Familienbetrieben fördern. Dieses Vorhaben brachte ihm die erbitterte Feindschaft des Reichspräsidenten Paul von Hindenburg ein.

Ein Sozialist auf der Kanzel

Der Vorgänger von Hindenburgs, der Sozialdemokrat Friedrich Ebert, war bei der pommerschen Oberschicht alles andere als populär. Das bekam auch der evangelische Pastor Rust von Groß Jestin, einer Gemeinde in der Nähe von Kolberg, nachhaltig zu spüren. Nach dem Tod Eberts wagte er es, ausgerechnet in seiner Predigt am Heldengedenktag an den ersten Reichspräsidenten der Weimarer Republik zu erinnern. Die Predigt war politisch durchaus maßvoll, denn Pastor Rust kannte ja die Vorbehalte in der Gemeinde gegen Ebert. Unter anderem sagte er:

«Und aus diesem Umstande heraus, meine ich, wird ihm nicht das Zeugnis verweigert werden können, daß er nach allen Seiten gerecht zu sein sich bemühte. Daß er Deutschland vor dem Versinken im Bolschewismus bewahrte, indem er dem durchgehenden Pferde, das seinen Reiter abgeworfen, sich entgegenstellte, es neu aufzäumte und es zu beruhigen verstand, wird ihm jedenfalls auch zugestanden werden müssen.»

Diese nicht gerade revolutionären Worte lösten schon während der Predigt Unruhe in der Gemeinde aus. Ein Raunen ging durch die Kirchenreihen. Der Rittergutsbesitzer von Wilamowitz-Moellendorff scharrte laut und versuchte durch Zwischenrufe zu stören, und der Pastor blickte in versteinerte Mienen. Viele verließen nach dem Gottesdienst grußlos die Kirche, während der empörte von Wilamowitz-Moellendorff sogleich mit dem Patron der Kirche, einem Herrn von Wege, in Verbindung trat.

Hier kam eine besondere Institution ins Spiel. Die evangelische unierte Kirche in Preußen war einst Staatskirche, der preußische König war Kirchenoberhaupt, und entsprechend hatten die Gutsherren das Kirchenpatronat in ihrem Herrschaftsbereich. Der König war inzwischen abgesetzt, die juristischen Vorrechte der Gutsherren und ihre Gerichtsbarkeit im zivilen Leben waren beseitigt, aber in der evangelischen Kirche in Preußen lebten die alten Strukturen fort. Immer noch war der Gutsherr Kirchenpatron und sprach ein gewichtiges Wort in allen Gemeindeangelegenheiten mit. Für ihn und seine Familie waren Plätze in der Kirche reserviert, er war aber auch zuständig für den Erhalt und die Pflege des Kirchengebäudes. So blieb auch Frau von Uckermann weiter Patronin in Wintershagen, obwohl sie den Landwirtschaftsbetrieb verpachtet hatte. Sie und ihre Töchter schmückten vor den Festtagen selbst die Kirche.

So etwas lag dem Kirchenpatron in Groß Jestin jetzt fern. Eine Serie von Beschwerden über den Pastor ging an das Konsistorium, national gesinnte Gemeindemitglieder blieben den Gottesdiensten fern. Der Kirchenpatron drohte, seine Tochter woanders konfirmieren zu lassen, und die Schwestern im nächstgelegenen Krankenhaus baten den Pastor, von weiteren Andachten dort Abstand zu nehmen. Auch staatliche Stellen mischten sich ein. Der Landrat in Kolberg forderte einen Bericht bei seinen Landjägern darüber an, ob der Groß Jestiner Pastor tatsächlich während der Kundgebung des Reichsbanners am 1. Mai hinter dem Redner gestanden hätte. Oberlandjäger Witte konnte aber nur mitteilen, dass Rust die Veranstaltung von seiner Kirchenmauer aus verfolgt habe, und ob der Pastor nach der Kundgebung mit deren Teilnehmern noch in die Kneipe gegangen sei, habe sich ebenfalls nicht zweifelsfrei klären lassen. Auch das Gerücht, Pastor Rust sei während des Volksentscheids über die Fürstenenteignung in einem Auto der sozialistischen Partei die Dorfstraße auf und ab gefahren und habe so die Enteignungsgegner unterstützt, erwies sich schließlich als Irrtum.

Über alle diese Ermittlungen wurden die evangelischen Kirchenbehörden detailliert unterrichtet. Als Vorwurf blieb die angebliche Unangemessenheit der Predigt, die ja der Stein des Anstoßes gewesen war. Das Konsistorium in Stettin teilte dem Kirchenpatron unter der Anrede «Hochwohlgeboren» mit: «Die Predigt, welche Pastor Rust am Volkstrauertage, den 1. März 1925, in der Kirche von Groß Jestin gehalten hat, erachten auch wir als einen Missgriff und für die Erbauung der Gemeinde ungeeignet. Wir haben ihm das Erforderliche in dieser Beziehung eröffnet.»

Dem Pastor machte man deutlich, «dass es die Aufgabe eines evangelischen Pastors ist, auch die Zeitverhältnisse in das Licht des Wortes Gottes zu stellen. In der skizzierten Einleitung zu Ihrer Predigt ist jedoch nichts davon zu spüren.»

Während dieser Zeit hielt der Domgeistliche in Kolberg, Superintendent Dr. Matthes, eine Festpredigt im Dom und äußerte sich lobend über Eberts Nachfolger, den Reichspräsidenten Paul von Hindenburg. Dabei fielen die Worte: «Ungebeugt und unbesiegt sind unsere Truppen gewesen, als der Dolchstoß aus der Heimat kam.» An diesem Gottesdienst nahmen offiziell das Offizierscorps und die Mannschaften der Kolberger Reichswehrgarnison teil. Anschließend spielte die Kapelle der Reichswehr auf. Niemand beklagte sich über mangelnde Erbauung.

Im Fall Rust stellte das Konsistorium noch fest, dass der Pastor sich zu sehr an die einfachen Kreise der Bevölkerung hielte und eine feindliche Einstellung gegenüber dem Großgrundbesitz hätte. Sein fortgeschrittenes Alter und die Tatsache, dass er ohnehin bald in den Ruhestand gehen würde, bewahrten Rust vor weiteren Schritten seiner Vorgesetzten.

Kartoffelacker, Schnaps und Branntweinmonopol

Weit populärer im konservativen Pommern als Friedrich Ebert war dessen Nachfolger als Reichspräsident Paul von Hindenburg, schließlich war er adlig und ein hochrangiger Militär. Der «Sieger von Tannenberg» vertrat die Werte der alten Zeit und konnte als Ersatzkaiser gelten, wenn schon der wahre Kaiser in den Niederlanden Holz hackte.

Hindenburg war regelmäßig in Hinterpommern zu Gast in einem Ort mit ähnlichem Namen wie Groß Jestin. Er reiste nach Groß Justin, einem Dorf mit etwas über 600 Einwohnern im Kreis Cammin nahe der Küste. Hier war Hindenburgs älteste Tochter Irmengard mit Hans-Joachim von Brockhusen, dem Gutsherrn von Groß Justin, verheiratet, einem leidenschaftlichen Monarchisten.

Wenn Hindenburg nach Groß Justin fuhr, sprach sich das schnell herum. Am Bahnhof wurde der Reichspräsident von Hugo Nemitz in alter Uniform mit Pickelhaube empfangen, denn Nemitz war Vorsitzender des örtlichen Stahlhelms, der Organisation, die unter Hindenburgs Schirmherrschaft stand. Hindenburg sprach ein paar freundliche Worte und wurde dann unter dem Jubel der Dorfbewohner in einer offenen Kutsche zum nahen Gutshaus seines Schwiegersohns gebracht. Solche Ereignisse waren eine willkommene Unterbrechung des Arbeitsalltags, in dem vom Frühjahr bis zum Herbst nur wenig freie Zeit blieb.

War alles Getreide eingebracht, stand noch eine letzte Anstrengung bevor: die Kartoffelernte; denn auf den sandigen Böden Pommerns gediehen Kartoffeln im Unterschied zu vielen anderen Feldfrüchten ausgesprochen gut. So gut, dass Pommern große Teile des Deutschen Reiches mit dem Grundnahrungsmittel versorgte und viele der eigenständigen Bauern, wie Nemitz in Groß Justin, sich auf die Zucht von Saatkartoffeln verlegt hatten, ein mühsames, aber auch einträgliches Geschäft.

Mühsam war aber auch die Ernte auf den großen Anbauflächen der Güter. Maschinen hatte kaum jemand dafür, die Knollen mussten auf den Knien rutschend eingesammelt werden. Dafür brauchte man jede Hand. Die Fischer an der Küste zogen ihre Boote an den Strand und verdingten sich im Hinterland als Erntehelfer, sobald die Kartoffelernte anstand. Auf grenznahen Gütern, wie zum Beispiel dem Gut Lubben der Familie von

Puttkamer, reisten Saisonarbeiter von jenseits der polnischen Grenze mit dem Fahrrad an. Der Baron hatte aus diesem Grund sogar eine Baracke als Übernachtungsmöglichkeit gebaut, für die Verpflegung der Arbeiter während der Ernte stand eine Feldküche mit Gulaschkanone bereit.

Auch die Familien der Gutsarbeiter, bis hin zu noch recht kleinen Kindern, waren eingespannt. Heinz Blossey sammelte manchmal zusammen mit seiner Schwester an einem Tag hundert «Kiepen», wie die Rückentragen hießen. Die Reihen wurden zugeteilt, und für jeden gefüllten Korb erhielt die Erntekraft zunächst eine Marke. Diese wurden nach Abschluss der Ernte abgerechnet und in Barem ausbezahlt. Davon konnte man sich dann beim Dorfkrämer oder in der Kreisstadt Dinge kaufen, die es auf dem Gut nicht gab und die man sich sonst auch nicht leistete.

Auf vielen Gütern wurde ein Teil der Kartoffeln gleich weiterverarbeitet und zu Alkohol gebrannt. Das staatliche Branntwein-

Das Gutshaus Lubben im Kreis Rummelsburg nahe der polnischen Grenze. Es war der Sitz des Barons von Puttkamer. Die Puttkamers waren eine der alteingesessenen Adelsfamilien in Pommern.

monopol war 1871 extra zu dem Zweck eingeführt worden, die Güter im Osten des Deutschen Reichs zu unterstützen. Der Staat teilte den Gutsherren die Brennereirechte zu und nahm ihnen anschließend den Alkohol ab. Das war eine gute und sichere Einnahmequelle. Aus Protest gegen diese intensive staatliche Subventionierung der Gutswirtschaften hatte die SPD 1909 zu einem Schnapsboykott aufgerufen. Doch das Branntweinmonopol zugunsten der preußischen Güter hatte die Monarchie überlebt, wie so viele Unterstützungsmaßnahmen aus der Kaiserzeit.

Der «pommersche Landwein», der Selbstgebrannte aus Korn oder Kartoffeln, hatte seinen festen Platz im Leben der Herren wie der Knechte. Das Glas Schnaps gehörte zu den Ritualen der Gastlichkeit und zum Abschluss eines Handels, zur erfolgreichen Jagd und ins Herrenzimmer bei den Familienfeiern.

Die Brennerei spielte aber auch eine wichtige Rolle im landwirtschaftlichen Kreislauf eines großen landwirtschaftlichen Betriebs. Man konnte sich nicht auf ein Produkt spezialisieren, denn eines griff ins andere. Die Viehhaltung war schon deshalb notwendig, weil die Tiere Dünger für die anspruchsvolleren Ackerfrüchte lieferten, ohne Vieh gab es auf Dauer kein Getreide. Wiesen brauchte man wiederum, um die Tiere füttern zu können, außerdem Felder mit Steckrüben oder «Wruken», wie sie in Pommern genannt wurden. Auch ein Abfallprodukt der Brennerei ging in den Kreislauf ein, denn die Schlempe, die bei der Destillation von Kartoffeln zurückblieb, war ein reichhaltiges Futtermittel. So brachte die Spiritusbrennerei also nicht nur bares Geld in die Kasse, die dabei anfallende Schlempe ermöglichte, mehr Vieh zu halten und zu füttern, und das produzierte wiederum mehr Dünger für die Felder.

Auch auf Lubben brannte der Baron von Puttkamer Schnaps. Die Fässer mit dem Spiritus wurden noch auf dem Gut von einem Zollbeamten verplombt und dann von den Männern mit

Fuhrwerken zum nächsten Bahnhof gebracht. Diese Arbeit war ausgesprochen beliebt, denn auf dem Weg stellte sich in schöner Regelmäßigkeit heraus, dass leider ein Behälter undicht war, und wenn die Männer mit ihren Fuhrwerken später zurückkamen, hörte man sie meistens schon von weitem singen. Manches Mal wären sie wohl gar nicht im Dorf angekommen, hätten die Pferde den Weg nicht von allein gefunden. Die Frauen waren nicht begeistert von diesen Touren, denn für den Rest des Tages waren die Männer zu nichts mehr zu gebrauchen.

Doch das undichte Schnapsfässchen gehörte zum Gewohnheitsrecht wie der Hafer in den Hosentaschen der Pferdeknechte auf Nesekow. Und das, obwohl es dort wirklich knapp zuging und das Eiergeld dringend benötigt wurde. So beklagte sich Frau von Wühlisch immer wieder heftig bei ihrem Mann darüber, dass ihre Hühner nur das schlechteste Korn als Futter bekämen, während die Pferdeknechte jeden Abend mit Hosentaschen voll Hafer nach Hause gingen. Der Rittmeister bestritt das nicht, doch er verwies darauf, dass es das gute Recht der Arbeiter sei, sich die Taschen vollzustopfen, auch wenn das nirgendwo niedergeschrieben sei. Das sei das «kleine Nebendeputat», erklärte der Gutsherr und sah seelenruhig zu, wenn die Arbeiter vor dem Feierabend ihre Taschen mit Futter für ihre eigenen Tiere füllten.

«In der Mitte einen goldenen Stern, damit das Unglück stets bleibe fern»

So ein Gut war, wenn es denn funktionierte und nach den herkömmlichen Regeln geführt wurde, eine Lebensgemeinschaft. Auch die Gutsherrin hatte mehr zu tun, als nur dem Hauspersonal Anweisungen zu geben. Die «gnädige Frau» war so etwas wie die Dorfheilerin. Sie hatte sich mehr oder weniger medizinische Grundkenntnisse angeeignet und hielt auch einen Vorrat an Heilkräutern und anderen Hausmitteln. Sie kam, wenn jemand krank wurde, sie leistete Erste Hilfe bei Unfällen. Die Gutsherrin musste entscheiden, ob ihre Möglichkeiten ausreichten, ob ein Arzt geholt werden sollte oder ob der Patient in die nächste Stadt ins Krankenhaus gebracht werden musste. Auf Nesekow nahm Frau von Wühlisch ihre älteste Tochter Kordula schon früh zu den Krankenbesuchen mit. Das Mädchen sollte von ihr lernen und sich so auf ihre spätere Rolle als Gutsherrin vorbereiten. Solche medizinische Hilfe hatte nichts mit Mildtätigkeit und Barmherzigkeit zu tun. Sie war eine Pflicht, die eine «Gnädige» in Pommern zu erfüllen hatte und der sie sich auch nicht entziehen durfte.

In wirtschaftlich schweren Zeiten kamen auch einige Familien in Hanshagen in Not, und die Frauen mussten die Gutsherrin um Hilfe bitten. Erika von Xylander verlangte dafür eine kleine Gegenleistung: Socken, die aus selbstgesponnener Wolle der eigenen Schafe gestrickt waren. Auf diese Weise sorgte sie dafür, dass die Frauen keine Almosen bekamen und nicht erniedrigt wurden. Leidtragende dieser zarten Rücksichtnahme waren die Kinder der von Xylanders, die die rauen, kratzenden Socken auftragen mussten und dafür auch noch von anderen Kindern verspottet wurden.

Ein Gut war in vielen Beziehungen ein in sich greifendes System. Da gab es zum einen das Personal im «Schloss»: Je nach Größe des Gutshauses, der Familie und abhängig auch von den Vermögensverhältnissen arbeiteten Haus- und Kindermädchen, Köchinnen und Wäscherinnen, Gouvernanten und Hauslehrer, Diener und Kutscher, Sekretäre und ein Hofmeister. Die Mamsell, die Köchin, spielte eine besonders wichtige Rolle, in ihrer Hand lag die Hauswirtschaft. Sie kümmerte sich um die Vorratshaltung, denn fast das ganze Jahr musste irgendetwas geräuchert, gepökelt oder eingekocht werden. Die Mamsell leitete und lernte die Mädchen an, und von ihr hing maßgeblich ab, wie viel Geld der Haushalt verbrauchte, ob zum Beispiel immer genug aus eigener Herstellung auf den Tisch gebracht werden konnte oder ob man teuer auf dem Markt in der Stadt dazukaufen musste.

Natürlich hatte die Mamsell die Anweisungen der Hausherrin zu befolgen, aber eine kluge Gutsherrin mischte sich nicht zu sehr in die Hauswirtschaft ein, und manche junge Ehefrau, die eben noch die gehorsame Tochter aus gutem Hause war und jetzt plötzlich die Verantwortung für einen Gutshaushalt tragen sollte, war nur zu froh, wenn die Mamsell einen Teil der Last übernahm. So ging es auch Erika von Xylander, als sie im Alter von achtzehn Jahren frisch verheiratet in Hanshagen eintraf. Am ersten Morgen ging sie fröhlich in die Küche, und die Mamsell fragte mit feierlichem Gesicht: «Gnädige Frau, was wollen wir heute essen?» Die junge «Gnädige» setzte sich mit Schwung auf den Küchentisch und antwortete lachend: «Ach, Anna, das wissen Sie ja viel besser als ich, machen Sie, was Sie wollen.» Ohne es zu ahnen, hatte Erika von Xylander damit eine wichtige Hürde genommen und die Mamsell für sich gewonnen. Denn die war ein durchaus eigenwilliger Mensch und hatte in den Jahren zuvor recht selbständig gewirtschaftet. Die Aussicht, nun tagtäglich von einem unerfahrenen Mädchen herumkommandiert zu werden, hatte ihr gar nicht gepasst. Aber so war schon am ersten Morgen das Verhältnis entspannt. Gutsherrin und Köchin kamen auch künftig gut miteinander aus.

Auf Nesekow wirtschaftete eine recht junge Mamsell, sie hieß Alma, wurde aber von allen Amsel genannt, weil sie bei der Arbeit so gerne und gut sang. Alma war schon als Lehrling auf das Gut gekommen, und für die heranwachsende Tochter wurde die junge Frau zu einer wichtigen Vertrauten. Kordula kam ja kaum herum, das knappe Geld auf Nesekow erlaubte nicht viel gesellschaftlichen Verkehr. Doch mit der «Amsel» konnte sie alles besprechen, was sie bewegte, Alma besorgte Kordula zudem Bücher, mit denen eine pommersche Gutsherrentochter sonst nie in Berührung kam, zum Beispiel von Erich Maria Remarque. Die Frauen fühlten sich freundschaftlich verbunden und blieben es auch, als das Pommern aus Kordulas Kindheit längst untergegangen war und beide in Westdeutschland lebten.

Zum Gutshof, dem landwirtschaftlichen Betrieb, gehörten neben den Landarbeitern mit ihren vielen verschiedenen Aufgaben auch der Inspektor und die Gutshandwerker: der Schmied, der Stellmacher und der Sattler. Eine etwas herausgehobene Stellung nahm neben dem Inspektor noch der Förster ein, der schon mehr zu den gebildeten Herren zählte. Für sie alle war die Herrschaft verantwortlich, oft auch über das Arbeitsleben hinaus.

Üblich war es, dass man seinen Lebensabend mit und in der Familie verbrachte, aber gerade in den Gutshäusern gab es immer wieder treue Seelen, Kindermädchen und Köchinnen, die ihr ganzes Arbeitsleben selbstlos in den Dienst des Schlosses gestellt hatten und nun ohne Familie waren. Da war es selbstverständlich, dass sie auch den Rest ihres Lebens im Schloss blieben. Auf Nesekow lebte beispielsweise bis zu ihrem Tod ein altes Kindermädchen noch aus den Zeiten von Kordula von Wühlischs Großmutter. Ein zum Gut gehörender Deputant musste sich schon etwas besonders Schlimmes zuschulden kommen lassen, um fortgejagt zu werden. Als eine Deputantenfamilie in Lubben, einem Gut des Barons vom Puttkamer, ständig Unfrieden ins Dorf brachte und mit allen Nachbarn im Streit lag, kümmerte sich der Baron persönlich darum, dass diese Leute auf ein Außenwerk kamen, möglichst weit entfernt von den anderen, aber trotzdem versorgt.

Nach getaner Arbeit stand im Herbst das Erntedankfest an, neben Weihnachten das wichtigste Fest im Jahr. In den Dörfern selbständiger Bauern feierte man das Einbringen der Ernte wie überall sonst. Geschmückte Wagen fuhren durch den Ort, man aß reichlich und trank noch mehr. Die Dorfkapelle spielte auf, und es wurde getanzt.

In den Gutsdörfern folgten die Bewohner einem Ritual, das fast überall gleich war und peinlich genau eingehalten wurde. Als Erstes zogen die Dorfbewohner unter den Klängen der Blasmusik zum Gutshaus. Dort warteten schon die Gutsherrenfamilie und das gesamte Personal des Schlosses. Dann wurden die obligatorischen Reden gehalten. Zuerst waren der Hofmeister und der Inspektor an der Reihe und fassten die Ereignisse des Erntejahrs zusammen. Der Herr dankte den Versammelten anschließend dafür, dass sie die Ernte erfolgreich eingebracht hatten, dann trat die Vorarbeiterin mit der Erntekrone, die die Arbeiterinnen aus Ähren geflochten hatten, auf. In etwas holprigen Versen, die aber durch die Tradition festgelegt waren, sprach sie den Gutsherrn an und endete beispielsweise in Lubben mit dem Spruch:

«Herr Baron möchte sich bequem',
mir die Erntekrone abzunehm'.»

Die wurde dankend entgegengenommen und bekam bis zum nächsten Jahr einen Ehrenplatz im Gutshaus. Auch die anderen Familienmitglieder der «Herrschaft» wurden bedacht. Auf Hanshagen erhielten die Gutsherrin und der älteste Sohn als künftiger Erbe jeder eine kleinere Krone, der jüngere Sohn bekam einen Haferkranz und die Tochter einen Kranz, der aus Myrten gewunden war. Die Übergabe wurde von guten Wünschen in gereimten Sprüchen begleitet. Auf Nesekow wünschte man der ältesten Tochter «einen goldenen Tisch und an der Ecke einen munteren Fisch», und natürlich auch einen Ehemann, wie er der Tochter eines Gutsherrn und Rittmeisters zustand, nämlich «einen schönen Leutenant». Auf Hanshagen bedachte die Vorarbeiterin den Gutsherrn und seine Frau mit einem ähnlichen Spruch:

Dazu wünsch ich ihm ein hohes Schloss,
auf allen vier Ecken ein schwarzes Ross,
in der Mitte einen goldenen Stern,
damit das Unglück stets bleibe fern.
Ich wünsche der gnädigen Frau ein schwarzseidenes Tuch,
auf allen vier Ecken einen goldenen Spruch.
In der Mitte ein Engel steht,
der sie beglückt, wenn sie aus und ein geht.

Zum Abschluss wurde «Nun danket alle Gott» gesungen, der Gutsherr drückte den Frauen, die die Kränze übergeben hatten, etwas Geld in die Hand und eröffnete das Fest. Endlich kamen die Männer zu Bier und Schnaps. Die Frauen hielten sich an Kaffee und Kuchen, und für die Kinder gab es Süßes, außerdem wurden auf einer Wiese Spiele für sie organisiert. Wett-

Das Gutshaus Hanshagen im Kreis Schlawe. Hier lebte die Familie von Xylander bis zur Flucht.

läufe, Sackhüpfen und Topfschlagen waren sehr beliebt, weil es dabei auch etwas zu gewinnen gab. Abends wurde zum Tanz aufgespielt, mancherorts im Saal der Dorfkneipe, wenn es denn eine gab, meistens aber auf dem Dreschboden. Da wurden dann Leinsamen auf die ohnehin schon glatten Dielen gestreut, und das Öl der von den Tanzenden zertretenen Körner machte die Fläche zum Tanzparkett.

Auch bei der Eröffnung des Tanzes ging alles nach Rang und fester Regel: Auf Nesekow forderte der Gutsherr die Vorarbeiterin zum Tanz, der Inspektor die Gutsherrin, und die älteste Tochter tanzte als Erstes mit dem Vorknecht. Jedes Abweichen von der Norm hätten die Beteiligten als grobe Ungehörigkeit empfunden. Der Tänzer machte eine tiefe Verbeugung vor der Partnerin, den «Kratzefuß», dann legte er ihr sein Taschentuch auf den Rücken, denn so ein festliches Kleid musste geschont werden. Die schweißige Hand des Tanzpartners sollte keine Flecken hinterlassen. Allerdings konnten gerade die gnädige Frau und ihre Töchter im Lauf des Abends nur schwer einen Tanz abschlagen, ohne jemanden zu kränken. Da kamen die Damen meistens selbst tüchtig ins Schwitzen.

Irgendwann zogen sich die Herrschaften jedoch zurück, und das Fest ging etwas weniger gesittet weiter. Schließlich hörte auch die Kapelle auf zu spielen, was manche Männer allerdings nicht daran hinderte, bei Bier und Schnaps bis zum nächsten Morgen durchzuhalten. Meist gingen sie direkt in den Stall und schlossen das Fest mit einem letzten Umtrunk ab, sobald die Tiere versorgt waren.

Es gab noch ein zweites wichtiges Ereignis im Herbst, das den Alltag auf einem großen landwirtschaftlichen Betrieb in Pommern unterbrach: das Schlachten der Gänse. Auch sie waren in das System des Deputats eingebunden. Auf Hanshagen, dem Gut der von Xylanders, wurden die Gänse gemeinsam gehütet, woanders war das nicht so organisiert, auf jeden Fall aber durften sie im Herbst auf den Stoppelfeldern fressen und erreichten ihre Mastreife schließlich durch das Deputatgetreide, das jedem Arbeiter zustand. Dafür musste aber auch eine Gegenleistung erbracht werden: Jede siebte Gans wurde an die Gutsherrschaft abgeliefert. So kamen von Xylanders auf 20 bis 30 Gänse, auf den großen Gütern mit mehreren Dörfern waren es oft 200 bis 300 Tiere, die auf diesem Wege an die Herrschaft fielen. Das Schlachten und Rupfen war Aufgabe der Dorffrauen. Die Arbeit wurde von allen zusammen erledigt, bei Kaffee und Kuchen wurde gesungen und Klatsch ausgetauscht. Dennoch war das Rupfen schwere Arbeit. Jede Frau musste drei Gänse küchenfertig herrichten, und die kräftigen Vögel wehrten sich gegen ihren Tod.

Nach dem Schlachten, Rupfen und Ausnehmen war die Arbeit noch lange nicht getan, denn einfrieren konnte man die Vögel damals noch nicht. Man musste sie auf andere Weise konservieren. Was in Pommern bei keinem guten Essen fehlen durfte, war die pommersche «Spickgans», die gepökelte und geräucherte Gänsebrust. Die Gänseteile wurden gepökelt, geräuchert oder eingekocht. Aus den Innereien machte man Brotaufstriche, und ein Teil des Bluts der Gänse wurde zu Wurst verarbeitet. Eine pommersche Spezialität war das Gänse-Schwarzsauer. Dafür wurde das frische Blut der Tiere aufgefangen und sofort mit Essig verrührt, was verhinderte, dass es gerann. Dieses Blut wurde dann mit Dörrobst gekocht und mit Mehl angedickt. Darin garte man anschließend die Gänsefüße, um die die gereinigten Därme gewickelt waren. Wer es sich leisten konnte, gab noch etwas geräuchertes Gänsefleisch dazu. Mit Klößen kam das Ganze auf den Tisch. Das Schwarzsauer war eigentlich ein Essen der einfachen Leute, die beim Schlachten nichts verkommen ließen, aber mancher edle Gutsherr ließ für dieses Arme-Leute-Gericht die feine Spickgans gerne stehen.

Die pommerschen Kinder waren sicher nicht zum Heikelsein erzogen, aber dieses ungewöhnliche Gericht mochten die meisten nicht. Sie lernten es später schätzen, und die meisten schwärmen noch heute davon. Auch die Leute im Dorf schlachteten Gänse und konservierten sie. Ein Gänsepaar behielt man für die Brut, die kleinen Gänschen wurden anfangs im warmen Haus gehalten, so wie die Tiere überhaupt mit den Menschen eng zusammenlebten, bevor man sie verzehrte.

Im Frühjahr mussten der Keller und die Pökeltonnen voll sein mit Fleisch von Gans und Schwein. Zu dieser Zeit wurde ein besonderer Brauch gepflegt: An Ostern gingen die pommerschen Mädchen Osterwasser holen. Das musste in aller Frühe aus einem fließenden Gewässer geschöpft werden, und wenn man sich zu Hause das Gesicht damit wusch, sollte man das ganze Jahr von Pickeln und anderen Unreinheiten der Haut verschont bleiben. Die Schwierigkeit dabei war: Während man das Wasser nach Hause trug, durfte man nicht reden, nicht lachen und sich auch nicht umsehen. Das war schon schwer genug für die jungen Mädchen. Mit ernstem Gesicht und gesenkten Augen liefen sie heim. Doch die jungen Burschen im Dorf machten sich einen Spaß daraus, die Osterwasserträgerinnen zu erschrecken, sie zum Lachen zu bringen oder ihnen einen Ausruf zu entlocken. Die meisten Mädchen bereuten es sehr, denn dann war der Zauber verflogen. Der Aberglaube saß tief, und schön sein wollte im kommenden Jahr doch jede.

Im polnischen Posen und Westpreußen mit seiner aus Polen und Deutschen gemischten Bevölkerung setzte nach der langen Zeit der Germanisierung seit 1920 eine Ära der Polonisierung ein. Viele Deutsche verließen das Land und gingen «ins Reich». Aber noch war die Zeit der ethnischen Säuberungen und der großen Vertreibungen in Europa nicht angebrochen. Vor allem die Bauern auf den Dörfern sahen gar nicht ein, ihren Grund und Boden zu verlassen, die politischen Probleme sollten die

Politiker in den Hauptstädten untereinander ausmachen, der Bauer blieb auf seiner Scholle. Nur war da jetzt die neue Grenze. In Sommin im Kreis Bütow verlief sie bei der Mühle von Rosemarie Hoppes Vater direkt durch den See. Die Gänse der Familie kümmerten sich nicht um den Vertrag von Versailles und seine Folgen. Sie schwammen, wohin sie Lust hatten, und lösten dadurch regelmäßig zwischenstaatliche Verwicklungen aus, denn die Kinder des Müllers mussten dann vorbei an deutschen und polnischen Zöllnern auf die polnische Seite gehen und beim dortigen Bauern die Gänse wieder abholen.

Man war sich nicht fremd diesseits und jenseits der Grenze, Ingeborg Hoppes Vater ging schon mal ins nächste Dorf auf der anderen Seite, trank dort ein Bier und spielte Karten. Er und seine Kinder konnten ein wenig Polnisch, außerdem war die Familie katholisch, was im protestantischen Pommern eher selten war. Was Deutsche und Polen in den Gebieten, in denen man schon lange nebeneinander wohnte, trennte, war oft nicht so sehr die Sprache oder die ethnische Zugehörigkeit. Unterschieden wurde nach der Religion. Die katholische Rosemarie Hoppe und ihre Geschwister wurden in der Schule manchmal von anderen Kindern als «Polacken» bezeichnet.

Die deutschen und polnischen Zöllner in diesem abgelegenen Winkel waren hier schon lange stationiert. Sie kannten die Leute persönlich und bemühten sich, nicht allzu viel Ärger zu verursachen und auf sich zu ziehen. Gelegenheit dazu gab es, denn geschmuggelt wurde in Sommin wie an jeder Grenze, an der es ein Preisgefälle gibt. Besonders der Fischer auf dem Somminer See verdiente sich mit Schmuggel ein Zubrot. Schließlich war er den ganzen Tag auf dem binationalen Gewässer des Sees unterwegs, niemand konnte kontrollieren, was er hier und da in Ufernähe machte, und ein Boot als Transportmittel hatte er auch immer dabei.

Für den Müller besorgte er Ferkel, die in Polen wesentlich billiger waren als auf deutscher Seite, doch die Übergabe verlief nicht immer reibungslos. Als einmal der Transportbehälter kaputtging, mussten der Müller und seine Kinder die quietschenden Tiere auf der Uferwiese wieder einfangen. Die von den Kindern gehaltenen Ferkel quiekten und zappelten in ihrer Aufregung wie verrückt – und da stand plötzlich der deutsche Zöllner im Gespräch mit einem Nachbarn am Weg. Was tun? Der Vater gab den Kindern den Befehl, so laut wie möglich das Deutschlandlied zu singen, und lauthals ihren Patriotismus bekundend, fuhr die Familie am Zöllner vorbei. Ob dieser die Misstöne gehört und geflissentlich überhört hat, ist nicht verbürgt. Jedenfalls erreichten die Ferkel ungehindert und unverzollt die Mühle.

Die Hakenkreuzfahne vor dem Waagehäuschen

Das pommersche Landleben änderte sich nur wenig im Lauf der 20er Jahre. Die politischen Turbulenzen dieser Zeit waren für die meisten Menschen in Hinterpommern weit weg, und in Ermangelung der Wehrpflicht fehlte in der Weimarer Republik für die jungen Männer auch die Gelegenheit, für eine Weile aus der gewohnten Umgebung des Dorfs herauszukommen. Bei den Wahlen zeigten sich die Pommern lange Zeit sehr beständig, die meisten wählten deutschnational. Die konservative und republikfeindliche DNVP (Deutschnationale Volkspartei) erhielt 1924 in Pommern über 49 Prozent der Stimmen, im gesamten Reich erzielte diese Partei deutlich weniger, gerade mal 20 Prozent. Erst 1930 sollte der Stimmenanteil der Deutschnationalen auch in Pommern unter die 40-Prozent-Marke fallen. Da hatten die Nationalsozialisten den Konservativen schon viele Wähler abgejagt.

In Stettin herrschte ein anderes Klima. Der pommersche Regierungssitz war eine Industrie- und Hafenstadt. Von Berlin aus war Stettin der nächstgelegene Seehafen und das Tor zur Ostsee. Dort gab es eine aktive Industriearbeiterschaft. Auch in den Seebädern an der hinterpommerschen Küste ging es etwas anders zu. Die Badegäste brachten neue Moden und freiere Sitten mit. Leba wurde zu einem Treffpunkt der deutschen Expressionisten um Max Pechstein. Hier fand sich in den zwanziger Jahren die Boheme aus Berlin ein, aber auch Hermann Göring machte in Leba Urlaub. Das Personal, das diese Badegäste bediente, hatte wenig mit den Dienstboten im Hinterland gemeinsam. In den Badeorten traten vereinzelt sogar Kommunisten in Erscheinung, aber schon ein paar Kilometer landeinwärts wollte kaum jemand etwas von ihnen wissen.

Langsam änderten sich aber auch in Pommern die politischen Verhältnisse. Bei den Deutschnationalen kamen die Monarchisten unter Druck der völkisch gesinnten Parteimitglieder, und in den Nationalsozialisten erwuchs der Partei zudem eine starke Konkurrenz. Die traditionellen Konservativen sahen sich zunehmend mit Menschen konfrontiert, die in vielem die gleichen nationalistischen Ziele vertraten, deren Auftreten jedoch so gar keinen Stil hatte. Sie waren pöbelhafter und rüder, als man das in Pommern gewöhnt war. Dennoch ging die DNVP 1928 ein Bündnis mit den Nazis ein. Die NSDAP wurde gesellschaftsfähig und gewann ständig an Stimmen dazu. 1930 hatten die Nationalsozialisten schon mit den Deutschnationalen gleichgezogen, und bei den Reichstagswahlen im Juni 1932 kamen sie auch in Pommern auf 47,9 Prozent der Stimmen, während die DNVP auf 15,8 Prozent abstürzte. Längst machte die SA dem Stahlhelm Konkurrenz.

Die Lage der traditionellen Landwirtschaft auf den Gütern hatte sich in dieser Zeit nicht gebessert. Unter dem Oberbegriff «Osthilfe» firmierte ein Gewirr von Gesetzen und Verordnungen, das den Gutsbesitzern den Erhalt ihrer Güter sichern sollte. Eigentlich sollte solche Unterstützung mit Auflagen verbunden sein, doch die unübersichtlichen staatlichen Beihilfen wurden oft missbraucht, die Kontrollen waren absichtlich und unabsichtlich lax. Die Osthilfe diente dazu, den herrschaftlichen Lebensstil aufrechtzuerhalten, doch immer häufiger wurden Zweifel laut, ob es tatsächlich Aufgabe des Staats sein könne, mit immer neuen Subventionen und Zuschüssen den Gutsherren das Leben auf ihren Schlössern zu ermöglichen. Als immer neue Fälle von Missbrauch und Vergeudung ans Licht kamen, wuchs sich die Diskussion um die Osthilfe zum «Osthilfeskandal» aus. Auch Reichspräsident und Gutsbesitzer von Hindenburg sowie einige seiner Nachbarn und engen Freunde spielten in den Affären eine Rolle, die nicht zum Bild des sparsamen, ehrlichen Preußen beitrugen.

Der Osthilfeskandal und die dahinterstehende Kontroverse um die Subventionierung der Güter waren ein gewichtiges Motiv bei Hindenburgs schwerwiegendsten Entscheidungen, die den Untergang der Demokratie von Weimar einleiteten: Er ersetzte die preußische, sozialdemokratisch geführte Regierung per Verordnung durch einen Staatskommissar, und bald darauf ernannte er Adolf Hitler zum Reichskanzler. Die Nazis waren in einer nationalistisch-konservativen Koalition an der Macht, und im März 1933 fanden erneut Reichstagswahlen statt, die schon unter dem Zeichen des Terrors der Nationalsozialisten standen.

Auf Hanshagen gab es bei dieser Wahl eine Meinungsverschiedenheit. Erika von Xylander, eine Konservative und strenge Protestantin, die später der Bekennenden Kirche nahestand, war schon damals der Überzeugung, Hitler würde Deutschland in den Untergang führen. Ihr Mann war der Meinung, man müsste den Nationalsozialisten eine Chance geben, die Arbeitslosigkeit zu beseitigen und das Reich wieder zu alter Größe zu führen. Eine einzige Stimme im 200-Seelen-Dorf Hanshagen erhielten die Nationalsozialisten bei dieser Wahl nicht – die der Gutsherrin.

Kurz darauf versuchte Adolf Hitler beim «Tag von Potsdam» die preußisch-deutsche Geschichte für sich zu vereinnahmen und sich selbst in eine Reihe mit Bismarck und Friedrich dem Großen zu stellen. Im schlichten Gehrock verneigte er sich vor Reichspräsident Hindenburg, der wieder einmal seine alte Uniform mit der Pickelhaube trug. Der populäre Generalfeldmarschall von Mackensen trat in seiner Husaren-Uniform auf.

Diese Reverenz, die Hitler dem alten Preußentum und seinen Repräsentanten erwies, wurde in Pommern allgemein mit Beifall aufgenommen. Sollten jetzt tatsächlich die alten Zeiten voll Glanz und Größe wiederkehren? Angesichts der pöbelhaften SA und ihres Chefs Ernst Röhm mit seinen revolutionären Sprüchen und Ansprüchen waren Zweifel angebracht. Die SA-Leute respektierten die althergebrachte Ordnung in den Dörfern nicht, in Groß Justin kam es sogar zu Prügeleien zwischen ihnen und den Stahlhelmern. Nach Röhms Plänen sollte die SA mit ihren 400 000 Mann an die Stelle der noch immer auf offiziell 100 000 Mann beschränkten Reichswehr treten und zur einzigen bewaffneten Organisation des Reiches werden – das hätte das Ende des Militärs bedeutet, mit dem die pommerschen Herren so eng verbunden waren.

An einen Vetter Editha von Uckermanns, der auf einem an Wintershagen angrenzenden Gut lebte, trat die SA heran und forderte ihn auf, die Waffen herauszugeben, die er für den Grenzschutz versteckt hielt. Doch Konrad von Uckermann weigerte sich mit der Begründung, das könne er nicht tun, weil diese Waffen nicht ihm gehörten, die seien ihm von der Reichswehr anvertraut worden. Unverrichteter Dinge und unter Drohungen zogen die SA-Leute wieder ab. Einige Tage später klingelte es nachts Sturm bei Konrad von Uckermann. Männer in Polizeiuniform standen draußen und erklärten dem Gutsherrn, sie müssten ihn in einer äußerst dringenden Angelegenheit zur Polizei nach Stolp bringen. Sie ließen ihm nicht einmal Zeit, sich anzuziehen, sondern nahmen ihn gleich im Pyjama mit. Doch kaum waren sie losgefahren, verzichteten die angeblichen Polizisten auf ihre Tarnung. Sie waren SA-Leute, sogenannte Hilfspolizisten, denen ein nationalsozialistischer Polizeioberinspektor in Stolp die Uniformen für ihre Aktionen zur Verfügung gestellt hatte. Die Männer fuhren mit dem sich sträubenden Konrad von Uckermann nur bis zum Wäldchen von Wintershagen und schlugen ihn dort brutal und systematisch zusammen. Auch ein weiterer Gutsbesitzer, Jürgen von Bandemer, wurde auf diese Weise überfallen.

Die zunehmende Rivalität zwischen den bewaffneten Organisationen im nationalen Lager gefährdete auch die noch nicht gesicherte Macht Hitlers. Auf der einen Seite standen die Reichswehr und ihre heimlichen Ableger, der Stahlhelm und die alte preußische Gutsherrenschicht, auf der anderen Seite die SA. In Pommern waren die Sympathien recht klar verteilt. Die SA spielte eine Rolle in den Städten, auf dem Land hielt man sich an die alten Strukturen und an den «gnädigen Herrn Rittmeister» oder den «Herrn Hauptmann».

Dann besuchte Ernst Röhm Pommern. Die Tour wurde wie ein Triumphzug organisiert. Im offenen Wagen fuhr der Stabschef der SA an den die Landstraßen säumenden BDM-Mädels vorbei. Zu Fuß marschierte er durch Stolp und ließ sich von der Menge bejubeln, begleitet von Blasmusik stolzierte er an salutierenden SA-Einheiten entlang. Die «Wochenschau» verbreitete die Bilder dieses glorreichen Triumphes im ganzen Land. Einige Tage nach dem Besuch machte in Stolp und Umgebung allerdings das Gerücht die Runde, der SA-Chef habe in der Nacht betrunken auf Straßenlaternen geschossen. Doch die Verhältnisse schienen klar: Der Friedrichsplatz von Stolp war schon in Röhmplatz umbenannt, und kein Widerspruch wurde laut.

Wenige Wochen später, es war Ende Juni, wollte die frisch verheiratete Editha von Platen, geborene von Uckermann, ein paar schöne Tage mit ihrem Mann an der Küste verbringen. Sie hatte ihn 1930 als Tischherrn bei einem Essen des Kavallerieregiments Nummer 5 in Stolp kennengelernt. Doch im letzten Augenblick vor der Abfahrt kam der Alarm. Ihr Mann musste seine Frau mit den gepackten Taschen sitzenlassen und sofort zu seiner Einheit nach Stolp zurückkehren. Irgendetwas war passiert. Auf der Straße marschierte bereits bewaffneter «Grenzschutz» in Reichswehruniformen ohne Abzeichen. Auch Hans-Harald von Xylander wurde alarmiert und zog mit den Stahlhelmern los. Angeblich versuchte die SA unter Ernst Röhm einen Putsch. Und tatsächlich kam es gerade in Pommern mit seinem Netz von paramilitärischen Gruppen beinahe zu schweren bewaffneten Auseinandersetzungen. SA-Einheiten sammelten sich zum Sturm auf Stolp, die Reichswehr und ihre Verbündeten bereiteten sich auf die Verteidigung vor. Auch anderswo standen sich in einer unübersichtlichen Lage bewaffnete Einheiten zum Kampf gegenüber, nicht immer wissend, wer da eigentlich gegen wen antreten sollte, und schon gar nicht, warum. Aber letztlich blieben die Kämpfe aus. Die Entscheidung war gefallen.

Hitler hatte die SA entmachten lassen, SS-Leute ermordeten deren Führung. Damit hatte sich der Kanzler für die Reichswehr und zunächst auch für die eher traditionellen Kräfte innerhalb des nationalistischen Lagers ent-

Editha von Platen, geborene Uckermann, wuchs auf dem Gut Wintershagen im Kreis Stolp auf. Sie heiratete nach 1930 einen Offizier der Kavallerie.

schieden. Das sicherte ihm zunächst die Loyalität der meisten Offiziere, als er sich auch noch zum Reichspräsidenten ernennen ließ, obwohl schnell bekannt wurde, dass Hitler die Gelegenheit genutzt hatte, auch noch andere Konkurrenten oder Gegner ermorden zu lassen, zum Beispiel den ehemaligen Reichskanzler General von Schleicher. Nach dem Röhm-Putsch war das Konzept der Konservativen, Hitler in einer Koalition einzurahmen und seine Macht zu beschneiden, gescheitert.

Kordula Wimmer, damals noch von Wühlisch, wundert sich heute darüber, wie naiv sie alle gewesen waren. Als wohlerzogene Tochter aus gutem pommerschen Haus fand sie die SA «eklig» und war froh, dass diese ekligen Leute nicht mehr das von ihr hochgeschätzte traditionelle Militär bedrohten. Es ist nicht bekannt, was Hans-Harald von Xylander mit seiner Einheit in dieser Nacht gesehen und erlebt hat. Doch er kehrte tief deprimiert von seinem Einsatz zurück und teilte von da an nicht mehr die Hoffnung der meisten seiner Standesgenossen, Hitler könnte Deutschland wieder zu alter Größe führen.

Ein kleines Zeichen dieser Skepsis war der Fahnenmast. Er hatte bis dahin vor dem Haupteingang des Gutshauses in Hanshagen gestanden. Aber als nun statt der schwarz-weißen preußischen Fahne und des Schwarz-Weiß-Rots der kaiserlichen Kriegsflagge die Hakenkreuzfahne gehisst werden sollte, wurde der Mast verlegt und weit hinten am Hof beim Waagehäuschen aufgestellt. Der Stahlhelm wurde in die SA integriert, doch Ritter von Xylander weigerte sich, in die NSDAP einzutreten. Es kam noch ein weiteres, so nicht erwartetes Problem mit den Nazis hinzu. Ein Großvater Erika von Xylanders, ein angesehener Architekt, war Jude. Diese Tatsache hatte bis dahin keinerlei Bedeutung, im Rassenwahn der Nazis spielte sie jedoch eine große Rolle. Erika von Xylanders Vettern mussten wegen dieses Großvaters den Dienst als Offiziere quittieren. Als die Wehrmacht allerdings einige Jahre später dringend Soldaten brauchte, wurden die Vettern gnadenhalber «arisiert» und durften für ihr Vaterland fallen.

Hans-Harald von Xylander konnte Reserveoffizier bleiben, weil seine Frau nach den Nürnberger Rassegesetzen ja nur als «Vierteljüdin» galt und außerdem ihr Vater im Ersten Weltkrieg gefallen war. Dennoch rückten einige Bekannte von der Familie mit dem «rassischen Makel» ab.

«Kerle, sitzt grade!»: mit Corpsgeist in den Untergang

Unter solchen Umständen kam der Sicherung des Lebensunterhalts ganz besondere Bedeutung zu. Das Gut Hanshagen gehörte zu den wenigen im Kreis Schlawe, die nicht verschuldet waren und keine staatliche Hilfe in Anspruch nehmen mussten – wenn man die indirekte Subvention über die Schnapsbrennerei nicht dazuzählt. Neben der üblichen Landwirtschaft und der Brennerei verfügte das Gut noch über zwei weitere wichtige Einnahmequellen: Es wurden Saatkartoffeln gezüchtet, und ganz besonders hing das Herz des Gutsherrn an der Pferdezucht. Aus Hanshagen kam pommersches Warmblut, und das Gut diente zudem als Hengststation für zwei staatliche Hengste des Landgestüts Labes. Die Pferde aus Hanshagen wurden vor allem als Ausbildungspferde, sogenannte Remonten, an die Kavallerie verkauft. In regelmäßigen Abständen wurden sie den Einkäufern vorgeführt. Tochter Inge war stolz, wenn sie auch eine Stute führen durfte. Die Einkäufer des Militärs suchten sich die Pferde aus, die sie für den Kriegsdienst geeignet hielten, die übrigen dienten als Zug- und Kutschpferde in der gutseigenen Landwirtschaft oder wurden an private Käufer abgegeben.

Wenn die Pferde bei der Kavallerie ausgedient hatten, wurden sie für wenig Geld weiterverkauft. Diese Tiere waren in Pommern vor allem als Kutschpferde sehr beliebt, denn die Flausen waren ihnen beim Militär ausgetrieben worden, sie hatten gehorchen gelernt und gerieten nicht so schnell in Panik. Viele Gutsherrenfamilien hatten solche «alten Kameraden» vor dem Wagen.

Auf Hanshagen trug der junge Heinz Blossey als Kutscher große Verantwortung für die Pferde. Deshalb wurde er auch von seiner Herrschaft zur Ausbildung auf die Reit- und Fahrschule beim Landgestüt Labes geschickt. Heinz lebte mit den Pferden und für die Pferde des Gutes. Aber auch die Gutsherrenfamilie war auf dem Pferderücken zu Hause, Erika von Xylander hat die Ausritte mit ihrem Mann in die pommersche Landschaft zeit ihres Lebens als wichtige Erinnerung an ihre Ehe bewahrt, und auch die Kinder bekamen, sobald sie alt genug waren, ihr eigenes Pferd. In ihrer Liebe zu den Pferden unterschieden sich die Menschen auf Hanshagen kaum von den anderen Bewohnern

Die Kinder der von Xylanders beim Reitunterricht in Hanshagen. Pferde und das Reiten spielten immer eine wichtige Rolle in Pommern. Die Pferdezucht war auch eine wichtige Einnahmequelle des Guts Hanshagen.

der Provinz. Pommern war Pferdeland. Ohne Pferde konnte kein Landwirt arbeiten, ohne sie kam man in der weiten Landschaft nicht vom Fleck, und ohne Pferde gab es keine Kavallerie, und die spielte in dem militärisch geprägten Landstrich eine spezielle Rolle.

Pommern war die Heimat der Blücher-Husaren, des traditionsreichen Kavallerieregiments «Fürst Blücher von Wahlstatt Nr. 5». Das Regiment war ein wichtiger Wirtschaftsfaktor in Stolp und gleichzeitig gesellschaftlicher Mittelpunkt der Region. Hier dienten die jungen Männer von Stand, oft waren schon ihre Väter und Großväter bei den Blücher-Husaren gewesen. Und bei den Feiern des Regiments konnte eine junge Dame den geeigneten Partner kennenlernen, wenn sich unter den Söhnen auf den benachbarten Gütern keiner fand.

Die Popularität der Husaren stieg noch, als sie in Feldmarschall August von Mackensen eine hochverehrte Galionsfigur bekamen. Von Mackensen war schon im Ersten Weltkrieg mit dem 5. Regiment geritten. Er trat öffentlich immer in seiner bunten, ordensübersäten Husarenuniform auf. Dieser Aufzug und seine Bereitschaft, sich von der nationalsozialistischen Propaganda vereinnahmen zu lassen, brachte von Mackensen auch den Spottnamen «Reichstafelaufsatz» ein. Doch in Pommern war man weit entfernt von solchen Respektlosigkeiten. 1935 wurde der 85-Jährige zum Ehrenkommandeur des 5. Reiterregiments ernannt. In einer feierlichen Zeremonie brachte er vor der Front der Kavalleristen ein Hoch auf Vaterland und Führer aus.

Es war eine Ehre, bei den Husaren in Stolp zu dienen, das empfanden nicht nur die Herren so, sondern auch viele Bauernsöhne. Als die Wehrmacht aufgebaut wurde und die jungen Männer wieder Einberufungsbescheide erhielten, wurde Rittmeister von Wühlisch, selbst ein Nachfahre des alten Marschall Blücher, immer wieder um eine Empfehlung gebeten. Rudi

Nemitz, Sohn des einstigen Kavalleriewachtmeisters und früheren Stahlhelmvorsitzenden in Groß Justin, gelang es, beim 5. Regiment angenommen zu werden. Auf einen Rekruten bei der Kavallerie wartete viel Arbeit, die sich nicht so sehr von der auf dem heimatlichen Hof unterschied. Unter den strengen Augen eines Unteroffiziers musste man viel Arbeit im Stall hinter sich bringen und nachts auch noch bei den Pferden Wache halten. Aber Rudi Nemitz bekommt noch heute leuchtende Augen, wenn er sich an die Rückritte in die Kaserne nach einer der Übungen außerhalb von Stolp erinnert. Da wartete am Ortseingang schon die berittene Kapelle, der Wachtmeister befahl: «Kerle, sitzt grade!» – und das machten die jungen Männer auch, wenn sie zu klingendem Spiel und unter den bewundernden Blicken der einkaufenden Mädchen in ihr Quartier ritten.

Da hielt sich eine romantische Vorstellung vom Soldatsein, die auch im Ersten Weltkrieg nicht gebrochen worden war. Diesen Krieg hatten viele Pommern, Offiziere wie Mannschaften, eben nicht in den Schützengräben der Westfront erlebt, sondern als Reiter an der Ostfront, auf dem Rücken eines Pferdes in einem Bewegungskrieg. Als Besatzer hatten sie tief im fremden Land gestanden und waren wenig angefochten worden. Die Bitterkeit und Sinnlosigkeit einer Materialschlacht, bei der Mensch und Material verheizt wurden, hatten sie nicht kennengelernt. Der Reiter auf den Weizenfeldern einer unterworfenen Ukraine konnte leicht dem Irrglauben aufsitzen, eine verräterische Heimat wäre dem unbesiegten Heer in den Rücken gefallen.

Da freute es viele, dass das Militär, in dem die pommerschen Gutsherren von jeher eine wichtige Rolle spielten, endlich seine alte Bedeutung zurückgewann; und wenn man nicht, aus welchem Grund auch immer, in die Mühlen der Politik und den Nazis in die Quere geriet, war das Leben leichter als in den unruhigen und wirtschaftlich turbulenten 20er Jahren. Die Welt, in der die Menschen auf Hanshagen lebten, ist aus heutiger

Sicht nur schwer zu verstehen. Militärische Tugenden und ein glühender Patriotismus waren selbstverständlich und wurden wie Glaubensvorstellungen gepflegt. Durch ihren strengen, konservativen Protestantismus geriet die Gutsherrin jedoch in einen gefährlichen Gegensatz zu den herrschenden Nationalsozialisten: Der Pastor im Dorf hatte Kontakte zur Bekennenden Kirche. Durch ihn kam Erika von Xylander an die oppositionellen Flugblätter und hatte lose Verbindungen zu den konservativen Kreisen, die später ein Attentat auf Hitler wagten.

Auch Kordula von Wühlisch geriet aus konservativ-altpreußischer Gesinnung über Kreuz mit den Nazis. Sie hatte gehört, wie BDM-Mädchen ein Lied sangen, dessen Refrain sie so verstand: «Der Hauptmann reitet am End, der feige Hund». Das wollte die Tochter aus alter Offiziersfamilie nicht auf sich sitzenlassen.

Sie schrieb einen Protestbrief an den Reichsjugendführer Baldur von Schirach und forderte ihn auf, sich in den Verlustlisten des Ersten Weltkriegs anzusehen, wie viele Offiziere vorne gefallen waren, bevor er solche Lieder singen ließ. Ein harmloses Briefchen, doch zwei Tage später stand eine Abgesandte der NSDAP vor Kordula von Wühlisch – «so eine zackige Zicke», erinnert sie sich – und teilte ihr mit, sie wäre ehrenlos entlassen. Das verwirrte die Gutsherrentochter etwas, denn schließlich hatte sie gerade erst ihr Abitur gemacht und war weder irgendwo in Stellung noch nahm sie sonst eine Funktion ein. Wahrscheinlich hatte irgendjemand, ohne Ansehen des Falls und der Umstände, den Befehl erteilt, die freche Briefschreiberin rauszuwerfen, und der wurde jetzt – Befehl ist Befehl – umgesetzt. Kordula von Wühlisch fragte also: «Wovon denn, ich bin ja noch nirgends drin?» Darauf bekam sie die Antwort, sie sei politisch belastet und würde auch nie aufgenommen – gemeint war wohl die NSDAP.

Als Kordulas Vater davon erfuhr, wurde er hellhörig und

machte sich auf die Suche nach einer Stellung, in der seine Tochter geschützt war und keinen Anstoß erregte. Das Naheliegendste war natürlich die Wehrmacht, wo man Frauen für viele Verwaltungstätigkeiten brauchte und Kordula von Wühlisch einigermaßen in Sicherheit vor den Parteifunktionären war. Dank der Beziehungen ihres Vaters konnte Kordula von Wühlisch tatsächlich in der Wehrmacht unterschlüpfen, und dort lernte sie dann auch ihren späteren Mann kennen.

Leben im Windschatten der Front

Begehrenswert wurde das pommersche Landleben für die Städter, als der Krieg ausbrach und die Lebensmittel knapp wurden. In Pommern hatte man noch reichlich. Natürlich gab es eine Kriegsbewirtschaftung mit ihrem Zwang zur Ablieferung landwirtschaftlicher Erzeugnisse. Doch dieses System kannte man noch vom letzten Krieg samt den Möglichkeiten, die Anordnungen unbemerkt zu umgehen. Selbst der aufmerksamste Kontrolleur bekam nicht so genau mit, wenn plötzlich ein paar Hühner verschwunden waren, und wie viele Ferkel eines Wurfes letztlich überlebten, ließ sich ebenso wenig voraussagen wie die Anzahl der erfolgreich geschlüpften Gänseküken.

Die Haushalte, ob Deputantenhäuschen oder Schloss, empfingen von jetzt an viele Gäste. Anfangs meldeten sich entfernte Verwandte und Bekannte an, um sich in Pommern mal wieder richtig satt zu futtern. Bald kamen immer mehr Kinder und Halbwüchsige hinzu. Zunächst stillten sie auf Großer Fahrt mit der Hitlerjugend oder als Erntehelfer nur ihren Riesenappetit in der Speisekammer des Reiches, später wurden sie im Zuge der Kinderlandverschickung auch aus einem anderen Grund in das Land jenseits der Oder gebracht, denn Pommern gehörte zum Reichsluftschutzkeller, also zu den Gebieten, die von den alliierten Bombern nicht erreicht wurden. Das änderte sich nicht einmal, als die Startbasen der Bomber immer näher an Deutschland heranrückten. In Hinterpommern fehlten die Ziele für einen Bombenteppich. Verwandte lagerten daher auch Wertsachen im sicheren Hinterland ein, die sie im Bombenkrieg keinesfalls verlieren wollten. Als im Westen des Deutschen Reichs die Städte bereits in Flammen standen, ging in den Badeorten an der Küste das mondäne Leben munter weiter. Doch die Unrast nahm zu: Die Gäste, ob sie nun Fronturlauber waren oder «uk» gestellt, also irgendwo im Hinterland unabkömmlich, jagten etwas gieriger und unbesonnener dem Vergnügen nach, denn schon beschlich viele die Ahnung, dass es mit dem bisherigen Leben bald zu Ende sein würde. Auch Prominente mussten sich um sehr profane Dinge des Lebens kümmern. So standen eines Tages bei Bauer Hugo Nemitz in Groß Justin Heinz Rühmann und Theo Lingen auf dem Hof. Natürlich erkannte der Bauer sie – auch von Groß Justin aus kam man mal in die Stadt und ins Kino – und fragte, was sie wollten. Es war das Übliche: Eier, Milch, Speck. Nemitz bestand auf Vorkasse: «Erst singen», verlangte er. Längst war die Dorfjugend zusammengelaufen und schaute in den Hof, Frauen standen in den Türen. Lingen und Rühmann boten den Groß Justinern eine kleine Vorführung, sangen ein Lied, machten ein paar Tanzschritte, heimsten höflich den Beifall und die Lebensmittel ein und kehrten wieder in ihre Quartiere an der Küste zurück.

Der Krieg fand weit von Hinterpommern entfernt statt, aber fern waren jetzt auch viele Männer. Die schwere Arbeit in der Landwirtschaft konnten die Frauen nicht bewältigen. Daher wurden ihnen «Fremdarbeiter», Kriegsgefangene oder sogenannte «Zivil»-Arbeiter, in Wirklichkeit Zwangsarbeiter aus den besetzten Ländern, zur Seite gestellt. Und mancher Pommer, der bis dahin an der Brutalität der NS-Herrschaft gezweifelt hatte, sah nun mit eigenen Augen, wie diese aus ihrer Heimat gerissenen Menschen behandelt und von ihren Wachleuten geschlagen wurden, denen das gute Essen in Pommern und das Leben als Herr über eine Gruppe von Arbeitssklaven natürlich lieber waren als der Dienst an der Front. Strenge Vorschriften verboten Kontakte mit den Zwangsarbeitern, die über ihre Ausnutzung als Arbeitskräfte hinausgingen. Und viele hielten sich daran. Aber wie fast überall auf dem Land war auch in Pommern die strikte Isolation der Fremdarbeiter nicht durchzuhalten, schließlich entsprach es Brauch und Sitte, dass jemand, der mitarbeitete, auch mit am Tisch saß. Die Frauen wussten nur zu gut, dass die Männer aus der Fremde nicht vernünftig arbeiten konnten, wenn sie nur ihre offizielle Essenszuteilung bekamen, also lag es schon im wohlverstandenen Eigeninteresse der Gutsherrin wie der Bäuerin, den Fremdarbeitern noch etwas zuzuschieben. In Hanshagen stand vor dem Quartier der Zwangsarbeiter jeden Morgen eine Kanne voll Milch, reihum geliefert von den Haushalten des Dorfs.

Doch dann häuften sich die Verlustmeldungen. Die pommerschen Männer galten als tapfere und gehorsame Soldaten, Offiziere wie Mannschaften, und in einem Krieg, in dem die eigenen Leute nicht geschont wurden, standen sie immer wieder in vorderster Front.

Kordula von Wühlisch wollte den Mann heiraten, den sie bei der Wehrmacht kennengelernt hatte, doch immer wieder hielt Trauer Einzug ins Haus. Nacheinander fielen alle ihre Brüder. Unter den Bedingungen des Krieges hatte das Warten keinen Zweck, und so heiratete das Paar schließlich trotzdem.

Auf Hanshagen trauerte man schon 1941 um den Gutsherrn Hans-Harald Ritter von Xylander, der an der Ostfront gefallen war. Im Herbst des Jahres wurde sein ältester Sohn, der 18-jährige Hans Hagen, einberufen. Er neigte nicht zum Soldatentum, sondern interessierte sich für Literatur und Musik, doch es blieb ihm keine Wahl, und er glaubte, der alten Familientradition folgen und seine Pflicht tun zu müssen. Als Gutserbe machte er ein Testament, in dem er seinen jüngeren Bruder Eberhard einsetzte, und ging an die Front. Am 26. Oktober 1942 fiel Hans Hagen von Xylander, wie im Jahr zuvor sein Vater und 1914 sein Großvater.

Inge, die Tochter des Hauses, wohnte noch im Internat in Potsdam. Dort bekam sie eines Tages Besuch von einem jungen Mann, der auf einem Gut zwölf Kilometer entfernt von Hanshagen aufgewachsen war und dessen Schwester einst gemeinsam mit den Kindern der Xylanders von Hauslehrern unterrichtet worden war. Sie hatte die Woche über in Hanshagen gewohnt und war nur am Wochenende nach Hause abgeholt worden.

Nun stand der große Bruder der Kameradin von einst im Internat. Auch sein Vater und sein Bruder waren inzwischen an der Front gefallen, als letzter männlicher Vertreter seiner Familie wurde er im Hinterland eingesetzt, und als er mit seinem Bataillonskommandeur zufällig in Berlin zu tun hatte, fuhr er zum Kaiserin-Augusta-Stift, um die Nachbarstochter zu besuchen. Der junge Offizier erwirkte bei der Internatsleitung die Erlaubnis, Inge ins Theater auszuführen. Stattdessen ging er aber mit ihr in eine Revue. Die beiden hielten Kontakt, und zwei Wochen bevor die 17-Jährige ihre Abiturprüfung ablegte, überraschte sie der Nachbarssohn mit einem Heiratsantrag. Mit so etwas war man schnell in einer Zeit, in der so viel gestorben wurde. Doch Inge bat um Bedenkzeit. Zunächst erwarb sie ihre Hochschulreife und kehrte nach Hanshagen zurück, um der Mutter auf dem Gut zu helfen. Doch ein erstes zartes Band war geknüpft. Inge war verlobt.

Hanshagen entwickelte sich immer mehr zu einer Frauenwirtschaft. Heinz Blossey wurde eingezogen. Weil auch er der letzte männliche Spross seiner Familie war, erreichte Erika von Xylander, dass er nicht an die Front kam. Er diente im Hinterland, und zur nächsten Ernte wurde er sogar freigestellt. Ein letztes Mal fuhr er in Hanshagen die hochbeladenen Erntewagen.

Immer deutlicher zeichnete sich ab, dass dieser Krieg nicht mehr zu gewinnen war. Doch nur langsam begann ein Umdenken. Viele aus der pommerschen Herrenschicht hatten große Hoffnungen in Hitler gesetzt. Zwar störten sich viele am schlechten Benehmen und dem pöbelhaften Habitus der Nationalsozialisten, und es missfiel allgemein, dass so viele wichtige Posten von Süddeutschen eingenommen wurden, aber mit der labilen Weimarer Demokratie und den Demokraten konnten die Pommern noch weniger anfangen. Unter den Nazis herrschte wenigstens wieder ein System von Befehl und Gehorsam, von Führung und Gefolgschaft, von Treue wider Treue – so glaubten jedenfalls viele. Die Sozialisten, Kommunisten, Demokraten und Juden, die von den Nazis verfolgt wurden, mochte man ohnehin nicht, auch wenn man manchen Exzess beim Umgang mit diesen Gegnern nicht billigte.

Außerdem hatten der Führer und seine Leute aus Sicht der meisten zunächst viele Erfolge aufzuweisen. Es gab wieder eine richtige Wehrmacht, in der ein Spross aus einer Offiziersfamilie in die Fußstapfen seiner Väter treten konnte, Österreich und das Sudetenland wurden angeschlossen, und auch der Krieg verlief zunächst viel erfolgreicher, als es die Herren aus Preußens Militäradel in den Generalstäben erwartet und geplant hatten. Hitler setzte sich immer wieder kühn über die Zauderer und Bedenkenträger hinweg und hatte damit zunächst Erfolg.

Fahnentreue?

Jetzt drehte sich das Blatt, und mancher pommersche Herr geriet in einen schweren Konflikt. Dem Vaterland und seinem Befehlshaber hatte er Treue und Gehorsam geschworen. Das militärische Prinzip, dass man Befehlen auch dann folgt, wenn man selbst deren Sinn nicht einsieht, war fest in den Köpfen verankert.

Blinder Gehorsam und bedingungslose Pflichterfüllung gehörten zum pommersch-preußischen Selbstverständnis, und gerade die Bereitschaft dazu verstand die traditionelle Herrenschicht auch als Rechtfertigung für ihre herausgehobene Stellung. Da schwang noch etwas von mittelalterlichem Denken mit: der Ritter, der jederzeit seine Burg verlässt und in den Kampf zieht, wenn sein Lehnsherr das von ihm verlangt.

Doch diese Welt geriet auf einmal ins Wanken, denn ihre Werte standen in offenem Widerspruch zueinander. Was tun, wenn der Befehlshaber, dem man die Treue geschworen hat, das Vaterland, das man zu schützen und zu verteidigen hat, in den Untergang führt? Vor allem Offiziere in den Stäben erkannten, dass die Fortsetzung dieses Krieges in eine Katastrophe führen musste. Aber sie wussten nur zu gut, wie schwer es sein würde, den Kampf zu beenden und die Niederlage einzugestehen. Auch sie hatten schließlich auf die «Novemberverräter» geschimpft, die 1918 dem unbesiegten Heer angeblich in den Rücken gefallen waren und so die Niederlage im Ersten Weltkrieg erst verursacht hätten.

Ein Bauer oder Deputant in Pommern hatte solche Zweifel meistens nicht. Wenn er schon Zeitung las, dann beschäftigte er sich mit den örtlichen Ereignissen. Wichtigster Nachrichtenüberbringer war früher der jüdische Viehhändler, jetzt erzählte sein «arischer» Nachfolger, was in der Umgebung los war. Der Milchfahrer des Dorfs berichtete, was sich die Fahrer beim regelmäßigen Treffen in der Kneipe am Marktplatz erzählten. Die Frauen hielten sich gegenseitig über die Vorgänge im Dorf und im Schloss auf dem Laufenden, dazu kamen noch die Aushänge der Obrigkeit sowie gelegentlich eine Rede der örtlichen Würdenträger.

Nicht überall hatte man schon Strom, und ein Radio war eine Seltenheit. Der Gutsherr auf Hanshagen hatte einen Gemeinschaftsraum im Dorf eingerichtet und ein Radio spendiert, aber was man da zu hören bekam, war auch nicht besser als die Reden der örtlichen NSDAP-Bonzen.

Die große Politik war für die meisten Dorfbewohner letztlich etwas Schicksalhaftes wie das Wetter, wie Geburt, Krankheit und Tod. Der Krieg spielte sich weit entfernt ab. Er nahm die Männer und Söhne, und nur wenn man Glück hatte, bekam man sie heil wieder zurück. Das Leben folgte weiter dem Rhythmus von Saat und Ernte wie schon seit vielen Generationen, und bisher hatten die Querelen der Mächtigen dieses Leben immer nur vorübergehend gestört.

Vor allem die Offiziere, die an der Ostfront das Wüten von SS und Wehrmacht erlebt hatten, wussten, wie der Krieg enden musste. Sie fürchteten die Rache des Siegers, der seit dem Ende der 6. Armee in Stalingrad Deutschland immer näher rückte; und sie sahen durch das Morden in der Sowjetunion die Ehre der Wehrmacht beschmutzt, eine Ehre, die ihnen wichtig war und die sie unter allen Umständen hochhalten wollten.

Unter den Verschwörern des 20. Juli finden sich deshalb auch die Namen von alten pommerschen Familien: von Kleist, von Zitzewitz, von Thadden, von Hagen …

Das Attentat auf Hitler spaltete in der pommerschen Herrenschicht Freundschaften und Familien. Die einen verurteilten die Verschwörung als abscheulichsten Verrat und Eidbruch in schwerer Zeit, die anderen sahen darin ein Opfer, das die Ehre des deutschen Offiziers wiederaufrichtete. Hitler misstraute seitdem den preußischen Herren mit dem «von» im Namen noch mehr als zuvor.

Auf Hanshagen hatte Erika von Xylander alle Hände voll zu tun, das Gut unter den Bedingungen des Krieges weiter zu betreiben. Nach polnischen und russischen Kriegsgefangenen waren jetzt französische Fremdarbeiter im Dorf untergebracht, mit denen man gut zurechtkam, dennoch fehlten die erfahrenen Männer aus Hanshagen überall.

Die «Ostarbeiter» wurden immer unzufriedener, weil ihre Kleidung bei der schweren Arbeit mehr und mehr zerlumpte und sie keinen Ersatz erhielten. Die Zwangsarbeiter hatten nichts mehr anzuziehen und drohten sogar der Gutsherrin, sollte sich nichts ändern. Erika von Xylander hatte auf dem Landratsamt bereits Bezugsscheine für Textilien beantragt, doch das blieb ohne Erfolg. Jetzt telefonierte sie direkt mit dem Landrat und erklärte ihm, sie könne nicht mehr ausschließen, dass die Ostarbeiter zu Gewalttätigkeiten übergingen.

Daraufhin wurde sie nach Schlawe bestellt und im Landratsamt in einen Raum voll gebrauchter Kleidung geführt. Hier sollte sie sich aussuchen, was ihre Arbeitskräfte brauchten. Erika von Xylander fragte, woher die Kleider kämen, erhielt aber nur die Antwort, das dürfe man ihr nicht sagen. Sie nahm die Kleidung mit, die auf Hanshagen so dringend gebraucht wurde, und sah sie sich erst zu Hause genauer an. Da entdeckte sie eingenähte Namensschildchen: Es waren eindeutig jüdische Namen. Erika von Xylander trennte die Schildchen heraus und gab die Sachen mit schlechtem Gewissen an die Ostarbeiter. Doch schon am nächsten Nachmittag brachten zwei Mädchen die Kleidungsstücke zurück: An diesen Sachen klebe Blut, die könnten sie nicht nehmen.

Glücklicherweise konnte wenigstens der Inspektor des Guts immer wieder vor der Einberufung bewahrt werden. Das Haus wurde immer voller. Anfangs waren ausgebombte Freunde und Verwandte aus dem Westen nach Hanshagen gekommen, dann wurden Evakuierte eingewiesen, und schließlich kam auch noch die vielköpfige Familie der langjährigen Kinderfrau der von Xylanders aus dem Memelland hinzu. Das Haus wurde aufgeteilt. Die Memeler richteten sich mit Betten im Esssaal ein, die

Bombengeschädigten wurden unten in den Nebenräumen der Küche untergebracht, im Gästezimmer wohnten zwei Cousinen mit ihren Kindern. Frau von Xylander und ihrer Tochter Inge blieb nur noch wenig Platz für sich selbst.

Flucht und Vertreibung

Zu dieser Zeit tauchten auf den pommerschen Dörfern die ersten Flüchtlingstrecks aus Ostpreußen auf. Man betrachtete mitleidig die Menschen, die ihre Heimat verloren hatten und auf die Hilfe von anderen angewiesen waren, doch die meisten Pommern konnten sich gar nicht vorstellen, dass sie schon bald dasselbe Schicksal ereilen würde. In den offiziellen Nachrichten, die die Dörfer erreichten, hieß es schließlich, dass sich das Blatt an den Fronten bald wieder wenden würde. Fronturlauber, die erzählen konnten, wie es «vorne» wirklich zuging, kamen immer seltener nach Hause.

Der Krieg rückte näher, und Erika von Xylanders Neffe beim Oberkommando des Heeres beschwor die Gutsherrin, Hanshagen möglichst bald zu verlassen. Auch der Verlobte der Tochter Inge versicherte, dass die Rote Armee nicht mehr aufzuhalten sei und bald auch Hanshagen erreichen würde.

Die Gutsherrin zögerte. Sie hing an Hanshagen, und der Gedanke an Flucht oder Aufgabe war ihr zuwider. Schließlich war sie in der Überzeugung aufgewachsen, dass man seine Verantwortung tragen müsse, ganz gleich, welche Prüfungen einem das Schicksal auch auferlegte.

Sie bekam ein Magengeschwür, manchmal half nur ein Gläschen Cognac über die Sorgen hinweg. Und schließlich traf Erika von Xylander mit ihrem Inspektor doch Vorbereitungen, Hanshagen zu verlassen; wie immer entschied sie dabei für das ganze Dorf. Wagen wurden hergerichtet und nummeriert, Dokumente,

Kleider und Proviant für die Flucht zusammengestellt und verpackt.

Aber noch gab es keine «Treckerlaubnis». Es war bei strenger Strafe verboten, die Heimat zu verlassen, denn die Straßen sollten freigehalten werden für die Wehrmacht und die Flüchtlinge aus Ostpreußen und den polnischen Gebieten, die ja schon unterwegs waren. Außerdem hielt man in den nationalsozialistischen Behörden noch immer an der Fiktion fest, dass der Zusammenbruch noch aufzuhalten wäre.

Der über die militärische Lage gutinformierte Neffe und der künftige Schwiegersohn bedrängten Erika von Xylander jedoch immer nachdrücklicher, sich und ihre Tochter nach Westen in Sicherheit zu bringen.

Sie rief die Frauen des Dorfs zusammen, erklärte ihnen den Plan und bat sie mitzukommen. Betreten gingen die Frauen nach Hause und teilten der Gutsherrin am nächsten Tag mit, dass sie sich an so einem Abenteuer nicht beteiligen wollten. Lieber wollten sie dableiben und abwarten. Auch die Verwandten und Freunde auf den benachbarten Gütern wollten den Ernst der Lage nicht wahrhaben, ein Nachbar warf Erika von Xylander vor, die ganze Gegend verrückt zu machen. Die Gutsherrin trug schwer daran, dass sie jetzt nicht nur Hanshagen, sondern auch noch «ihre Leute» im Stich lassen würde.

Doch am 28. Januar 1945 zog sie mit zwei Wagen und acht Pferden los. Mit ihr fuhren ihre Tochter, einige Vertraute aus dem Personal des Gutshauses und die Flüchtlinge, die zeitweise auf dem Gut eine Bleibe gefunden hatten. Die Dorfbewohner blieben in Hanshagen zurück. Als Legitimation führte Erika von Xylander nur eine vom Ortsbauernführer abgestempelte Bescheinigung bei sich, der zufolge sie die Flüchtlinge mit ihrem Eigentum zum Hafen nach Kolberg bringe und danach wieder nach Hanshagen zurückkehren werde. Der Schutz, den diese Bescheinigung bot, war mehr als zweifelhaft.

Ungefähr zur selben Zeit, als Erika von Xylander Hanshagen verließ, erreichten die ersten russischen Truppen pommersches Gebiet. Das Bild unterschied sich kaum von dem an anderen Teilen der Front. Widerstand war längst aussichtslos, dennoch wurden die letzten Reserven zusammengekratzt, wurden abgekämpfte und kaum ausgerüstete Truppen, alte Männer und Halbwüchsige in den Tod oder die Gefangenschaft geschickt, um den Gegner noch ein wenig aufzuhalten.

Überall kam es zu den gleichen Szenen und Exzessen, als die sowjetischen Soldaten auf deutsches Gebiet vorrückten: Frauen wurden vergewaltigt, Häuser und Ortschaften niedergebrannt, Menschen willkürlich erschossen. Die Gutsherren in ihren Schlössern erschienen den russischen Soldaten als Inbegriff des Feindes, den man bekämpfte. Polnische und russische Zwangsarbeiter rächten sich für die Zeit, in der sie von den verhassten Deutschen wie Sklaven behandelt worden waren.

Schutz boten den Frauen allenfalls die pommerschen Wälder. Irma Pliquet und ihre Familie flohen viel zu spät. Da war nachts der Himmel in Lubben schon erleuchtet von der brennenden Kreisstadt Rummelsburg. Auf vereisten, spiegelglatten Straßen fuhren immer zwei Familien auf einem Wagen. Die frischbeschlagenen Pferde glitten immer wieder aus, die Straßen waren hoffnungslos überfüllt von Flüchtlingstrecks, und immer wieder wurden diese Flüchtlinge mit ihren Wagen von Wehrmachtskonvois an die Seite gedrängt. Der Treck aus Lubben kam nicht weit, dann waren auch schon die ersten russischen Panzer und Soldaten auf Panjewagen da. Den Flüchtlingen wurden die Pferde abgenommen. Sie sollten zu Fuß in ihr Dorf zurückkehren. Ein Deutscher in russischer Uniform half Irma Pliquet, in den Wald zu entkommen, während die meisten Frauen und Mädchen in einer Scheune zusammengetrieben wurden. Drei Wochen hielt sie sich mit anderen Frauen im Wald versteckt und lebte von wenig mehr als aufgetautem Schnee. Sie konnten sich nicht waschen, alle wurden krank. Schließlich wagten sie sich nach Lubben zurück.

Viele Dorfbewohner begaben sich zunächst gar nicht auf die Flucht. Rosemarie Hoppes Vater hatte das Chaos auf den von Flüchtlingstrecks überfüllten Straßen gesehen und weigerte sich, bei dieser Eiseskälte ins Unbekannte zu ziehen. Lieber versteckte er sich mit seiner Familie.

In Tessin kurz vor der Oder hatte Erika Piepenburgs Vater zwar schon einen Treckwagen hergerichtet, doch als es ernst wurde, machte auch er es mit seiner Familie so wie die Bauern seit Jahrhunderten. Sie versteckten sich im Wald und warteten darauf, dass die Furie des Krieges weiterzog. Nach einiger Zeit schickte er die Tochter auf dem Fahrrad los. Sie sollte nachsehen, was draußen und im Dorf los wäre.

Doch kaum hatte sie den Wald verlassen, traf Erika auf eine Gruppe deutscher Soldaten, die getarnt in einem Graben den Feind erwartete. Die Männer waren natürlich höchst erstaunt, dass da direkt an der Front plötzlich ein junges Mädchen angeradelt kam. Ein Soldat kannte Erika, weil er bei der Familie in Quartier gewesen war. Er forderte das Mädchen auf, den Vater zu holen, und machte ihm klar, dass er schleunigst seine Familie von hier wegbringen müsste.

Also gingen Erika und ihre Familie doch noch auf den Treck. Das erste

Erika Piepenburg, Bauerntochter aus Tessin. Sie arbeitete als Dienstmädchen auf dem Schloss Martenthin und floh mit ihrer Familie vor der herannahenden Front.

Problem stellte sich schon an der nächsten Straßenkreuzung. Trecks aus allen Richtungen trafen hier aufeinander und stauten sich tagelang. Als gefährlicher Engpass entpuppten sich auch die wenigen Möglichkeiten, über die Oder und ihre Nebenarme an der Ostsee zu kommen. Der Übergang gelang der Familie, aber vor Swinemünde ging es endgültig nicht mehr weiter. Die Stadt war überfüllt, die Treckwagen stauten sich schon kilometerlang davor. Eine Ausweichstrecke stand auf der Insel nicht zur Verfügung. Also verbrachte die Familie die Nacht in einer Scheune an der Straße. Das war ein Glück, denn in dieser Nacht wurde Swinemünde von britischen Bombern angegriffen, und viele Flüchtlinge kamen in der brennenden Stadt um.

Viele Dorfbewohner erfuhren viel zu spät, dass der Krieg jetzt auch ihre Heimat erreicht hatte. Die Bauernfamilien auf der Insel Gristow im Camminer Bodden wussten nicht einmal, dass die Front näher rückte, und erst, als die ersten russischen Artilleriegranaten auf der anderen Seite des Wassers in der Stadt Cammin einschlugen, wurde ihnen klar, dass die Rote Armee unmittelbar vor der Stadt stand.

Die besser informierte Erika von Xylander hatte sich noch vor dem großen Flüchtlingsstrom und dem großen Chaos nach Westen durchgeschlagen, sie fand Unterkunft und Verpflegung auf dem Weg, und nach fast zwei Monaten kam sie mit ihrer Tochter in Thüringen an, einem Gebiet, das zunächst von den Amerikanern besetzt wurde.

Die meisten Flüchtlinge, die später aufgebrochen waren, wurden schon bald von der russischen Front überrollt.

Viele erlebten dann – auch in Reaktion auf die Exzesse von SS und Wehrmacht in Russland –, was vorher schon in den von der Roten Armee besetzten Dörfern passiert war. In Hanshagen wurden alle jüngeren Frauen, die sich nicht verbergen konnten, vergewaltigt und als Arbeitskräfte nach Osten verschleppt. Heinz Blossey, der zu dieser Zeit in Gefangenschaft war, weiß nur von einer, die wieder zurückkam: Seine Schwester konnte in Ostpreußen entkommen und schlug sich zu Fuß bis ins heimatliche Hanshagen durch.

Auch in Tessin sollten zwei Tage nach der Einnahme durch die Rote Armee alle arbeitsfähigen Dorfbewohner zur Arbeit nach Osten abtransportiert werden. Erika Bein, eine Freundin Erika Piepenburgs, und ihr Bruder, der vom Krieg ein steifes Bein hatte, sollten mit diesem Transport abgehen. Das wollten sie nicht mit sich machen lassen, also verschwanden Erika Bein und ihr Bruder wieder im Wald und hielten sich dort trotz der winterlichen Kälte vier Wochen versteckt, bis die Besatzungssoldaten ausgewechselt waren.

Dann schien sich das Leben zu normalisieren. Es war Frühjahr, die Felder mussten bestellt werden, und die sowjetischen Befehlshaber forderten die noch herumirrenden Flüchtlinge auf, in ihre Dörfer zurückzukehren.

Erika Piepenburgs Familie war am 1. Mai von der Front überrollt worden und machte sich auf den Weg zurück nach Tessin. Der Krieg war hier ja bereits zu Ende, die Straßen einigermaßen frei.

Sie kamen gut voran und hofften, mit ein wenig Glück noch in derselben Nacht wieder in der Heimat zu sein. Doch bei Wollin wurden sie auf einer hölzernen Behelfsbrücke von polnischen Uniformierten gestoppt. Sie machten den Flüchtlingen unmissverständlich klar, dass sie nicht weiterkämen. Hier sei für sie als Deutsche Schluss. Zu alledem wurden auch noch ihre Pferde konfisziert, und die Familie stand auf einmal heimat- und mittellos da. Zu Fuß machten sie sich auf den Weg nach Berlin, wo schon die Geschwister von Erikas Vater lebten.

Erika Beins Familie hatte es – anders als die Piepenburgs – zurück nach Tessin geschafft und das verwüstete Haus notdürftig wieder hergerichtet. Inzwischen waren auch schon Kartoffeln gepflanzt, es war ja höchste Zeit, die Felder zu bestellen, sogar ein Pferd zur Arbeit hatte sich gefunden. Doch dann übernahmen Polen in Tessin die Verwaltung. Am 21. Juni verkündeten sie, die Deutschen müssten fort und dürften nur mitnehmen, was sie tragen könnten. An dem sehr heißen Tag liefen die Dorfbewohner mit ihrem Gepäck bis zur Dievenow, einem Meeresarm der Ostsee, der die Insel Wollin vom Festland trennt. Dort mussten sie bis zur Dunkelheit warten, und dann wurde ihnen bis auf die Kleider alles abgenommen. Völlig mittellos gingen die Vertriebenen weiter.

Das Gut der von Puttkamer wurde jetzt in polnischer Regie bewirtschaftet, und die deutschen Dorfbewohner, unter ihnen Irma Pliquet, mussten zusammen mit einer Gruppe deutscher Kriegsgefangener in der dortigen Landwirtschaft arbeiten. Versorgt oder entlohnt wurden sie fast gar nicht. Irma und ihre Familienangehörigen wären wahrscheinlich verhungert, hätten sie nicht regelmäßig Kartoffeln aus den Mieten gestohlen. Die Kartoffeln wurden gerieben und mit ausgekochtem Kunstdünger, dem roten Kalisalz, gewürzt, denn an Speisesalz war gar nicht zu denken. In Lubben wurde die Vertreibung systematisch organisiert und bürokratisch abgewickelt. Vater und Bruder von Irma Pliquet waren schon aus der Gefangenschaft nach Westdeutschland entlassen, über das Rote Kreuz hatten die Frau und die Töchter von ihnen erfahren. Irma arbeitete nach einem Arbeitsunfall als Dienstmädchen bei einem Ingenieur im Gutshaus. Da konnte sie endlich auch Salz für ihre Familie besorgen. Der Frau des Ingenieurs fiel die rapide Abnahme des häuslichen Salzvorrats auf, doch Irma erklärte frech, die Mäuse hätten es gestohlen.

Dann lagen die Unterlagen der polnischen Behörde vor. Der Kommandant händigte den Deutschen die Ausreisepapiere aus – allen, nur Irma nicht. Der Ingenieur und seine Frau wollten sie trotz des verschwundenen Salzes als Arbeitskraft behalten. Doch allein konnte Irma auf keinen Fall in Lubben bleiben. Also beschwor sie den Ingenieur, doch ein anderes Mädchen aus dem nahen Nachbarort in den Haushalt zu nehmen. Dem Mädchen gab sie zum Dank ihre letzte Joppe. Dann erhielt auch Irma die Ausreisepapiere.

Nun mussten die Ausgewiesenen dreißig Kilometer zu Fuß zum Bahnhof laufen. Es war heiß, Irma war unterernährt, und sie trug eine alte Hose, eine sogenannte Russenhose, an der sie sich bald überall wund scheuerte. Schon auf halber Wegstrecke konnte sie nicht mehr. Sie setzte sich an den Straßenrand und wollte nur noch zurückbleiben. Glücklicherweise kam genau zu diesem Zeitpunkt ein Traktor vorbei und nahm sie mit. Bahnhof und Zug waren die nächste Station auf dem beschwerlichen Weg der Vertriebenen. Zu jeweils vierzig wurden sie in Viehwaggons gesperrt, als Proviant bekamen sie ein Stück Schokolade und etwas Maisbrot, dann wurden sie auf weiten Umwegen nach Deutschland gefahren. Dort schlug ihnen wenig Sympathie entgegen, eine Bleibe wollte ihnen kaum jemand geben; zu viele Heimatlose, mit denen man teilen musste, waren schon gekommen.

In Sommin am östlichen Rand Pommerns wehrte sich Rosemarie Hoppes Vater gegen die Vertreibung. Er erklärte, die Wirtschaft habe schon sein Großvater betrieben, man könne ihn seinetwegen auch totschießen, aber er ginge hier nicht weg. Vielleicht gab den Ausschlag, dass er Katholik war, vielleicht spielte es eine Rolle, dass ihn schon aus der Zeit vor dem Krieg auch Polen von jenseits der Grenze kannten und dass er ein wenig Polnisch sprach. Jedenfalls durfte er bleiben und seine Mühle weiter betreiben. Allerdings mussten er und seine Familie die polnische Staatsbürgerschaft annehmen, im Beisein Fremder Deutsch zu sprechen war verpönt, und der Makel, ein Niemcy, ein Deutscher zu sein, machte ihm und seiner Familie noch lange Zeit zu schaffen.

Auch in Hanshagen wurden die Deutschen, die bei Kriegsende

noch im Dorf waren, nicht mehr vertrieben. Eine neue Politik setzte ein. Obwohl ja Polen angesiedelt wurden, die die Sowjets aus dem einstigen polnischen Osten vertrieben hatten, fehlte es im entvölkerten Land an Menschen. Wurden die Deutschen anfangs mit allen Mitteln vertrieben, schwächte sich der Druck später ab, und schließlich durften die verbliebenen Deutschen gar nicht mehr ausreisen – selbst wenn sie zu ihrer Familie nach Deutschland ziehen wollten.

Die meisten der Zurückgebliebenen hatten sich nie als «Herrenmenschen» aufgeführt oder sich auch nur so gefühlt. Jetzt standen sie ganz unten auf der Stufenleiter einer Gesellschaft, in der «Deutscher» noch viele Jahre ein Schimpfwort war. Das oberste Gebot lautete daher: nicht auffallen, nicht im Beisein Dritter Deutsch sprechen. Pommern war vor 1945 ein rein deutsches Gebiet, Polen lebten hier vereinzelt im Grenzgebiet oder kamen für kurze Zeit als Saisonarbeiter, als «Schnitter». Deutsch-polnische Kontakte oder gar Familienverbindungen gab es nicht. Es fehlte an einer Vermischung der Sprachen, Religionen und Völker, die in Schlesien die Vertreibung abmilderten und das spätere Zusammenleben erleichterten. In Pommern waren sich die Neuankömmlinge und die wenigen Dagebliebenen völlig fremd, und lange Zeit ging bei vielen Polen die Angst um, dass die Deutschen in dieses einst so deutsche Land zurückkommen könnten. Sie, die ja nicht freiwillig in diese Region gekommen waren, sondern hierher vertrieben worden waren, hätten sich dann ein weiteres Mal eine neue Heimat suchen müssen. Das führte bei vielen zu aggressiven Reaktionen auf jede Erinnerung an deutsches Leben im nun polnischen Pomorze.

Pommern und Pomorze einst und jetzt

Heinz Blossey hatte es nach dem Krieg nach Westdeutschland verschlagen. Dort nahm er auch wieder Kontakt mit Erika von Xylander auf, und eine Weile arbeitete er auf ihre Empfehlung in einer Reitschule in Süddeutschland, in der die Pferde der Xylanders untergebracht waren, die den weiten Treck von Hinterpommern überstanden hatten. Es gefiel ihm dort nicht sehr gut, aber er hing an den Pferden.

Schwieriger war es, wieder Verbindung zu seiner Mutter und seiner Schwester aufzunehmen, von denen er anfangs nur vermutete, dass sie in Hanshagen leben könnten. Noch schwieriger war es, sie aus Polen herauszubekommen. Es gab keine diplomatischen Verbindungen, keine polnische Botschaft in der Bundesrepublik. Die westdeutsche Politik erhob noch vollmundig Anspruch auf die ehemaligen deutschen Ostgebiete, und entsprechend hartnäckig weigerten sich die Polen, auf die Probleme der verbliebenen Deutschen im Land einzugehen – ganz zu schweigen von selbstkritischen Erwägungen, dass Pommern vielleicht kein «zurückgewonnenes» Gebiet sein könnte.

Heinz Blosseys bürokratische Odyssee führte zunächst zur polnischen Militärmission in West-Berlin, dann brauchte er eine Durchreisegenehmigung für die DDR. Aus- und Durchreisepapiere für seine Mutter und Schwester waren von Berlin aus nicht vollständig zu besorgen. 1957 war es dann so weit: Heinz Blossey saß im Zug in die Heimat. Er hatte zwei schwere Koffer dabei, gefüllt mit Kleidung, Kaffee und Tee, schließlich wollte er ja nicht mit leeren Händen ankommen. Am Bahnhof in Schlawe hätte er wegen der Schlepperei der Koffer beinahe seine Schwester verpasst, die beiden trafen sich erst im vollbesetzten Bus.

Und dann kam er in Hanshagen an. Am Straßenrand wartete schon seine Mutter, und nicht nur sie. Da standen der Stellmacher des ehemaligen Guts, der Hofmeister, der Schmied und noch einige andere Leute, die dageblieben waren. Heinz Blossey wurde überall herumgereicht, reihum wurde er zum Essen eingeladen. Sein Aufenthalt in Hanshagen zog sich hin. Dreimal musste er nach Warschau fahren, bis alle Papiere für seine Mutter und Schwester von den polnischen und den DDR-Behörden beisammen waren. Als besonders unfreundlich und abweisend hat er die DDR-Stellen in Erinnerung. Dabei brauchte er von ihnen ja nur die Genehmigung, das Land zu durchqueren. Schließlich war alles beisammen, und die Blosseys konnten gemeinsam ausreisen.

Die meisten Pommern besuchten die alte Heimat erst viele Jahre später. Für viele war das eine Enttäuschung. In den Wirren des Krieges und der Besetzung durch die Rote Armee waren große Teile der kleinen Städte niedergebrannt und später nicht wieder in der alten Form aufgebaut worden, auch auf dem Land gingen viele Gebäude unwiederbringlich verloren.

Ein zweiter Schock kam dann oft in den Jahren nach dem Ende des Kommunismus. Bis dahin waren die Güter als Staatsbetriebe weitergeführt worden. Die Gutshäuser dienten der Verwaltung, sie wurden als Schulen oder Kindergarten genutzt, als Kinder- oder Altenheime. Mancherorts hatte sich auch das Militär einquartiert, oder das Haus wurde einfach in Wohnungen für die Arbeiterfamilien unterteilt. Das war meistens nicht gerade sehr denkmalgerecht und wie vieles in der kommunistischen Mangelwirtschaft improvisiert, aber die Häuser wurden immerhin genutzt und instand gehalten.

Das änderte sich häufig mit dem Einzug der Marktwirtschaft. Die landwirtschaftlichen Betriebe wurden aufgelöst und mit ihnen die sozialen Einrichtungen, die in den Gütern untergebracht waren. Das Land wurde verkauft. Manches wurde wieder bewirtschaftet, anderes ließen Spekulanten brachliegen. Landarbeiter wurden viel weniger benötigt, viele verloren ihre Arbeit und gingen weg. Die Gutshäuser standen leer und verfielen rasend schnell, Plünderungen und Vandalismus taten ein Übriges. Auch Hanshagen, bis 1990 in recht gutem Zustand, ist inzwischen so verfallen, dass es nicht mehr gerettet werden kann.

Die Gutshäuser wurden vielfach zu einer Altlast, die die Gemeinden verzweifelt zu erhalten und an den Mann zu bringen versuchen. Manche wurden von vermögenden Polen gekauft und aufwendig restauriert. Doch das ist fragwürdiger Luxus, für den anderswo erworbener Reichtum eingesetzt wird. Wirtschaftlich nutzbar sind die meisten Schlösser kaum, der Markt für Yoga- und Wellness- oder Tagungshotels irgendwo draußen auf dem Land ist begrenzt, und so schön das Land auch ist, der Tourismus wird die Häuser in absehbarer Zeit nicht füllen. Auch nicht der Erinnerungstourismus, obwohl kluge Bürgermeister und Fremdenverkehrsmanager längst erkannt haben, dass die Deutschen, die auf den Spuren ihrer Kindheit oder ihrer Vorfahren das Land bereisen, auch Geld dalassen.

Längst hat sich das deutsch-polnische Klima zumindest auf dieser Ebene entspannt, die Heimwehtouristen werden nicht mehr als die Vorhut einer deutschen Invasionsarmee beargwöhnt, aber noch immer ist das Thema heikel. Noch immer klafft in den offiziellen Ortschroniken eine auffällige Lücke zwischen der Aufzählung slawischer Herrscher im Mittelalter und dem Jahr 1945. Noch immer wird man im östlichen Hinterpommern an allen Ecken und Enden auf die Kultur und Geschichte der slawischen Minderheit der Kaschuben hingewiesen. Es gibt einen slowinzischen (kaschubischen) Nationalpark; das Burghotel in Bytów, vormals Bütow, in dem viele Reisegruppen übernachten, inszeniert sich auf Kaschubisch. Doch von der nur wenige Jahrzehnte zurückliegenden deutschen Geschichte der Region ist nicht die Rede. Zu tief sitzt die im Kommunismus gepflegte Propaganda, Pommern sei «zurückgewonnenes» Gebiet. Darüber können die Generationen noch heute in Streit geraten, wie unsere in Szczecin (Stettin) geborene Dolmetscherin mit ihrer Großmutter, die sich schließlich beide über einen Geschichtsatlas beugen und zum Erstaunen der Großmutter immer noch weiter zurückblättern müssen, bis sie für das 13. Jahrhundert auf eine slawische Besiedlung des Gebiets von Pommern stoßen. Aber auch die junge Frau war erstaunt, als man ihr bei einem Stadtrundgang erzählte, dass der erhalten gebliebene Teil der Innenstadt typisch wilhelminische Architektur sei und dass die Gebäude der Universität ganz sicher einmal preußische Kasernen waren.

Lange Zeit wurde die deutsche Geschichte weitgehend verdrängt. Deutsche Friedhöfe, wenn sie nicht von Amts wegen eingeebnet und die Grabsteine als Baumaterial zweckentfremdet wurden, waren dem Verfall, der Verwüstung und der Plünderung überlassen, und noch immer stößt man in manchen Dörfern auf Denkmäler aus dem Ersten Weltkrieg, deren Inschrift mit Beton zugestrichen wurde.

In Zezenow erzählt der ehemalige Bürgermeister bis heute von den Kämpfen mit einem seiner Nachfolger. Zygmunt Mach wohnt auf dem Gelände des einstigen Schlosses derer von Zitzewitz. Hier stimmt die Bezeichnung «Schloss», doch der riesige, einst prächtige Bau und Sitz des sogenannten Kaschubenbarons steht seit dem Ende des Sozialismus leer und verfällt.

Das Land liegt brach, und die meisten Wirtschaftsgebäude sind schon in sich zusammengestürzt. Vom Schloss sieht man durch eine prächtige Allee von alten Bäumen auf die Kirche. Viele Dörfer in Pommern waren mit dieser Sichtachse zwischen Kirche und Herrenhaus angelegt. Die Kirche ist ein typisch preußisch-protestantischer Backsteinbau und heute natürlich längst eine katholische Pfarrkirche. Um sie herum wächst Gras, denn die Grabsteine und Grabkreuze des deutschen Friedhofs wurden schon vor langer Zeit beseitigt. Aber die Fundamente liegen noch im Boden, und diese Steine wollte ein Zezenower

Der ältere Teil des Schlosses derer von Zitzewitz in Zezenow (heute: Cecenowo). Das Schloss verfällt, seit die landwirtschaftliche Genossenschaft im Dorf aufgelöst wurde.

Bürgermeister für ein Bauvorhaben der Gemeinde nutzen. Der ehemalige Bürgermeister protestierte dagegen, er verwies auf den Respekt, der in Polen normalerweise den Toten und ihren Gräbern erwiesen wird und der auch deutschen Toten gebühre. Er ging bis nach Danzig, um sich zu beschweren, und setzte sich schließlich durch.

Der Umgang mit den Gräbern ist von Ort zu Ort verschieden. Mancherorts sind die Friedhöfe so von Gestrüpp überwuchert, dass man sie kaum noch erkennt. Den Hinterbliebenen in Deutschland ist das oft ganz recht, denn typisch für Pommern waren schwere eiserne Grabkreuze, die heute durchaus einen Wert für Schrottdiebe darstellen. Da bleiben die Kreuze besser im Bewuchs verborgen.

Auf einem Hügel am nördlichen Stadtrand von Stettin liegt an einer Ausfallstraße ein Wäldchen. Es wirkt zunächst wie ein kleiner Park für die Anwohner, erst beim zweiten Hinsehen bemerkt man immer mehr Grabsteine, die umgestürzt im Gelände liegen, das alte Kriegerdenkmal ist offensichtlich ein Treffpunkt für Jugendliche – entsprechend verschmiert und von Scherben umgeben ist es.

Das war einst der Friedhof von Züllchow, einer heute zu Stettin gehörenden Gemeinde.

Einen anrührenden Fund kann man auf dem Hof des Gotteshauses machen, das hinter dem Marktplatz von Darłowo, dem einstigen Rügenwalde, liegt. Der Pfarrer hat sich heimatloser und nicht beachteter Grabsteine in der Umgebung angenommen und ihnen auf seinem Kirchhof eine neue Heimstatt gegeben. Da sieht man jetzt Grabsteine und Skulpturen mit polnischen und kaschubischen, mit deutschen und hebräischen Inschriften einträchtig nebeneinander.

Aber noch gehen Pommern und die Bewohner des polnischen

Pomorze nicht unbefangen miteinander um. Im Gutshaus der von Brockhusens in Groß Justin sind heute ein Heim und eine Schule für sozial betreute Kinder untergebracht. Die Tochter der Schulleiterin fand eines Tages auf dem Dachboden ihres Wohnhauses Briefe und Fotos der einstigen Bewohner. Den anfänglichen Schock – das Gefühl, an einem Ort zu leben, über dem noch die Erinnerungen der von hier vertriebenen Menschen liegen – hat das Mädchen verarbeitet, indem sie, ermutigt von ihrer Mutter, eine Dokumentation über die deutsche Geschichte Groß Justins zusammenstellte. Die Gemeindeverwaltung hatte allerdings kein Interesse an einer Broschüre über dieses Kapitel der Ortsgeschichte.

Die Mutter wundert sich noch heute über das Auftreten der durchreisenden Erinnerungstouristen, die, heimlich hinter Büschen verborgen, ihre alte Heimat fotografieren und gerade durch diese Heimlichtuerei und ihr Bemühen, nicht aufzufallen, wieder das Misstrauen der polnischen Dorfbewohner wecken.

Dabei ist die deutsche Geschichte Hinterpommerns längst Vergangenheit. Die meisten Geflohenen und Vertriebenen haben den größten Teil ihres Lebens fern von Pommern verbracht. Sie wissen, dass man die Zeiger der Zeit nicht auf die scheinbar heile Welt des Vorkriegs zurückdrehen kann. Sie wollen nur noch, dass ihre Geschichte und ihr Verlust zur Kenntnis genommen und anerkannt werden.

Geblieben sind die schöne Landschaft unter dem weiten pommerschen Himmel, die langen Sandstrände an der Ostsee, die stillen Strandseen hinter Schilf mit ihrem Reichtum an Vögeln und Fischen. Noch immer ziehen sich die Hügelketten der pommerschen Schweiz zum Horizont, reiht sich bei Tempelburg ein See an den anderen. Regelmäßig kommen die Störche in großer Zahl, und im Herbst hört man noch immer die Rufe der Wildgänse und Kraniche. Und ein wenig diktiert das

Land den Menschen auch die Lebensweise. Christian Graf von Krockow – auch das ein uralter pommerscher Name – erzählt in seiner «Reise nach Pommern», dass die Verwaltung des elterlichen Guts einst erheblichen Ärger mit den Fischern am Lebaer See hatte, weil diese häufig in den Forsten des Guts wilderten. Nach dem Verlust der Heimat lebten ganz andere Menschen im Fischerdorf Klucken, das Gut war ein sozialistischer Landwirtschaftsbetrieb, doch was machten die polnischen Fischer in Klucken? Sie gingen wildern.

In einer von jeher wirtschaftlich schwachen Region hat sich über viele Generationen und politische Systeme etwas anderes erhalten: das Zubrot aus der Natur. Die Kinder der Bauern und Landarbeiter sammelten im Wald Heidelbeeren und Pilze und verdienten so noch etwas dazu – für die Familie und um sich ein paar Bonbons beim Dorfkrämer kaufen zu können. Diejenigen, die nach dem Ende des Sozialismus ihre Arbeit in den staatlichen Landwirtschaftsbetrieben verloren haben, halten sich heute ebenfalls an Pilze und Beeren, um sich ein spärliches Zubrot zu verdienen.

Untergegangen ist ein Land, das schon damals, zwischen den Kriegen, wie aus seiner Zeit gefallen schien. Man lebte und dachte so, wie es die Welt um Pommern herum vielleicht vor hundert Jahren getan hatte. Man hielt an Ehrbegriffen und Idealen fest, die in den Stahlgewittern und im massenhaften Sterben des Ersten Weltkriegs auf ewig verschüttet schienen. Die ungeheuren sozialen Unterschiede wurden als selbstverständlich und schicksalhaft akzeptiert und deshalb auch nicht als drückend empfunden.

In sich war diese pommersche Welt stimmig, jedes Rädchen in diesem Getriebe war an seinem Platz, Rechte und Vorrechte waren immer auch mit Pflichten verbunden. Die Kälte, mit der Manager heute ihre Arbeitnehmer behandeln und bei Bedarf entlassen, ist ehemaligen pommerschen Gutsbesitzerinnen völlig unverständlich. Sie haben damals gelernt, dass man für seine Leute sorgen muss, auf welchem Niveau auch immer, dass Loyalität mit Loyalität vergolten wird – oder in den Begriffen der damaligen Zeit ausgedrückt, Treue mit Treue – und dass man keine gute Arbeit bekommt, wenn das Verhältnis zwischen oben und unten nicht stimmt.

Dieses in sich ruhende Pommern in seiner Zeitblase erschien vielen Zeitgenossen als eine idyllische Welt. Da waren die schöne Natur und das gute, reichhaltige Essen; die Tochter des Gutsherrn ritt im Morgennebel auf ihrem Lieblingspferd über Wiesen und Felder, treue Dienstboten blickten voll Respekt auf ihre Herrschaft und waren stolz darauf, ihr nahe zu sein. Diese Welt kennt man heute nur aus Kitschromanen.

Doch dieses Pommern war nicht aus der Zeit gefallen, es stemmte sich gegen sie, es weigerte sich, die Veränderungen der Welt zur Kenntnis zu nehmen. Das idyllische Leben auf dem Gut ruhte oft auf einem Berg von Schulden und konnte nur durch immer neue Subventionen aufrechterhalten werden. Das Gesinde und die Dorfleute schienen auch deshalb so zufrieden und der Herrschaft so treu ergeben, weil die, die es nicht waren, nach Stettin, Berlin oder in eine andere Stadt im näheren Einzugskreis weggegangen waren. Ein Weltbild mit klaren Vorstellungen von Anstand, Ehre und Treue brachte viele konservative Pommern zur Unterstützung reaktionärer Umtriebe. Die völlige Ablehnung und das Unverständnis der neuen demokratischen Ordnung ließen Gesetzesbruch und Geheimbündelei als legitim erscheinen. Dadurch wurde letztlich gerade das alte, so auf Sitte und Anstand bedachte Pommern zum Steigbügelhalter derjenigen, die Moral und Anstand in jeder Weise missachteten und die alte agrarische gutsherrliche Ordnung und ihre Lebensweise für immer vernichteten. Das von den Pommern so verehrte Militär schickte die Männer in einen Krieg, aus dem viele nicht mehr zurückkehrten, in dem Ritterlichkeit und Soldatentugend zum

Massenmord pervertierten, und dieses Militär konnte die Heimat nicht schützen. Das Attentat am 20. Juli 1944 war so etwas wie eine Ehrenrettung des pommersch-preußischen Geistes, es zeigte, dass auch aus diesem Geist Widerstand gegen das Verbrechen erwachsen konnte. Doch das war nur eine Fußnote im allgemeinen Gang der Geschichte – denn die Stürme des 20. Jahrhunderts fegten das Pommern von einst hinweg.

Włodzimierz Borodziej

Nachbarn, Fremde, Okkupanten: Die Deutschen im unabhängigen und besetzten Polen (1919–44)

Deutsche und Polen lebten seit dem Mittelalter jahrhundertelang neben-, oft miteinander. Generationen von Schwaben, Rheinländern, Bayern und Sachsen wanderten in das benachbarte Königreich im Osten aus, auf der Suche nach einer besseren Zukunft. «Niemiec», der Deutsche, kommt im Polnischen von «niemy», das heißt dem Stummen, der die ihn umgebende Sprache, in diesem Fall die polnische, nicht versteht. Die andere landläufige Bezeichnung für den Einwanderer aus dem Westen lautet «szwab» (= Schwabe). Die armen Schwaben konnten wirklich nichts dafür, dass diese Bezeichnung im 19. und ganz besonders im 20. Jahrhundert zu einem Schimpfwort für alle Deutschen wurde.

Jahrhundertelang deutete nichts auf eine krisenhafte Zuspitzung hin. Die Grenze zwischen dem Königreich Polen und dem Deutschen Reich stabilisierte sich Mitte des 14. Jahrhunderts und gehörte von da an über Jahrhunderte zu den unumstrittensten in Europa. Deutsche lebten selbstverständlich westlich dieser Linie, aber auch östlich von ihr blieben sie im Bild vor allem der Städte, teilweise aber auch auf dem Land präsent. Zwei sächsische Wettiner – der erste war August der Starke – herrschten im 18. Jahrhundert als Könige in Warschau. Es gab ein wechselvolles, jedoch durchaus normaleuropäisches Nebeneinander der Adelsrepublik Polen-Litauen mit Brandenburg-Preußen, Sachsen und dem Haus Habsburg.

Dieser längste Abschnitt der polnisch-deutschen Beziehungsgeschichte endete mit der Beteiligung Preußens und Österreichs an dem größten politischen Skandal des 18. Jahrhunderts – den drei Teilungen Polens (1772, 1793, 1795). Die Polen wurden nun zu Untertanen der Romanows, Hohenzollern und Habsburger und sollten – während andere ihre eigenen Nationalstaaten gründeten – das ganze 19. Jahrhundert als «dreigeteilte Nation» erleben. Im «Völkerfrühling» 1848 zerschlug sich die bisherige Zusammenarbeit der deutschen und polnischen Nationalbewegung über die Frage, wem – falls die Revolution über den gemeinsamen Feind siegt – das Großherzogtum Posen zufallen würde. Für die polnischen Liberalen war es ebenso selbstverständlich Teil des künftigen polnischen Nationalstaates, wie es für die deutschen Liberalen zu Deutschland gehörte. Posen wurde in den folgenden Jahrzehnten zum symbolischen und faktischen Zentrum der Auseinandersetzung zwischen Deutschen und Polen unter preußischer Herrschaft.

Die Wende in den Beziehungen kam mit der beinahe gleichzeitigen Niederlage aller drei Teilungsmächte im Ersten Weltkrieg und der dadurch ermöglichten Wiedergründung der Republik Polen im November 1918.

Posen und Westpreußen

Der Engländer Richard Blanke nannte sie vor Jahren «Die Waisen von Versailles» und traf damit genau den Kern der Identität der Deutschen in den westlichen Provinzen Polens nach 1919. Ihre Vorfahren waren wie viele andere Deutsche vor Jahrzehnten oder Jahrhunderten auf der Suche nach Arbeit und Land in den Osten gezogen. Die Migranten des Mittelalters und der Frühen Neuzeit polonisierten sich durchgehend und unterschieden sich einige Generationen später nur noch geringfügig oder gar nicht von der polnischen Umgebung. Eine staatlicherseits betriebene Kolonisierung setzte erst mit den Teilungen Polens ein, als der Westen Polens – eine Zeit lang sogar Warschau – an Preußen fiel. Nach dem Wiener Kongress 1815 bestand das preußische Teilungsgebiet aus Posen, Westpreußen mit Danzig und dem Ermland in Ostpreußen. Der Anteil der deutschsprachigen und evangelischen Landesbewohner stieg langsam, die Tendenz war jedoch unverkennbar. Ab 1886 – alle Untertanen der Hohenzollern waren inzwischen zu Reichsbürgern geworden – versuchte Berlin verstärkt, den Besitzstand der katholischen Polen vor allem auf dem Land über systematischen Bodenkauf durch die Preußische Ansiedlungskommission zu verringern. Die Aktion verlief im Sande; polnische Parzellierungsbanken siedelten mehr Landsleute auf neugeschaffenen Bauernstellen an als die Kommission. 1894 reagierten die Behörden mit der Gründung des Ostmarkenvereins, der als staatlich unterstützte Organisation des Deutschtums die Germanisierung koordinieren und beschleunigen sollte. Der Konflikt eskalierte, der «Volkstumskampf» beherrschte den Alltag vor allem in Posen. Hier blieben die Deutschen trotz staatlicher Förderung bis 1914 zahlenmäßig unterlegen; in Westpreußen stellten sie die Mehrheit.

Im Gefolge des Volks-, Boden- und Sprachkonflikts entwickelte sich in Posen eine zweigeteilte Gesellschaft, in der das nationale Bekenntnis derart dominierend war, dass soziale Gegensätze demgegenüber in den Hintergrund traten und letztlich in allen Schichten und Altersgruppen die Trennung zwischen Deutschen und Polen vollzogen wurde. Der Dauerkonflikt im preußischen Osten wurde in der Regel als struktureller Antagonismus zwischen Protestanten – genauer: zwischen protestantischem Staat – und Katholiken wahrgenommen (obwohl in Westpreußen die Katholiken unter den Deutschen eine beachtliche Minderheit bildeten). Im wirtschaftlichen Bereich, in dem sich die Segregation der nebeneinanderlebenden Teilgesellschaften im Alltag manifestierte, versuchten beide Seiten, ihre Landsleute auf das Schlagwort «Jeder zu den Seinen» zu verpflichten: Der Deutsche sollte nur in deutschen Geschäften deutsche Waren kaufen, der Pole polnische Produkte in polnischen Läden. Die Menschen sollten zudem die Feiern der jeweils anderen Nationalität meiden und sich im gesellschaftlichen Umgang auf ihre «eigenen» Vereine beschränken. Die Adressbücher von Firmen und Läden wurden ebenfalls streng nach nationaler Zugehörigkeit getrennt auf den Markt gebracht; die Herausgeber warnten ihre Landsleute davor, versehentlich bei Unternehmen einzukaufen, deren Schilder die wahre Nationalität des Besitzers verschleierten. Der Unterschied in den Gestaltungsmöglichkeiten beider Ethnien zeigte sich auch hier. In den Worten von Rudolf Jaworski: «Kennzeichnend für die Kräfteverteilung und die Hilfsmittel in diesem ungleichen Kampf war die Tatsache, dass die deutschen Herausgeber ihre Listen deutscher Geschäftsinhaber mit Hilfe der Polizeibehörden zusammenstellten, die Polen dagegen mit Hilfe von Presse und Verbänden.»

1908 beschloss schließlich der Preußische Landtag das – auch innerhalb der preußischen Hochbürokratie umstrittene, weil faktisch nur gegen die polnischen Staatsbürger gerichtete – Enteignungsgesetz, das zwar in nur vier Fällen zur Anwendung gekommen ist, den Eindruck von der ständigen Bedrohung des polnischen Besitzes im Reich jedoch noch einmal steigerte. Zugleich investierte der Staat nicht nur in die Verdrängung der Polen aus ihrem Bodenbesitz, sondern auch in aufwendige Repräsentativbauten, die Deutschlands Macht im Osten verkörperten: Am zentralen Ort der Auseinandersetzung in Posen entstand unter anderem der wuchtige neubarocke Sitz der Ansiedlungskommission (1910). Seine Front schmückten sechs Statuen als Symbole des germanischen «Kulturträgertums»: je ein Zisterziensermönch, deutscher Ordensritter, Salzburger Bürger,

Niederländer sowie Bauern aus Westfalen und Schwaben. Im selben «Schlossviertel» der Stadt entstand das riesige Kaiserschloss, dessen historisierend mittelalterliche Fassaden ebenfalls eine jahrhundertelange Geschichte preußisch-deutscher Anwesenheit an der Warthe suggerieren sollten; der neue Sitz der Hohenzollern wurde im selben Jahr von Wilhelm II. persönlich eröffnet.

Den Ersten Weltkrieg überstanden die Ostprovinzen – mit Ausnahme des arg zerstörten Ostpreußen – unversehrt. In Posen lag die Macht noch Wochen nach dem Waffenstillstand vom November 1918 auf der Straße: Die preußischen Beamten versahen weiterhin ihren Dienst, das entscheidende Wort führte jedoch der lokale Arbeiter- und Soldatenrat, dem auch Polen angehörten. Am 27. Dezember kam es zu spontanen Zusammenstößen, aus denen sich ein polnischer Aufstand entwickelte, der rasch ganz Posen erfasste. Die Kämpfe endeten Mitte Februar 1919 mit einer Waffenstillstandsvereinbarung, die fast die gesamte Provinz in polnischer Hand beließ.

Die international verbindlichen Entscheidungen über die deutsch-polnische Grenze fielen in Versailles. In dem Vertrag vom 28. Juni 1919 musste Deutschland schließlich Posen und Westpreußen an Polen abtreten sowie Plebiszite über die Staatszugehörigkeit von Oberschlesien und Teilen Ostpreußens zulassen. Auf den Sonderfall des Kohlereviers wird unten eingegangen; in Ostpreußen endete das Plebiszit im Sommer 1920, als die Rote Armee gegen Warschau vorrückte und die Republik um ihr Überleben kämpfte, mit einem überwältigenden Sieg Deutschlands. Im Abstimmungsgebiet am westlichen Rand der Provinz entstand nun ein zu Ostpreußen gehörender Regierungsbezirk Westpreußen mit Verwaltungssitz in Marienwerder. Ähnlich wie die neugegründete «Grenzmark Posen-Westpreußen» weiter westlich sollte er sozusagen in Miniatur an die in Versailles verlorene Provinz erinnern.

Somit wurden 1919/20 die bisherigen Reichsdeutschen in Posen und Westpreußen zu polnischen Staatsbürgern deutscher Nationalität. Aus der Sicht Berlins hießen sie nun «Grenz-» oder «Auslandsdeutsche» und spielten als solche auch außenpolitisch eine gewichtige Rolle: Ihre Präsenz im polnischen Westen diente als Erklärung, vor allem aber als moralische Rechtfertigung für den Grenzrevisionismus der Weimarer Republik, die die entsprechenden Bestimmungen des Versailler Vertrags zwar unterzeichnet, aber nicht akzeptiert hatte. In der Forderung nach einer entsprechenden Modifikation des Vertrags waren sich die Weimarer Parteien von den Sozialdemokraten bis zu den Deutschnationalen einig. Jener Teil der «Volksgruppe», den der «Schandfriede» von Versailles außerhalb der Reichsgrenzen belassen hatte, eignete sich als Hebel für eine Revisionspolitik aus zwei Gründen hervorragend: Die Deutschen empfanden sich ja 1919 insgesamt als Opfer, dass aber Hunderttausende von ihnen schuldlos den – nach allgemeiner Überzeugung – katholischen, unzivilisierten, barbarischen, bestenfalls rückständigen Polen «ausgeliefert» worden waren, klang nicht nur in Deutschland überzeugend; viele Ausländer, vor allem die Briten, hielten die Versailler Grenzbestimmungen ebenfalls für problematisch. Das zweite Argument verfehlte seine Wirkung gleichfalls nicht: Warum war gerade den Deutschen im Osten das Selbstbestimmungsrecht verweigert worden? Auch in diesem Punkt konnte man im maßgeblichen demokratischen Ausland auf Verständnis hoffen.

Oberschlesien

Für die zweite große Gruppe der Deutschen in Polen, die Oberschlesier, galt dieses zweite Argument hingegen nicht. Obwohl sie bis 1921 ebenfalls Reichsbürger gewesen waren, hatten sie doch eine andere Vergangenheit und waren auch auf einem anderen Weg zu Bürgern der Polnischen Republik geworden. Hätte es je einen Wettbewerb gegeben, welcher Teil des alten deutsch-polnischen Grenzraums die komplizierteste Geschichte aufweist, wäre Schlesien aus dieser Konkurrenz gewiss als Sieger hervorgegangen. Die Großregion unter diesem Namen wurde mit der Christianisierung Teil des böhmischen, dann des polnischen Staatsverbandes. Die Herzöge von Schlesien betrieben seit dem 12. Jahrhundert den Landesausbau durch Kolonisation, in der deutschsprachige Siedler die führende Rolle spielten. Mitte des 14. Jahrhunderts kam Schlesien an die böhmische Krone; mit ihr fiel es 1526 den Habsburgern zu. 1742 verloren die Habsburger nahezu ihren gesamten Besitz nördlich der Karpaten an Preußen. Österreichisch blieb lediglich das sogenannte Herzogtum Schlesien (der südöstliche Zipfel der historischen Region mit der Stadt Bielitz, von der noch die Rede sein wird).

In der Hohenzollernmonarchie stellte Schlesien eine große und reiche Provinz dar. Das prachtvolle, großstädtische Breslau mit seiner im 19. Jahrhundert berühmten Universität hatte weit und breit keine Konkurrenz. Niederschlesien war – bis auf einige Grenzregionen im nördlichen Teil – rein deutsch und überwiegend protestantisch. Im südöstlichen Teil der Region, Oberschlesien (Regierungsbezirk Oppeln), überwogen hingegen Polnisch sprechende, katholische Bauern, deren Kinder mit der um die Mitte des 19. Jahrhunderts einsetzenden Industrialisierung die große Masse der explosionsartig wachsenden Arbeiterklasse stellten. Im Kohlerevier entstand bald eines der größten europäischen Zentren der Schwerindustrie. Während der Verhandlungen in Versailles forderte Polen Oberschlesien – aufgrund der polnischen Abstammung eines Großteils seiner Bevölkerung – für sich. Deutschland war ebenso selbstverständlich dagegen, die Briten setzten letztlich eine Volksabstimmung gemäß dem Prinzip des Selbstbestimmungsrechts durch.

Der nationale Konflikt war hier ein Produkt des Kulturkampfes der 1870er Jahre. Die Unterschichten im östlichen Kohlerevier, insgesamt die große Mehrheit der Einwohner, sprachen einen regionalen, vor allem durch den Kontakt zum Deutschen gefärbten polnischen Dialekt, ähnlich ein Teil der Bauernschaft im westlichen (Oppelner) Teil. Die mittlere und die besitzende Schicht waren durchgehend deutsch. Deutsch sprechende Bauern und Arbeiter bezeichneten sich aber oft als Schlesier beziehungsweise Oberschlesier, ähnlich wie ihre polnischen Nachbarn dies auf Polnisch taten (Schlonsaken, ślązacy). Die Schlesier stellten sich in den 1870er Jahren geschlossen hinter die katholische Kirche, die ihrerseits beide sprachlichen Gruppen betreute und eine Spaltung entlang nationaler Identifikationslinien zu vermeiden versuchte; politisch stellten die Oberschlesier eine treue Anhängerschaft des Zentrums dar. Die Partei der deutschen Katholiken erlaubte seit den 1890er Jahren die Aufstellung polnischsprachiger Kandidaten für den Reichstag, bekämpfte jedoch gleichzeitig entschieden Versuche der Posener «National»-Polen, in Oberschlesien Fuß zu fassen. Erst 1903 wurde ein Pole, der sich der Zentrumspartei demonstrativ widersetzt hatte, überraschend statt eines polnischen Zentrumskandidaten in den Reichstag gewählt.

Es gab nach Ende des Ersten Weltkriegs auf beiden Seiten Organisationen, die sich auf einen militärischen Konflikt vorbereiteten. Im August 1919 und ein Jahr später kam es zu einer Reihe von Kämpfen zwischen Polen und deutschem Grenzschutz und deutscher Polizei. Die Wiederherstellung der Ordnung übernahmen alliierte Truppen, die auch das in Versailles vorgesehene Plebiszit überwachen sollten. Der Urnengang wurde auf den 20. März 1921 angesetzt.

Die Abstimmung brachte einen deutlichen Sieg Deutschlands, auf das fast 60 Prozent der abgegebenen Stimmen entfielen; etwa ein Viertel davon stammte von Deutschen, die im

Plebiszitgebiet geboren waren, zum Zeitpunkt der Wahl aber außerhalb Schlesiens wohnten. Die Alliierten, denen die Interpretation des Ergebnisses und die endgültige Entscheidung über Oberschlesien oblag, waren sich nicht einig. Am plausibelsten schien eine Teilung, die einige kleinere Gebiete mit klarer polnischer Mehrheit Polen zuschlug und den Rest bei Deutschland beließ. In der Nacht vom 2. zum 3. Mai 1921 begann aber der dritte schlesische Aufstand, der in erheblichem Umfang Unterstützung aus Warschau erhielt. Nach anfänglichen Erfolgen der Aufständischen gingen die Deutschen zur Gegenoffensive über, die Alliierten vermittelten wochenlang erfolglos, und erst Ende Juni beendete der Waffenstillstand den oberschlesischen Bürgerkrieg, der die Bevölkerung der Region in zwei nationale Lager gespalten hatte; besonders der blutige Kampf um den sogenannten Annaberg im Mai sollte in beiden Überlieferungen noch jahrzehntelang eine ebenso prominente wie gegensätzliche Rolle spielen.

Oberschlesien wurde von den Alliierten schließlich geteilt. Die Republik Polen erhielt zwar nur knapp 30 Prozent des Abstimmungsgebiets, dafür aber 46 Prozent der Bevölkerung und eine große Mehrheit der Bergwerke und Hütten. Auf beiden Seiten blieben beträchtliche nationale Minderheiten zurück (circa 260 000 Deutsche in Polen und etwa 530 000 Polen in Deutschland). Der Völkerbundsrat zwang Warschau und Berlin im Mai 1922 darüber hinaus zum Abschluss der Genfer (Oberschlesischen) Konvention, in der eine Reihe von Schutzmaßnahmen für beide nationalen Minderheiten sowie die wirtschaftliche Verflechtung des polnischen Oberschlesien mit dem bisherigen deutschen Absatzmarkt festgehalten wurden. Während die Polen mit diesem Ergebnis durchaus zufrieden sein konnten, hielt man die oberschlesische Lösung in Deutschland für einen weiteren Schandfleck, den zu beseitigen jede deutsche Politik verpflichtet sei. Kaum jemand in der deutschen Öffentlichkeit hätte dem Urteil beigepflichtet, das der katholische Breslauer Geistliche, Religionslehrer, Pazifist und Historiker Hermann Hoffmann 1930 fällte:

«Die Grenzen in Osteuropa sind ungerecht. Sie mögen gerechter sein als die alten; gerecht sind sie nicht; [...] Kulturen, Völker, Konfessionen sind in Osteuropa so zusammengewürfelt, dass es unmöglich ist, alle Konationalen in einem Staat innerhalb enger Grenzen zusammenzufassen. Revision von Versailles im Sinne von Revision der osteuropäischen Grenzen ist ein ungeeignetes, verwirrendes Schlagwort. Nicht Revision, sondern Überwindung der Grenzen ist die einzig mögliche Lösung. Das ist nur möglich in einem neuen, irgendwie geeinten Europa.» Weder wollte sich Europa damals einigen, noch wussten die meisten Deutschen und Polen zwischen den Kriegen, wie sie dazu beitragen könnten.

«Mittelpolen»

In den Auseinandersetzungen um die Grenze, das heißt um Posen, Ost- und Westpreußen sowie um Oberschlesien, blieb eine dritte große Gruppe von Deutschen in Polen unberücksichtigt, die in das Schema des nationalpolitischen Konflikts oder «Volkstums»kampfes ganz und gar nicht passte und unter einem Sammelbegriff nicht zu fassen war: Die zahlenmäßig stärkste Minorität stellten die Bewohner von Lodz dar, die als einzige Gruppe von Deutschen eine polnische Großstadt mitprägten. Daneben gab es weitere lokale Gemeinschaften, vor allem evangelische Bauern, die in Zentral- und Ostpolen (Wolhynien) in weiterhin deutschsprachigen Dörfern lebten. Die meisten von ihnen waren im zweiten und dritten Viertel des 19. Jahrhunderts nach «Russisch-Polen» gezogen, auch sie auf der Suche nach einer besseren Zukunft im Osten, und hatten Anteil unter anderem an der Entstehung der bald boomenden Textilmetropole Lodz. Solange das «Manchester des Ostens» eine Kleinstadt blieb, waren die meisten Einwohner Deutsche. In der explodierenden Metropole vor der Jahrhundertwende stellten sie noch immer rund ein Drittel von 170 000 Menschen, unmittelbar vor dem Ersten Weltkrieg, als die Halbmillionengrenze überschritten war, knapp ein Fünftel. Zum Vergleich: Posen, die Hochburg des deutsch-polnischen Nationalitätenkampfes, zählte zur selben Zeit weniger als 160 000 Einwohner, darunter etwa 60 000 Deutsche.

Das deutsch-polnische Verhältnis unter russischer Herrschaft vor 1914 entwickelte sich völlig anders als in den preußischen Ostprovinzen. Zwar gab es auch hier Auseinandersetzungen, die national eingefärbt waren, doch spielten diese meist eine

Rauchzeichen des Fortschritts: die Textilmetropole Lodz in den 1920er Jahren

untergeordnete Rolle. Unter dem Eindruck der Einwanderung deutscher Kolonisten nach Zentralpolen veröffentlichte beispielsweise der polnische Schriftsteller Bolesław Prus 1886 einen Roman, in dem er den heldenhaften Kampf eines polnischen Bauern um seinen vom Aufkauf bedrohten Hof schildert. Das Buch wurde viel gelesen und diskutiert, bildet jedoch nur einen bescheidenen Teil der komplexen deutsch-polnischen Beziehungen ab. In den Großstädten dominierte die soziale Frage über die nationale. In Lodz, wo die Unternehmer ebenso wie die Arbeiter Juden und Christen, Deutsche und Polen waren, verlief die Bruchlinie zwischen Proletariat und Kapital, nicht zwischen den Angehörigen verschiedener Nationen. Während der gewaltigen Revolution von 1905, die das gesamte Russland erschütterte, eskalierte die Gewalt in der Textilmetropole und schlug am 23. Juni in einen regelrechten Aufstand der Arbeiter um. Mehrere Regimenter der regulären Armee, unterstützt von Kosaken und Polizei, kämpften den Aufstand der «100 Barrikaden» in einem brutalen Gegenangriff nieder. In der blutigen Woche vom 18. bis zum 25. Juni wurden nach offiziellen Angaben fast 200 Personen erschossen, weitere hundert verletzt. Eine unvollständige Polizeistatistik belegt, dass der Aufstand in Lodz – der blutigste Zusammenstoß in der Geschichte der Arbeiterbewegung auf polnischem Boden – keineswegs eine nationale Angelegenheit war: Die Aufstellung weist unter den Todesopfern 55 Polen, 79 Juden und 17 Deutsche auf.

Während die Deutschen in der Großstadt – ebenso wie ihre Umgebung – ein würdiges Leben in der industriellen Welt zu erkämpfen versuchten, ging es auf dem ost- und zentralpolnischen Land langsamer und ruhiger zu. Eine alte Bäuerin aus einem Dorf bei Lodz gab 1945 bei einem Verhör durch den Staatsanwalt ein treffendes Bild von dieser vormodernen, von nationalpolitischen Fragen allenfalls oberflächlich berührten Welt, die oft bis in den Zweiten Weltkrieg hinein überlebt hatte.

Der Staatsanwalt empörte sich, dass die Frau nach 1939 die Deutsche Volksliste angenommen und damit auf ihre polnische Staatsbürgerschaft verzichtet habe:

«War denn eine Staatsangehörigkeit ein Handschuh, den man so einfach an- und wieder auszog? Genau das wurde ihm jetzt bestätigt. ‹Seht der Pan Prokurator›, erläuterte die Oma Radtke, ‹ich bin mit een russschen Pass geboren, und im Verzehner-Krieg ham se uns deutsche Papiere gegeben. Und wie der war zu Ende gewesen, ham mir een polschen Pass gekriegt. Keena hat uns nie nich gefragt, und mir sein ooch nie nich dafor bestraft worden. Und diesmal [d. h. nach 1939] sein mir zum erschten Mal gefragt geworn, epp mir sein Poler oder Deitsche – und da hat doch jeder mussten Antwort geben, nich wahr?›

Der Prokurator freute sich offenbar, wieder die Initiative in die Hand zu bekommen, und er fragte: ‹Sie haben also freiwillig unterzeichnet?›

‹Hab ich sellten sagen, dass ich bin eene Polsche, wo ich doch gar keene Polsch nich kann?›, erwiderte sie mit entwaffnender Offenheit.

‹Umso schlimmer›, tobte jetzt der Ankläger, ‹da lebt ihr jetzt seit Generationen in einem Lande, lasst's euch gutgehen und gebt euch nicht die geringste Mühe, die Landessprache zu erlernen!› ‹Zu was wär des ooch neetisch gewesen?›, wunderte sich die Befragte: ‹In unserem Dorf ham je gar keene Poler nich gewohnt.›»

Man sieht, Oma Radtke hat – wie viele andere Deutsche in Polen – aus dem Polnischen die doppelte Verneinung übernommen, mehr nicht. Wie die meisten ihrer Landsleute im Westen des Zarenreiches hat sie sich wohl nicht sonderlich gewundert, als auf die Russen erst drei Jahre deutsche Besatzung (1915–18) folgten, dann, nach dem «Verzehner-Krieg», die Republik Polen mit ihrem neuen Pass. Ihr Landsmann aus Bromberg oder Thorn, bislang Angehöriger der Staatsnation und in der Regel überzeugt von der Überlegenheit deutscher Kultur und Zivilisation, hätte sie schlicht nicht verstanden. Schließlich wurde er nun zum Angehörigen einer Minderheit und musste sich mit jenen Nachbarn arrangieren, deren Kultur, professionelle Effizienz und Verhaltensweisen ihm bestenfalls verdächtig vorkamen. Dass von den 4500 Staatsbeamten in beiden Provinzen gerade einmal 40 Polen gewesen waren, hatten der Kaufmann aus Posen oder der Anwalt aus Graudenz für überaus natürlich gehalten. 1919 brach für sie eine Welt zusammen. In der neuen mussten sie sich noch zurechtfinden.

Die parlamentarische Demokratie (1919–26)

Die Großmächte, die in Versailles die neue europäische Landkarte absteckten, waren sich der Nationalitätenprobleme Ostmitteleuropas bewusst – und suchten immer wieder nach Ansätzen, um die befürchteten Spannungen zu verringern. Hier kam den Deutschen zugute, dass die Zahl ihrer Landsleute in der, ähnlich wie Polen, neuentstandenen Tschechoslowakei etwa dreimal so groß war. Kleinere, dennoch lokal durchaus bedeutsame deutsche Minderheiten gab es in allen Staaten der Region, von Lettland bis Jugoslawien und Rumänien. Als noch wichtiger stellte sich heraus, dass neben den Deutschen eine andere Bevölkerungsgruppe über alle ostmittel- und südosteuropäischen Staaten verstreut lebte: die Juden. Vor allem Vertreter der amerikanischen und der britischen Judenheit unterbreiteten den Großmächten die Idee, die nationalen und religiösen Minderheiten im «neuen» Europa zwischen Ostsee und Schwarzem Meer unter internationalen Schutz zu stellen. Gemäß dem Vertragstext des Versailler Minderheitenschutzvertrages erhielten die Minderheiten das Recht, den Völkerbund anzurufen, sobald sie sich durch die Staatsnation in ihrem Eigenleben beeinträchtigt, schikaniert oder gar verdrängt fühlten. Polen unterschrieb den Minderheitenschutzvertrag zähneknirschend, zumal Deutschland von der Unterzeichnung ausgenommen blieb – ein Umstand, der an politischer Brisanz gewann, als sich in den späten zwanziger und frühen dreißiger Jahren herausstellte, dass gerade die deutsche Minderheit in Polen das Appellationsrecht am häufigsten in Anspruch nahm.

Grund zur Klage hatten die polnischen Staatsbürger deutscher Nationalität durchaus. Ihre Zahl war in den Jahren unmittelbar nach Kriegsende dramatisch zurückgegangen. Der Osten, der nun nicht mehr zu Deutschland gehörte, hatte seinen Reiz offenbar verloren. Hunderttausende zogen nach Westen. Während der Anteil der Deutschen im alten Großherzogtum Posen bei 40 Prozent gelegen hatte, machte er in der Wojewodschaft Posen bald nur noch neun Prozent aus. Besonders dramatisch war die Entwicklung in den Städten: In Posen fiel der Anteil der deutschen Bevölkerung von 42 Prozent (1910) auf etwas mehr als drei Prozent (1931), in Bromberg im selben Zeitraum von mehr als 75 auf weniger als neun Prozent. Insgesamt ging die städtische deutsche Bevölkerung im neuen polnischen Westen um 85 Prozent zurück. In ihrer bisherigen Heimat blieben vor allem die Bauern, obwohl die Zahl der auf dem Land lebenden Deutschen ebenfalls um etwa die Hälfte gesunken war. Bei der Volkszählung 1921 stellten die Deutschen knapp vier Prozent der polnischen Staatsbürger, zehn Jahre später (als die Ergebnisse der Zählung mancherorts nicht mehr ganz zuverlässig sind) waren es nur noch 2,3 Prozent. In absoluten Zahlen handelte es sich wohl anfangs um mehr als eine Million, in den dreißiger Jahren um etwa 800 000 Menschen, deren große Mehrheit in Posen, Pommerellen (ehemaliges Westpreußen) und Oberschlesien lebte. In Lodz machte die deutsche Minderheit immer noch etwa zehn Prozent der Einwohner aus, in Wolhynien lag ihr Anteil bei etwas über zwei Prozent.

Ein Teil dieses Schrumpfungsprozesses – seit 1918 war die Zahl der Deutschen in Polen offiziell um rund eine Million zurückgegangen – verdankte sich, wie gesagt, der mehr oder minder freiwilligen Entscheidung von Beamten, Freiberuflern, Handwerkern oder Händlern, nach Deutschland zu gehen beziehungsweise zurückzukehren. Gleichzeitig gab es Assimilierungsprozesse: Deutsche, die in dritter oder vierter Generation gerade in der Zwischenkriegszeit zu Polen wurden. Nicht zu unterschätzen sind aber auch behördliche Manipulationen von Kriterien und Statistiken: Je weniger Deutsche es (zumindest auf dem Papier) gab, desto besser, schienen die Beamten häufig zu denken. Und gerade dieser Ansatz der Behörden wirkte sich nicht nur auf den Schrumpfungsprozess aus, sondern generell auf die Beziehungen zwischen Deutschen und Polen. Im Kampf gegen Ansiedlungskommission und Ostmarkenverein hatten sich die polnischen Wähler vor 1914 ziemlich geschlossen dem Lager der sogenannten Nationaldemokraten zugewandt, die einen rechten, nach Lage der Dinge im preußischen Osten emanzipatorischen Nationalismus vertraten. Sie stellten die polnischen Abgeordneten im Reichstag und im Preußischen Landtag, sie dominierten in polnischen Genossenschaften, Vereinen und Sparkassen, die als Abwehrinstrumente einer Zivilgesellschaft gegen den Staat entstanden waren. Nun, mit der Übernahme von Posen und Westpreußen/Pommerellen durch Polen, besetzten die Nationaldemokraten Ämter und Schulen, sie leiteten die Presse und prägten damit die öffentliche Meinung. Und wie vor 1914 die Deutschen den Staat als rechtsstaatlich verfasste Germanisierungsanstalt begriffen, fanden die Polen nach 1919 den Staat als rechtsstaatlich verfasste Polonisierungsanstalt recht und billig.

Am 29. April 1920 erließ das Ministerium für das ehemals preußische Teilgebiet eine Verordnung, die in vier knappen Paragraphen Inhalte, Methoden und Verfahren der Politik gegenüber den Deutschen exemplarisch zusammenfasste. Gegenstand der Verordnung war die Sprachenfrage: Amtssprache wurde nun Polnisch, das Deutsche, «falls erforderlich», als Hilfssprache zugelassen, das preußische Sprachengesetz von 1876 außer Kraft gesetzt. Ferner hieß es in Paragraph 3: «Wo immer andere bestehende deutsche und preußische Gesetze», die die Dominanz des Deutschen festgelegt und das Polnische aus Schule, Amt und Gericht nach und entfernt hatten, «die Verwendung der deutschen Sprache vorschreiben, wird diese durch die polnische Sprache ersetzt.» Das «Auge um Auge»-Prinzip wurde damit in eine juristisch verbindliche Form gegossen; die Selbstverständlichkeit, mit der man meinte, den Gegner mit jedem rechtlich zulässigen Mittel bekämpfen zu dürfen, wurde nur noch von der Logik des Arguments übertroffen. Und genauso ging es in den folgenden Jahren weiter. Die Republik setzte sich die «Entdeutschung» ihres Westens zum Ziel: die Verringerung des deutschen Boden- und sonstigen Besitzes, die Verdrängung der Sprache, die Assimilierung mittels Schule und Militärdienst. Sie bediente sich dabei allgemeiner Rechtsvorschriften, die zuungunsten der Staatsbürger deutscher Nationalität ausgelegt wurden. Gewalt oder Sondergesetze waren nicht vorgesehen; die polnische Beamtenschaft erwies sich auch in dieser Hinsicht als gelehriger Schüler der preußischen Bürokratie.

Wenn die deutsch-polnischen Auseinandersetzungen unter den neuen Vorzeichen nicht mehr die Schärfe früherer Jahre erreichten, lag das unter anderem daran, dass die Deutschen bereits unmittelbar nach dem Vertrag von Versailles in großer Zahl ausgewandert waren. Als Beispiel mag noch einmal Posen dienen. Mit einem deutschen Bevölkerungsanteil von gerade einmal drei Prozent waren die Behörden kaum vor größere Probleme gestellt. Im Prachtbau der deutschen Ansiedlungskommission breitete sich die Medizinische Fakultät der 1919 gegründeten Adam-Mickiewicz-Universität aus, deren Vertreter sich durch die Symbole des deutschen «Dranges nach Osten» an ihrer Fassade offenbar nicht sonderlich gestört fühlten. Das Kaiserschloss diente als Posener Residenz des Präsidenten der Republik und wurde im Alltag mit dem größten Selbstverständnis von der Amtsbürokratie und der Universität genutzt.

Polen war bis 1926 eine parlamentarische Demokratie. Dies hatte einerseits zur Folge, dass die Deutschen sich in Parteien und Vereinen organisieren konnten, dass sie Abgeordnete und Senatoren wählten und damit zu einer – relativ kleinen, aber deutlich vernehmbaren – politischen Kraft wurden. Andererseits zeichnete sich die parlamentarische Demokratie an der Weichsel durch eine bemerkenswerte Labilität aus, mit schnell wechselnden und instabilen Mehrheiten und Regierungen. Am

Das 1910 erbaute Residenzschloss der Hohenzollern in Posen mit seiner historisierend mittelalterlichen Fassade täuscht Jahrhunderte deutscher Geschichte vor. Nach 1919 wurde es von der polnischen Amtsbürokratie und Universität genutzt.

längsten amtierte noch – von 1923 bis 1925 – ein Kabinett der Fachleute. Das bedeutete, dass keiner Regierung genügend Zeit blieb, ihre strategischen Ziele politisch umzusetzen, was nicht zuletzt die «Entdeutschung» betraf.

Die wichtigsten Parteien der Deutschen in Polen sind schnell aufgezählt. Anfang 1922 entstand in Lodz die Deutsche Arbeitspartei Polens unter der Führung von Emil Zerbe. Die Sozialdemokraten arbeiteten mit ihren deutschen Genossen vor allem im bereits erwähnten Bielitz, in Bromberg und in Kattowitz zusammen, mit denen sie sich 1927 zur Deutschen Sozialistischen Arbeitspartei Polens (DSAP) vereinigten; die Bromberger verließen die DSAP bald. Die Sozialisten kämpften um ihre Rechte als Minderheit und als Arbeitnehmer. In Lodz gingen sie ein erfolgreiches Wahlbündnis mit der Polnischen Sozialistischen Partei (PPS) ein. Dadurch wurden sie zu einem Bestandteil der Opposition gegen das 1926 errichtete autoritäre Regime, von dem noch die Rede sein wird.

Auf der anderen Seite des politischen Spektrums befanden sich der vor allem in Zentralpolen aktive, konservative und nationale Deutsche Volksverband in Polen, die oberschlesische Deutsche Katholische Volkspartei unter der Führung des Abgeordneten und Senators Eduard Pant sowie die in Posen und Pommerellen mit Abstand stärkste Partei, der 1921 gegründete Deutschtumsbund zur Wahrung der Minderheitsrechte in Polen (DStB) mit Sitz in Bromberg.

Als Hauptansprechpartner der Berliner Stellen, die die «Auslandsdeutschen» mit erheblichen Subventionen unterstützten, geriet der DStB bald ins Visier der polnischen politischen Polizei. 1923 wurde er unter dem Vorwurf von Spionage und Landesverrat aufgelöst. Der Prozess gegen zehn verdächtige Funktionäre begann erst sieben Jahre später. Nach weiteren vier Jahren, nachdem die Causa vom Obersten Gerichtshof der Republik verhandelt worden war und die Staatsanwaltschaft die schwerwiegendsten Anklagen fallengelassen hatte, bestätigte das Oberste Verwaltungsgericht 1934 sowohl die elf Jahre alte Entscheidung über die Auflösung des DStB als auch die Hafturteile, die mittlerweile auf ein bis sechs Monate zusammengeschmolzen waren; letztlich saß keiner der Verurteilten seine Strafe ab.

Währenddessen hatten die deutschen Politiker im polnischen Norden und Westen eine neue Organisationsform gefunden, die zwar keine Partei, dennoch praktisch und funktionsfähig war: die Deutsche Vereinigung im Sejm und Senat für Posen, Netzegau und Pommerellen (DV), deren Hauptgeschäftsstelle sich wiederum in Bromberg befand. Wie so oft vor- und nachher hatten die Deutschen einen Ausweg gefunden, den die Polen vor 1914 bereits erprobt hatten: Ein besonders hartnäckiger Staatsapparat konnte zwar unter fadenscheinigen Begründungen eine Partei auflösen, verstieß er dabei jedoch gegen ein Grundprinzip, zum Beispiel die Immunität von Abgeordneten und Senatoren – und darauf baute die «Vereinigung» schon ihrem Namen nach auf –, beschädigte er ein Fundament seiner eigenen Verfassung.

Die DV blieb, was der DStB gewesen war: national, gut vernetzt auf dem Land, von der Deutschen Stiftung in Berlin mitfinanziert. 1934 wurde dann die Deutsche Vereinigung in Westpolen (DVW) gegründet, die als Dachverband die meisten politischen Aktivitäten koordinierte.

Die «Volksgemeinschaft» der Deutschen – dieser Begriff machte nun nach und nach Karriere, womit die «Auslandsdeutschen» der 1920er allmählich zu den «Volksdeutschen» der 1930er wurden – hatte in der Vereinigung eine elementar wichtige Organisationsstruktur gefunden.

Das dichte Netz der deutschen Parteien, Vereine und Genossenschaften hatte sich bereits in den Parlamentswahlen 1922 als Mobilisierungsinstanz voll bewährt. In den Sejm zogen 17 deutsche Abgeordnete ein, in den Senat fünf deutsche Vertreter. In der Abgeordnetenkammer mit ihren 444 Mitgliedern entsprach damit der Anteil der deutschen Politiker ziemlich genau dem deutschen Anteil an der Gesamtbevölkerung (knapp vier Prozent), in der Oberen Kammer (111 Senatoren) lag er sogar knapp drüber. Bei den nächsten Wahlen (1928) bauten die deutschen Parteien ihren Besitzstand im Parlament mit 23 Sejmmandaten (darunter zwei Sitze für Sozialdemokraten, die über die Liste der Polnischen Sozialistischen Partei gewählt worden waren) sogar weiter aus – obwohl ihr Anteil an der Gesamtbevölkerung inzwischen zurückgegangen war und die Wahlen unter dem Diktat der 1926 etablierten Sanacja-Diktatur stattfanden. Sowohl im Wahlgang 1922 als auch sechs Jahre später hatten sich mehrere Parteien der Juden, Deutschen, Ukrainer und Belorussen zu einem Block der nationalen Minderheiten zusammengerauft. Das Bündnis versammelte Politiker, wie man sie sich unterschiedlicher kaum vorstellen kann: orthodoxe Juden und Deutschnationale, ukrainische Nationaldemokraten und jüdische Zionisten, belorussische Bauernvertreter und konservative deutsche Christdemokraten. Was sie einte, war der naheliegende Gedanke, als geschlossene Vertretung der nationalen Minderheiten mehr Gewicht gegenüber dem Staat zu bekommen.

Die Hauptstreitpunkte waren, wie bereits vor 1914, Bodenbesitz und Schulwesen. In Polen verfügten 30000 Großgrundbesitzer über 48 Prozent der landwirtschaftlichen Nutzfläche. Am anderen Ende der Skala gehörten 14 Prozent des Bodens 2,2 Millionen Bauernfamilien, deren Betriebe bei einer Hofgröße von unter fünf Hektar nie wirtschaftlich produktiv werden konnten. Die Frage einer Bodenreform zur gerechteren Verteilung der landwirtschaftlichen Nutzfläche wurde somit zu einem erstrangigen Politikum. Auf Druck der Bauernparteien und der Sozialisten beschloss das Parlament Gesetze über die Bodenreform, die – nach einigen missglückten Anläufen – schließlich in dem Grundsatz mündeten, dem zufolge der Staat alljährlich 200 000 Hektar Großgrundbesitz aufkaufen und an die Kleinbauern weiterverkaufen sollte. In Pommerellen und Posen waren um die 40 Prozent der größeren Höfe in Besitz von Deutschen. Hier wurde das Gesetz nationalpolitisch instrumentalisiert, indem der deutsche Großgrundbesitz als erster und unverhältnismäßig oft in den Staatsbesitz wechselte; folgerichtig halbierte sich der Anteil der Deutschen am Agrarbesitz bis Anfang der dreißiger Jahre.

Einen vergleichbaren Rückgang verzeichnete das deutschsprachige Schulwesen. Das hatte zum einen mit dem zunehmenden Rückgang deutscher Schülerzahlen zu tun, zum anderen mit dem Bestreben der polnischen Behörden, die Zahl der deutschsprachigen Klassen und Schulen zu verringern. Im Schuljahr 1933/34 sollte es in Posen und Pommerellen nur noch 84 öffentliche deutsche Schulen und 118 Klassen an polnischen Schulen geben. Bis 1939 blieben nur drei deutsche Gymnasien (in Posen, Bromberg und Lissa) erhalten. In Zentralpolen ging die Zahl der öffentlichen deutschen Volksschulen ebenfalls stark zurück, was nur zu einem geringen Teil durch die Entwicklung des privaten Schulwesens kompensiert werden konnte. Von den sechs privaten Gymnasien 1920 blieben aber 1932 immerhin noch vier erhalten – drei davon in Lodz. Der aus einer rein deutschen Familie stammende, heute prominenteste «Lodzer Mensch» Karl Dedecius besuchte ein polnisches Gymnasium, weil es billiger als das deutsche war; aus der Sicht des Vaters, eines Polizeibeamten im Dienst der Republik, ergab sich daraus ein entscheidender Vorteil. Als er im Mai 1939 zum Abitur antrat, wählte er zwar für die mündliche Prüfung Deutsch, seine Kenntnis der polnischen Sprache und Kultur dürfte aber zu dieser Zeit besser gewesen sein. In seinen Erinnerungen spricht er von kompetenten Lehrern und einer Umgebung, in der man sich als junger Deutscher mit polnischer Staatsbürgerschaft alles andere als fremd oder benachteiligt fühlte. Anderswo hingegen wurde gerade im Schulwesen weiterhin der «Volkstumskampf» ausgetragen: Illegale «Wanderlehrer» brachten deutschen Kindern die Sprache und Kultur ihrer Eltern nahe, wurden von der polnischen Polizei verfolgt, verhaftet und von Gerichten zu Geld- und Freiheitsstrafen verurteilt. Die Polizei leistete übrigens auf beiden Seiten der Grenze ganze Arbeit, indem sie den Zivilbehörden Material lieferte, mit dem diese die Minderheitenverbände wegen Untreue, illegalem Verhalten, am liebsten wegen Spionage und Hochverrat anklagen konnten. Mitte der zwanziger Jahre, als sich sowohl die Republik Polen als auch die Weimarer Republik von den direkten Kriegsfolgen und der Hyperinflation erholten und eine Zeit des Aufatmens in greifbarer Nähe schien, hätten sich auch die zwischenstaatlichen Beziehungen entspannen können, doch sie blieben ebenso schlecht und gereizt wie schon zu Beginn der Nachkriegszeit.

Die Jahre der Diktatur (1926–39)

Der Angriff auf die vermeintlich marode parlamentarische Demokratie in Polen kam vom Ex-Sozialisten und ehemaligen Befehlshaber der polnischen Freiwilligen an der Ostfront Marschall Józef Piłsudski. Am 12. Mai führte er die ihm treuen Heerestruppen Richtung Warschau, zwang die Regierung zum Rücktritt und führte die Diktatur der «Gesundung» beziehungsweise «Sanierung» («Sanacja») ein. Geboren als Sohn eines Gutsbesitzers tief in Litauen, hielt Piłsudski die Anwesenheit von Minderheiten in der Republik für eine naturgegebene Selbstverständlichkeit. Die Deutschen, die er vor allem als Waffenkameraden im Ersten Weltkrieg kennengelernt hatte, betrachtete er als potenziell nützliche Staatsbürger.

Als in der Sitzung des Ministerrats vom 18. August 1926 die

künftige Politik gegenüber den Minderheiten beraten wurde, legte der Innenminister folgenden Entwurf der interministeriellen «Richtlinien» gegenüber der deutschen Minderheit vor:
«1) Enge, wenngleich loyale Anwendung der Vertragsbestimmungen [gemeint war der Vertrag von Versailles] bezüglich der deutschen Bevölkerung. Eine möglichst baldige, wirksame Erledigung der Frage der Staatszugehörigkeit.
2) Die Sicherung eines objektiven Verhältnisses der lokalen staatlichen Behörden bezüglich der Angelegenheiten der deutschen Bevölkerung im ganzen Staat, unter Ausschluss jeglicher Schikane.
3) Die beschleunigte Durchführung der Bodenreform».

Der Staatsgründer und jetzige Diktator kommentierte ganz im Geist eines weisen Gutsbesitzers – der er nie gewesen war und trotzdem sein Leben lang geblieben ist: «Die Deutschen haben im Verlauf der Geschichte ihre Assimilierungsfähigkeit nachgewiesen; sie haben ein angeborenes Element von Staatsloyalität. Eine Verwendung dieser Minderheit für den Staat mit Aussicht auf Staatsassimilierung ist möglich und wahrscheinlich. Die Regierungen sollten sich gegenüber den Deutschen gerecht verhalten, aber auch Stärke zeigen, diese Bevölkerung muss nämlich eine starke Hand der Obrigkeit über sich fühlen.»

Auch daraus wurde nichts. Die Diktatur richtete ihr Augenmerk in nationalitätenpolitischen Fragen hauptsächlich auf die Ukrainer und später ebenso auf die Juden. Die Politik gegenüber den Deutschen hingegen oblag den jeweiligen Wojewoden und gestaltete sich von Fall zu Fall und Region zu Region unterschiedlich; auf das prominenteste Beispiel – Oberschlesien – kommen wir gleich zurück. Nachdem die Deutschen bei den Wahlen 1928 überdurchschnittlich gut abgeschnitten hatten, scheiterten ihre Listen 1930 ebenso kläglich wie die der übrigen Minderheiten und die gesamte polnische Opposition. Die Parlamentswahlen 1935 und 1938 hatten dann bestenfalls den Charakter eines Plebiszits für oder gegen die Diktatur (wer gegen sie war, drückte dies vornehmlich durch Fernbleiben von der Urne aus), von Demokratie konnte in den gesamten 1930er Jahren nicht mehr die Rede sein.

Die Geschichte der deutschen Minderheit wurde in dieser Zeit von mehreren Prozessen und Umständen bestimmt. Wohl am wichtigsten waren die deutsch-polnischen Beziehungen im zwischenstaatlichen Bereich, die bis zum Ende der Weimarer Republik ausnehmend schlecht blieben. So wurde ein 1930 abgeschlossener Handelsvertrag dem Reichstag nicht zur Ratifizierung vorgelegt, und im Wahlkampf desselben Jahres wetterte der Reichsminister Gottfried Treviranus gegen die «blutende Grenze» im Osten, was in Polen eine leicht vorhersehbare heftige Reaktion hervorrief. Die nationalsozialistische Machtergreifung 1933 beobachtete Warschau aufmerksam. Als der neue Reichskanzler Adolf Hitler gegen den Widerstand der Deutschnationalen eine demonstrative Wende im Verhältnis zu Polen vollzog, gingen Piłsudski und sein Außenminister Józef Beck mit: Bereits am 26. Januar 1934 wurde eine deutsch-polnische Nichtangriffserklärung unterzeichnet, die in Weimarer Zeiten undenkbar gewesen wäre. Hitler hatte mit dem kleinkarierten Revisionismus seiner bürgerlichen Vorgänger wenig am Hut: Der deutsche Lebensraum im Osten lag in den Weiten Russlands und der Ukraine, nicht in Posen oder Westpreußen. Die Polen, aus der Sicht Hitlers gute Soldaten, antirussisch und antibolschewistisch ohnehin, waren in seinen Augen eher potenzielle Verbündete im Feldzug gegen die Sowjetunion.

Die Phase der deutsch-polnischen Annäherung zwischen 1934 und 1938 machte sich auch in der polnischen Minderheitenpolitik bemerkbar. Nachdem das Reich im Oktober 1933 aus dem Völkerbund ausgetreten war, kündigte Polen im September 1934 den Minderheitenschutzvertrag, solange «kein allgemeines, einheitliches Minderheitenschutzgesetz» europaweit eingeführt werde. Die Deutschen in der Republik Polen verhielten sich gegenüber dem Staat eher loyal denn verunsichert: Deutsche Schulklassen schickten an den Namenstagen des Diktators Piłsudski und seines Staatspräsidenten brav – wie alle anderen Klassen in der Republik – ihre Glückwünsche, es gab gemeinsame Projekte von polnischen und deutschen Jugendorganisationen, die deutschen Staatsbürger zeichneten den Spendenaufruf für den polnischen Nationalen Verteidigungsfonds in einem höheren Maß als ihre polnischen Mitbürger. Zwei Deutsche wurden vom Staatspräsidenten in den Senat designiert. Im November 1937 verkündeten Polen und Deutschland gleichlautende Erklärungen in der Minderheitenfrage. Beide Staaten verpflichteten sich auf das Gegenseitigkeitsprinzip, das heißt, «ihre» jeweilige Minderheit so zu behandeln, wie der Nachbar es mit «seiner» Minderheit tat – die Wahrung ihrer Rechte wurde also direkt an das Schicksal der eigenen Landsleute jenseits der Grenze gekoppelt. Aus diesem Anlass empfing Hitler eine Abordnung der polnischen Minderheit in Deutschland, der polnische Staatspräsident eine Delegation der deutschen Minorität in Polen. Die ewigen Querelen schienen damit zu Ende. Es sollte indes kaum anderthalb Jahre dauern, bis die Minderheitenfrage nicht nur Deutsche und Polen erneut beschäftigen würde, sondern die Tagesordnung der europäischen Politik.

Eine andere Entwicklung zeichnete sich seit 1929 im Schatten der Weltwirtschaftskrise ab. Wie ganz Europa erlebte auch Polen einen dramatischen Wirtschaftseinbruch. Der Index der Industrieproduktion fiel von 100 (1929) auf 54 (1932). Die Agrarpreise halbierten sich bis 1932 und fielen 1934 noch einmal, auf ein Drittel des Niveaus von 1928. Die offiziell registrierte Zahl der Arbeitslosen stieg von 90 000 (1929) auf über 370 000 (März 1931), dürfte aber angesichts der hohen Dunkelziffer in den Städten deutlich höher gewesen sein; inoffiziell schätzte man die Zahl der Arbeitslosen auf etwa 40 Prozent der Beschäftigten in der Industrie. 1933 wurden nur etwa 20 Prozent von der Arbeitslosenhilfe erfasst, die Löhne derer, die überhaupt noch Arbeit hatten, fielen auf knapp zwei Drittel des Vorkrisenniveaus zurück.

Während die Große Krise in den Städten an deutsche und amerikanische Zustände erinnerte, nahm sie auf dem Land die Ausmaße einer Zivilisationskatastrophe an. 1935 bekam ein Bauer für seine Erzeugnisse im Durchschnitt ein Drittel dessen, was er 1928 erhalten hatte. Für die in der Landwirtschaft notwendigen Industrieprodukte zahlte er indes noch immer zwei Drittel des vormaligen Preises. Angesichts dieser Preisschere wurde das Elend zur Massenerscheinung; die Bauern kauften zunehmend weniger (die Produktion der landwirtschaftlichen Maschinen und Geräte ging um 90 Prozent zurück) und zogen sich immer mehr auf eine Form von Subsistenzwirtschaft zurück. All dies traf die Deutschen genauso wie ihre polnischen Mitbürger.

Andere Folgen zeitigte die Große Krise in Oberschlesien, einem autonomen Bestandteil der Republik mit eigenem Landtag. Das Regime setzte Akzente, indem es bereits im Herbst 1926 in Kattowitz einen neuen Wojewoden ernannte. Michał Grażyński verankerte das neue politische System in Oberschlesien mittels einer konsequenten Verdrängung der oppositionellen polnischen Christlichen Demokratie wie der deutschen Minderheit. Im zweiten Fall ging er vor allem gegen die deutschen Großgrundbesitzer und Großindustriellen sowie gegen das deutsche Schulwesen vor. Zwischen 1926 und 1929 wurden in Genf fast hundert Beschwerden wegen Verstößen der oberschlesischen Behörden gegen die Genfer Konvention von 1922 registriert. Der Wojewode setzte die «Entdeutschung» unterdessen unbeirrt fort; und mit den Wahlen von 1930 – die mit Demokratie auch hier nicht mehr viel zu tun hatten – gelang es ihm, die polnische wie die deutsche Opposition von den Schaltstellen der Landespolitik zu verdrängen. Bei der Volkszählung 1931 verbuchte er einen nächsten Erfolg: Nach offiziellen Angaben waren nur noch sechs Prozent der Bevölkerung der Wojewodschaft (weniger als 70000 Menschen) dem Deutschtum zuzurechnen. Die Behörden hatten es eilig, die Minderheit zumindest auf dem Papier zu dezimieren, zumal die «Entdeutschung» in der Montanindustrie trotz Dauerkrise nur langsam vorankam: Einzelne Großunternehmen wurden zwar infolge von Insolvenz unter staatliche Aufsicht genommen, ebenso wurden nach und nach deutsche Ingenieure, Techniker und Angestellte durch Polen ersetzt – ein durchschlagender Erfolg wollte sich jedoch nicht einstellen, zumal Enteignungen großen Stils auch in Oberschlesien nicht in das Repertoire staatlicher Nationalitäten- und Wirtschaftspolitik gehörten; und selbst in den staatseigenen Betrieben gab es mit Ausnahme der einfachen Arbeiter stets mehr Deutsche als Polen.

Die Geschichte der Deutschen in der Republik Polen erschöpft sich keineswegs im Politischen. Sie blieben eine in jeder Hinsicht heterogene Gruppe. Gotthold Rhode, aufgewachsen als Sohn des Posener Superintendenten, in der Bundesrepublik Ordinarius und hochangesehener Experte für Osteuropäische Geschichte, erinnerte sich noch Jahrzehnte später an den Kulturschock, den er als Jugendlicher im Umgang mit gleichaltrigen Deutschen aus Lodz offenbar mehrfach erlebt hatte: «Wo die Posener nüchtern, etwas langsam, bedächtig und künstlerisch nicht übermäßig begabt erschienen, da waren die Lodzer oder zumindest einige von ihnen phantasievoll, fix, rasch zu begeistern und hatten ausgesprochen künstlerische und schriftstellerische Talente, neigten wohl zum ‹Simmelieren› und Spintisieren – alles zusammen ein schlesisches Erbe, von dem die Posener zwar auch einiges mitbekommen hatten, aber doch nur im Süden der Provinz. So waren die Lodzer Jungen und insbesondere die Mädchen meist wesentlich eleganter und modischer angezogen als die Posener, sie wirkten irgendwie großstädtischer und gewandter, was vor allem bei den Mädchen auffiel. Unsere Posener Mädchen zwischen zwölf und fünfzehn waren meist nach dem Motto ‹Schüchternheit steht Mädchen gut› erzogen und ‹treudeutsch› gekleidet in praktisches Lodenzeug oder in Beiderwandkleider. Zöpfe, lang oder in ‹Schnecken›, waren die Regel, der damals gerade moderne Bubikopf die Ausnahme. Erst nach der Konfirmation, meist mit fünfzehn, wenn man in die Tanzstunde kam, begann die Mode in Kleidung und Frisur eine Rolle zu spielen. Die Lodzer Mädchen waren aber mit dreizehn und vierzehn schon ‹schick›, benutzten sogar schon Lippenstift, was man als Junge je nach Temperament und Entwicklungsphase als ‹affig›, ‹dämlich› oder als interessant empfand.»

Unterschiede in Sozialisation, Bildung, Wohlstand und Gewohnheiten gab es zuhauf: Aus Protestanten und Katholiken, Bauern und Großindustriellen, Arbeitern und Freiberuflern formte sich eine recht imaginäre «Volks»-Gemeinschaft, die letztlich durch Sprache und Kultur konstituiert wurde, aber nur in der unzulänglichen Beschreibung eines Ideologen auf eine politische Großgruppe reduzierbar wird. Das Gefühl der Bedrohung durch eine vermeintlich feindliche Umgebung beziehungsweise staatliche Behörden war nur in Teilen der vielschichtigen deutschen Minorität vorhanden. Es wurde jedoch im Verlauf der 1930er Jahre immer mehr zu einem – noch heute nachwirkenden – dominierenden Bestandteil des Selbstbildes ihrer politischen Klasse und damit auch der Außenwahrnehmung – nicht zuletzt durch die ebenso politisch fixierte Staatsnation.

In diesen Zusammenhang gehört die Gleichschaltung oder besser Selbstgleichschaltung der Deutschen in Polen. Die Auslandsdeutschen fühlten sich überall vom neuen, «Dritten Reich» angezogen: weil die Arbeitslosen so schnell aus dem Straßenbild verschwanden; weil sich ein «Wir sind wieder wer»-Gefühl ent-

Kennzeichen eines entgleisten Nationalitätenkonflikts: eine Straßenbahn «Nur für Deutsche» in Posen nach der deutschen Besetzung Polens 1939

wickelte, das jegliche Erinnerung an die ungeliebte Weimarer Republik verblassen ließ; und nicht zuletzt, weil das Reich bislang unvorstellbare außenpolitische Erfolge erzielte, die die Auslandsdeutschen zunächst einmal indirekt aufwerteten. Im polnischen Bielitz war bereits 1921 ein nationalsozialistischer Verein gegründet worden, der sich 1931 in Jungdeutsche Partei umbenannte und unter seinem Führer Rudolf Wiesner der politischen Konkurrenz das Wasser abzugraben begann. In seinem engeren Umkreis – Oberschlesien – setzte er sich bald gegen die deutschnationale Deutsche Partei durch und dominierte rasch im Deutschen Volksbund für Polnisch-Oberschlesien; die bislang mit Abstand stärkste Fraktion, die Katholiken, verlor ebenso an Bedeutung wie die ohnehin wesentlich schwächeren Sozialdemokraten – die einen verkamen zu einer einflusslosen Minderheit, die anderen zu einer Sekte.

Auch anderswo, in Posen, Pommerellen und Mittelpolen, stellten weder die alten Deutschnationalen noch der politische Katholizismus oder der Marxismus eine nennenswerte Alternative zum aufkommenden Nationalsozialismus dar. Bis Mitte der dreißiger Jahre wurde die Jungdeutsche Partei zur politischen Vertretung der Deutschen in Polen. Berlin unterstützte die «Jungen» beziehungsweise «Jungdeutschen» über die 1936 eingerichtete Volksdeutsche Mittelstelle, deren Führung alsbald von einem SS-Gruppenführer übernommen wurde. Aber auch im Lande selbst wurden sie stillschweigend von den Behörden geduldet: Das Wojewodschaftsamt in Posen wies die lokale Verwaltung im Frühjahr 1934 an, den Jungdeutschen keine Steine in den Weg zu legen, da sie die bislang einheitliche, antipolnische Front der Deutschnationalen sprengten. Solange sie sich darauf beschränkten und sich loyal gegenüber dem Staat verhielten, sei ihr Ausgreifen auf Posen als «(...) aus taktischen Gründen (...) augenblicklich günstig» zu betrachten. Einer der 1935 vom Präsidenten nominierten Senatoren war der bereits erwähnte

Wiesner; der andere ein zum Nationalsozialismus konvertierter Konservativer.

Noch traten die Nationalsozialisten mit polnischer Staatsbürgerschaft leise. Zähneknirschend trugen sie die offizielle Annäherung zwischen Berlin und Warschau mit: Zum Abschluss der Versammlungen waren das «Horst-Wessel-Lied» und das «Heil Hitler» ebenso zu hören wie die Hoch-Rufe auf den Marschall Piłsudski und später auf dessen Nachfolger. Nur gelegentlich gab es Schlägereien mit jungen polnischen Rechten oder den letzten sozialdemokratisch gesinnten Deutschen. Die deutschen Sozialisten stemmten sich nach 1933 überall erfolglos gegen die «Faschisierung» ihrer Landsleute. Mit Hilfe der polnischen Sozialisten organisierten sie Unterstützung für Sozialdemokraten aus Deutschland und der Freien Stadt Danzig, die vor dem Nationalsozialismus geflohen waren.

Das Bild der Deutschen in Polen war jedoch beherrscht vom Hakenkreuz; und an diesem Bild störte sich die polnische Öffentlichkeit, obwohl sie von den Behörden ebenfalls auf den staatstragenden Kurs von Zusammenarbeit und Verständigung verpflichtet wurde.

Ein junger, aufstrebender Posener Journalist, Józef Winiewicz, gehörte zu den wenigen Kritikern der staatlichen Unterstützung für die «Jungdeutschen». Er selbst sollte die deutsch-polnische Auseinandersetzung nach 1939 jahrzehntelang begleiten und schließlich 1970 als polnischer Chefunterhändler den Warschauer Vertrag vorbereiten, in dem die Bundesrepublik ihren Verzicht auf die Gebiete östlich von Oder und Neiße erklärte. 1939 fasste er die Unsicherheit der Staatsnation bezüglich der sich radikalisierenden Minderheit, die nun von einem mächtigen und feindseligen Nachbarn unterstützt wurde, folgendermaßen zusammen:

«Magere Kühe ziehen langsam den mit Reisig beladenen Wagen zu der strohgedeckten Hütte in der Nähe von Neutomischel. Woran denkt der neben diesem Wagen mit Pfeife im Munde dahinschreitende deutsche Siedler? Sicherlich plant er keine Revolution in Polen, und sicherlich analysiert er nicht die Bestimmungen des Versailler Vertrages. Sicherlich überschlägt er bei dem Ausklopfen der Kirschholzpfeife, um wie viel die Holzpreise gestiegen und die Viehpreise – wegen der Bestimmungen gegen die Maul- und Klauenseuche – gefallen sind … Aber im Hause des deutschen Bauern wie des Akademikers liegt auf dem Tisch ein Exemplar des Familienkalenders Deutscher Heimbote, der ihn mahnt, nicht über die Ereignisse und Sorgen des Alltags nachzudenken, sondern über die großen Aufgaben, welche die Menschen deutscher Nationalität im Osten zu erfüllen haben. Der Kalender gibt in zahlreichen Artikeln bedeutender Führer der deutschen Minderheit in Polen deren größter Sorge Ausdruck, die Angehörigen der Volksgruppe könnten sich dem Alltagsleben hingeben … Er klopft die Pfeife aus, spuckt in hohem Bogen auf den Hof, schaut prüfend zum Himmel, ob es wohl regnen wird, schnalzt nach dem Pferd – ein Mensch wie jeder andere auch. Er kehrt ins Haus zurück, öffnet das ‹gleichgeschaltete› Buch oder die Minderheitenzeitung und erfährt, was er nach Meinung der Verfasser für ein Übermensch sein soll.»

Diese aus heutiger Sicht seltsam verschwommene Konstellation, in der sich die NS-Propaganda ungehindert entfalten konnte, während sozusagen im Nebenraum polnische Nationalisten und deutsche Nationalsozialisten jahrelang Artigkeiten austauschten, zerfiel zwischen Winter und Frühjahr 1939 stufenweise. Es ist hier nicht der Ort, um die entscheidenden Wendepunkte in den zwischenstaatlichen Beziehungen en détail nachzuerzählen, drei Punkte aus dem riesigen Stoff seien jedoch herausgegriffen. Erstens spielte die deutsche Minderheit in den Angriffsplänen des Dritten Reiches gegenüber Polen eine wichtige, aber keine strategische Rolle. Als sich die wachsende Spannung im Frühjahr 1939 in Zusammenstößen, Demonstrationen, Pressekampagnen, Verhaftungen, Schließungen von Vereinen und der Massenflucht junger, wehrpflichtiger Männer in das benachbarte Reich entlud, wurde das Leid der «Volksdeutschen» in der NS-Propaganda zu einem Grundmotiv, das die Deutschen auf den kommenden Krieg einstimmen sollte; es erreichte jedoch nicht den Stellenwert der «Sudetendeutschen Frage» knapp ein Jahr zuvor. Zweitens gab es zahlreiche Pläne der SS und der Abwehr, das «volksdeutsche» Potenzial mit seiner intimen Ortskenntnis zu Angriffen gegen Ämter, Brücken, Bahnhöfe oder sonstige Kommunikationslinien und -knotenpunkte zu nutzen. Offenbar waren sich die Führer der potenziellen Saboteure und Hochverräter, stets bewacht und belauscht von der polnischen politischen Polizei, des damit verbundenen Risikos bewusst und redeten den Entscheidungsträgern im Reich eine solche Einbeziehung der Minderheit in die Kriegsplanung weitgehend aus; selbst das Auswärtige Amt war dagegen. Im September 1939 sollte es zwar mehrere Anschläge hinter der Frontlinie geben, die Beteiligung der «Volksdeutschen» ist jedoch in den meisten dieser Fälle bis heute nicht mehr als eine Vermutung geblieben; der Bauer blieb in der Regel auf dem Hof.

«Heim im Reich» (1939–44)

Es waren aber nicht alle auf dem Hof geblieben, und dies ist der dritte wichtige Punkt im nun beginnenden Neben- und Gegeneinander nach Kriegsausbruch. Die deutschen Nachbarn, die ihre uniformierten Landsleute im September 1939 mit Blumen begrüßt haben, blieben ihrer polnischen Umgebung als Symbol einer verräterischen «fünften Kolonne» in Erinnerung (das Bild war gerade im Spanischen Bürgerkrieg zu einem geflügelten Wort geworden). Dies diente nachträglich als Rechtfertigung für die zahlreichen Verhaftungen und Internierungen der Deutschen unmittelbar vor und nach Kriegsausbruch. Noch folgenreicher für die Zukunft war die damals weniger bekannte Tatsache, dass einige der «Volksdeutschen» sich an der Herstellung einer seltsamen Buchproduktion beteiligt hatten, in der sich die mörderische Potenz der kommenden sechs Jahren abzeichnete und konkretisierte. Das «Sonderfahndungsbuch Polen» mit seinen 61 000 Namen von lokalen polnischen Politikern, Funktionären, Geistlichen, Beamten, Lehrern und sonstigen «Nationalpolen» sollte zum Handbuch der Einsatzgruppen der Sicherheitspolizei und des Sicherheitsdienstes werden, die seit dem 1. September 1939 im Rücken der Wehrmacht agierten. Der ihnen für den «polnischen Einsatz» erteilte «Liquidierungsbefehl für zahlreiche polnische Führungskreise» sei «außerordentlich radikal» gewesen und «in die Tausende» gegangen, wie es später in einer internen Aufzeichnung des Chefs der Sicherheitspolizei Reinhard Heydrich hieß. Die Gesamtbilanz belief sich gegen Ende des Herbstes 1939 auf etwa 30 000 Todesopfer in Pommerellen, 10 000 in Posen und 2000 in Oberschlesien, die allesamt exekutiert worden waren. Im erstgenannten Gebiet, das ab Herbst 1939 wieder Westpreußen heißen sollte, hatte der aus örtlichen Deutschen sich zusammensetzende «Volksdeutsche Selbstschutz» führenden Anteil an der «völkischen Flurbereinigung» gehabt; der Chef der Sicherheitspolizei räumte nicht nur in diesem Fall «unmögliche unkontrollierte Racheakte» ein.

Damit waren vor allem der «Bromberger Blutsonntag» und seine Folgen gemeint. Auf ihrem Rückzug durch die Stadt am 3. September glaubten polnische Truppen, von deutschen Freischärlern angegriffen worden zu sein. An diesem und am folgenden Tag führten sie Massenverhaftungen und Erschießungen von verdächtigen Deutschen durch. Insgesamt wurden 365 Todesopfer gezählt. Drei Viertel derer, die identifiziert werden konnten, waren offenbar Protestanten, nur etwas mehr als ein Drittel stammte überhaupt aus Bromberg. Wie viele vom Militär standgerichtlich erschossen, wie viele gelyncht worden waren, wie viele Unschuldige sich unter den Opfern befanden, ist bis heute umstritten und wird wohl nie geklärt werden können. Aus deutscher, nicht unbedingt nationalsozialistischer Sicht diente jedenfalls der «Blutsonntag» als endgültige Bestätigung für das weitverbreitete Empfinden, man sei in Polen von Anfang bis Ende Opfer gewesen – genauso wie die angeblichen Angriffe auf polnische Soldaten sowie die Blumensträuße für die Wehrmacht sich den Polen so nachhaltig einprägten, dass sie meinten, man habe es schon immer mit Nachbarn zu tun gehabt, die Verräter waren.

Die praktischen Konsequenzen bestanden zunächst einmal in einem Terror gegen die Polen, der in Westpreußen – wie an den Zahlen ersichtlich – die höchsten Wellen schlug. Dabei wurden längst nicht alle Menschen direkt vor Ort umgebracht: Von den 62 Brombergern, die Ende September 1939 in das Konzentrationslager Buchenwald eingeliefert wurden, überlebte bis zum ersten Weihnachtstag ein einziger. Die andere Folge war die regelrechte Inszenierung des «Bromberger Blutsonntags» als Symbol für den rechtmäßigen Charakter des Krieges, in dem es plötzlich um die Verteidigung der Landsleute in Polen gehen sollte. Nachdem in der offiziellen Statistik bis zum Spätherbst 1939 von insgesamt 5400 deutschen Toten und Vermissten die Rede gewesen war (darunter auch jene, die als polnische Offiziere und Soldaten gefallen waren), erging im Februar 1940 der Befehl, diese Zahl um eine Null zu «ergänzen», sodass von nun an von 58 000, später 60 000 ermordeten «Volksdeutschen» gesprochen wurde. Die fünfstellige Zahl der Opfer sollte rechtfertigen, was die Nationalsozialisten inzwischen als Polenpolitik zu praktizieren begannen.

Dieses vorletzte Kapitel der deutsch-polnischen Nachbarschaft in der ersten Hälfte des 20. Jahrhunderts kann hier nur ausschnitthaft wiedergegeben werden. Die baldige Entpolonisierung der Reichsgaue Danzig-Westpreußen, Wartheland und Oberschlesien – man nannte sie jetzt die «wiedergewonnenen» oder schlichter «eingegliederten» Gebiete – war auf jeden Fall das primäre Ziel der nationalsozialistischen Polenpolitik. Hier wurden die polnischen Schulen und Hochschulen geschlossen (im «Reichsgau Wartheland» auch etwa 90 Prozent der römisch-katholischen Kirchen), polnische Ämter, auch der Selbstverwaltung, aufgelöst, Eigentum, soweit irgendwie von Wert, an Deutsche und – örtliche sowie angesiedelte – Volksdeutsche übereignet. Im Zuge der Germanisierung wurden Orts- und Straßennamen «eingedeutscht», Deutsch wurde als Amtssprache eingeführt und – in Teilen der eingegliederten Gebiete – der Gebrauch der polnischen Sprache auf der Straße unter Strafe gestellt; dazu wurden Gasthäuser, Verkehrsmittel, öffentliche Toiletten, ja sogar Parkbänke mit der Aufschrift «Nur für Deutsche» versehen.

Die Germanisierung des Raumes stellte die Voraussetzung für die Germanisierung der Bevölkerung dar. Der erste Schritt bestand in der «Ausrottung» der als feindlich oder potenziell feindlich eingestellten polnischen «Führungsschichten» im Herbst 1939, der zweite in der Vertreibung der als «überflüssig» eingestuften Bevölkerungsteile, der dritte in der Ansiedlung von circa einer halben Million «Volksdeutschen» aus den Gebieten außerhalb Deutschlands – von Estland bis Bessarabien («Heim ins Reich») –, der vierte in der Aufteilung der heimischen Bevölkerung nach Rassenkriterien in der sogenannten Deutschen Volksliste.

In kleinerem Maßstab wurde hier erprobt, was nach dem «Endsieg» über die Sowjetunion in ganz Ostmittel- und Osteuropa vorgesehen war, nämlich die Vertreibung von vielen Millionen Slawen, die von Millionen von Germanen als neuen Herren ersetzt werden sollten. Andererseits bestand ein unmittelbarer Zusammenhang zwischen Germanisierungspolitik und Judenvernichtung. Nachdem Hitler am 6. Oktober 1939 die nationale «Entmischung», das heißt die Umsiedlung der «unhaltbaren Splitter deutschen Volkstums» aus ihren alten Siedlungsgebieten östlich und südostlich der Reichsgrenzen, verkündet hatte, übernahm die SS die Federführung. Heinrich Himmler wurde zum «Reichskommissar für die Festigung deutschen Volkstums» ernannt. Die Aktion sollte innerhalb kurzer Zeit zur ethnischen Neuordnung Ostmitteleuropas unter deutscher Besatzung führen; faktisch bedeutete sie zunächst einmal die Rückwanderung der Deutschen aus dem Osten. Bereits im Winter 1939/40 zogen die ersten der 120000 Wolhynien-, Galizien- und Lubliner Deutschen in das Wartheland um. Die NS-Propaganda machte daraus den romantisch-völkischen «großen Treck» (in Wirklichkeit fuhren die weitaus meisten mit dem Zug). Dass damit die Heimat im Osten aufgegeben wurde, dass die Deutschen aus Ostpolen Höfe und Wohnungen bezogen, die bislang von polnischen Mitbürgern im Westen bewohnt waren, spielte dabei keine Rolle; dasselbe wiederholte sich in den folgenden Monaten dieser vom NS-Regime inszenierten «germanischen Völkerwanderung». Die neuen Heime für die Balten-, Rumänien-, Bosnien- und sonstigen Volksdeutschen wurden «frei gemacht», indem über 800000 Polen aus den eingegliederten Gebieten vertrieben wurden. Da nur ein Teil als Zwangsarbeiter «verwendbar» war, wurden Hunderttausende von ihnen ins Generalgouvernement deportiert. Um für sie auch nur notdürftig Platz zu schaffen, wurden die Juden in den zentralpolnischen Städten in Ghettos zusammengepfercht, wo das Massensterben durch Hunger und Krankheiten begann, noch bevor die «Endlösung» in Gestalt des industrialisierten Mordes beschlossen wurde.

Der für die Betroffenen unsichtbare Zusammenhang zwischen der «Heim ins Reich»-Aktion für Volksdeutsche, der NS-Besatzungspolitik gegenüber den Polen und der Judenvernichtung reichte bis zu organisationstechnischen Details. Niemand hat dies besser beleuchtet als Götz Aly, der den inneren Zusammenhang exemplarisch am Beispiel von Zamość nachweist, eines Kreises am östlichen Rand Zentralpolens, der ab 1942 ebenfalls für die sofortige Besiedlung durch «Volksdeutsche» aus Südosteuropa vorgesehen war: «Am 25. Januar 1943 fuhr vom ostpolnischen Zamość ein Güterzug mit 1000 jungen Zwangsarbeitern und Zwangsarbeiterinnen ‹ohne unproduktiven Anhang›, wie es hieß, nach Berlin. Sie mussten die Arbeitsplätze von ‹Rüstungsjuden› einnehmen, die nun – einschließlich ihrer ‹unproduktiven› Familienmitglieder – mit demselben Zug nach Auschwitz deportiert wurden. Dort wurde der Zug mit dem Gepäck deutschstämmiger Umsiedler aus Südosteuropa, darunter vieler Bosniendeutscher, beladen, dann fuhr er zurück nach Zamość. Hier wurden die Deutschen vom SS-Ansiedlungsstab empfangen und in dem von Polen und zuvor schon von den Juden ‹geräumten› Gebiet angesiedelt; die Deutschen erhielten 20-Hektar-Höfe, die aus jeweils fünf verschiedenen (‹unproduktiven›) Bauernwirtschaften zusammengelegt worden waren. Von Zamość fuhr der Zug noch einmal nach Auschwitz – beladen mit 1000 Polen, die von der Sicherheitspolizei und den Rasseprüfern der SS als besonders ‹unerwünscht› eingestuft worden waren.»

Während die Geschichte dieses Zuges erst im Nachhinein, als Rekonstruktion durch einen Historiker, zu einem Sinnbild für das Geflecht von «Heim ins Reich», Polen- und Judenpolitik des NS-Regimes geworden ist, war die Deutsche Volksliste (DVL) eine Realität, die unmittelbar und vor Ort zu einem prägenden Erlebnis für Millionen wurde. Die schrittweise eingeführte, im März 1941 endgültig etablierte DVL sonderte vier Gruppen von «Volks-» und «Schutzangehörigen» aus. In die ersten zwei wurden Deutsche aufgenommen, die vor 1939 zur deutschen Minderheit zählten, in Gruppe III und IV «Deutschstämmige», die man für germanisierungsfähig hielt. Die praktische Handhabung der DVL in Oberschlesien, «Danzig-Westpreußen» und «Warthegau» fiel sehr unterschiedlich aus: Im ersten und zweiten «Gau» wurden Polen massenhaft, stellenweise unter Zwang, vor allem in die – für Männer mit Wehrdienstpflicht verbundene – Abteilung III eingetragen. In die DVL waren 1944 in Oberschlesien 1,3 Millionen eingetragen (im ehemals preußischen Teil der Wojewodschaft Schlesien bis zu 95 Prozent der Bevölkerung), in Danzig-Westpreußen knapp 940 000 Menschen und im «Reichsgau Wartheland» (wo sie wesentlich restriktiver gehandhabt wurde) 500 000 Personen. Nur im alten Posen hielten sich die Behörden rigoros an die Grundsätze der DVL und setzten der Aufnahme in die Gruppen III und IV rigide Grenzen, sodass hier ausnahmsweise die «echten Deutschen» – Angehörige der Abteilung I und II (zusammen über 80 Prozent der Namen auf der «Volksliste») – zahlenmäßig dominierten. Insgesamt wurden in die DVL in den eingegliederten Gebieten circa 2,8 Millionen Menschen eingetragen, das heißt mehr als ein Viertel der Bevölkerung.

Bis 1944 war die Germanisierung der eingegliederten Gebiete nur ansatzweise verwirklicht, die Herabsetzung der Mehrheit der polnischen Bevölkerung auf den Rang von weitgehend rechtlosen Sklaven jedoch Tatsache: Die 1939 eingeleitete «blitzartige Verwandlung der ganzen polnischen Bevölkerung in ein einheitliches Volk von Parias, vollständig verdrängt aus dem Stadtzentrum, eingepfercht in die schlechtesten Wohnungen oder gar Abstellräume, gezwungen zu körperlicher Arbeit, oft mörderischen Charakters, auf Schritt und Tritt demonstrativ diskriminiert» (so die Erinnerung eines Bromberger Polen) sollte im Wesentlichen über die ganze Besatzungszeit andauern. Das Bild der deutschen Nachbarn, die von diesen neuen Zuständen profitierten, gehört ebenfalls zu den wichtigsten Erinnerungen der Polen an diese Zeit.

Zwischen den Reichsdeutschen, die überall das Sagen hatten,

den angesiedelten «Volksdeutschen» aus anderen Teilen Europas sowie den Polen – teils «Volksdeutsche» der Abteilung III und IV, teils gänzlich rechtlos – mussten sich nun die örtlichen «Volksdeutschen», bis 1939 polnische Staatsbürger deutscher Nationalität, zurechtfinden. Auch in diesem Punkt wird es nie endgültige Klarheit geben. Im besetzten Polen galten die «Volksdeutschen» als besonders gefährlich. Sie sprachen als einzige Funktionärsgruppe des Besatzungsapparats Polnisch. Die Geheime Staatspolizei etwa holte sich ihre Übersetzer und Dolmetscher über Annoncen in den Lodzer deutschen Zeitungen – andere gab es in «Litzmannstadt» nicht. Und gerade diese Stadt, oben mehrfach als ein Beispiel für die deutsch-polnische Normalität vor 1939 herangezogen, liefert nachdrückliche Beispiele dafür, mit welcher neuen, zerstörerischen Potenz der Nationalsozialismus das ohnehin fragile Verhältnis von Deutschen und Polen zerstörte. Robert Geyer, Enkel des legendären sächsischen Gründers des gleichnamigen Familienimperiums, wurde im Dezember 1939 von der Gestapo erschossen – wahrscheinlich, weil er die (ihm selbstverständlich zustehende) Eintragung in die DVL abgelehnt hatte. Zugleich klagte die Gestapo Litzmannstadt wenige Monate später, im April 1940, dass die Fülle individueller Denunziationen – täglich seien bis Anfang des Jahres etwa 40 Anzeigen, vor allem von ortsansässigen «Volksdeutschen», eingegangen – sie behindert habe, «sich auf die eigentliche Aufgabe, das heißt auf die Bekämpfung der polnischen Widerstandsbewegung, zu konzentrieren».

Der Historiker hat kaum eine andere Wahl, als die vielen, für sich genommen nur bedingt zuverlässigen Einzelstimmen zu Wort kommen zu lassen, um die vielschichtigen und widersprüchlichen Verhältnisse in den einzelnen Orten und unter den verschiedenen Menschengruppen als Mosaik abzubilden. Der Leser sollte eher dem Schriftsteller vertrauen: Horst Bienek für Oberschlesien, Günter Grass für Danzig, Johannes Bobrowski,

Siegfried Lenz und Ernst Wiechert für Ostpreußen, Andrzej Szczypiorski für Lodz – sie alle haben dieser untergegangenen Welt, in der nach 1939 der blanke Wahnsinn zu herrschen begann, bis heute literarische Denkmäler gesetzt. Das Fazit ist all den genannten Autoren gemeinsam: Als sich im Januar und Februar 1945 die Deutschen aus Bromberg, Danzig, Kattowitz, Lodz und Posen auf die Flucht vor der herannahenden Roten Armee machten, gingen Jahrhunderte des Nebeneinander- und Zusammenlebens zu Ende; die Geschichte einer Nachbarschaft, die in der ersten Hälfte des 20. Jahrhunderts keineswegs überall und immer, aber doch immer öfter an ein Gegeneinander erinnerte.

Zum Weiterlesen

Polen

WŁODZIMIERZ BORODZIEJ / HANS LEMBERG (Hg.): «Unsere Heimat ist uns ein fremdes Land geworden ...» Die Deutschen östlich von Oder und Neiße 1945–1950. Dokumente aus polnischen Archiven. Bde. I–IV, Marburg 2000–2004. Hier besonders Band II: Zentralpolen, Wojewodschaft Schlesien (Oberschlesien), Marburg 2003 (bearbeitet von Ingo Eser und Jerzy Kochanowski).

MARTIN BROSZAT: Zweihundert Jahre deutsche Polenpolitik, Frankfurt am Main 1972.

KARL DEDECIUS: Ein Europäer aus Lodz. Erinnerungen, Frankfurt am Main 2006.

HELGA HIRSCH: Ich habe keine Schuhe nicht. Geschichten von Menschen zwischen Oder und Weichsel, Hamburg 2002.

RUDOLF JAWORSKI: Handel und Gewerbe im Nationalitätenkampf. Studien zur Wirtschaftsgesinnung der Polen in der Provinz Posen (1871 bis 1914), Göttingen 1986.

RUDOLF JAWORSKI / MARIAN WOJCIECHOWSKI (Hg.): Deutsche und Polen zwischen den Kriegen. Minderheitenstatus und «Volkstumskampf» im Grenzgebiet. 2 Halbbände, München / New Providence / London / Paris 1997.

ANDREAS LAWATY / HUBERT ORLOWSKI (Hg.): Deutsche und Polen. Geschichte – Kultur – Politik, München 2003.

Joachim Rogall (Hg.): Land der großen Ströme. Von Polen nach Litauen. Deutsche Geschichte im Osten Europas, Berlin 1996.

Schlesien

Joachim Bahlcke: Schlesien und die Schlesier, München 2006.

Horst Bienek: Gleiwitz. Eine oberschlesische Chronik in vier Romanen, München 2000.

Iwona Binkowska: Breslau. Fotografien aus der Zeit zwischen den beiden Weltkriegen, Dülmen 2005.

Norbert Conrads: Schlesien. Deutsche Geschichte im Osten Europas, Berlin 2002.

Deutsche & Polen. Eine Chronik. DVD. 180 Min. ARD 2002.

Johanna Filipczyk: Schlesien. Mit einem Vorwort von Andrzej Szczypiorski, Warschau 1999.

Arne Franke: Das schlesische Elysium. Burgen, Schlösser, Herrenhäuser und Parks im Hirschberger Tal, Potsdam 2009.

Juliane Haubold-Stolle: Mythos Oberschlesien. Der Kampf um die Erinnerung in Deutschland und in Polen 1919–1956, Osnabrück 2008.

Sigmund Karski: Albert (Wojciech) Korfanty. Eine Biographie, Dülmen 1990.

Hajo Knebel: Oberschlesien in alten Ansichtskarten, Würzburg 2002.

Günther Körner: Selbstschutz Oberschlesien. Eine Bilddokumentation über den Selbstschutz in Oberschlesien, Dülmen 1981.

Peter Ploog (Hg.): Schlesische Küche. Regionale Küche mit Tradition, Köln 2006.

Roswitha Schieb: Breslau. Augenblicke einer Stadt, Potsdam 2005 (CD-ROM).

Wolfgang Schwarz: Bilder aus Schlesien. Über 500 Fotos vom Leben, wie es damals war, Utting 2000.

Heinrich Trierenberg: Reisewege zu historischen Stätten in Oberschlesien, Dülmen 2002.

Auf folgenden Webseiten können Sie Angehörige suchen, in Foren Fragen stellen bzw. eigene Erinnerungen und Fotos veröffentlichen: www.Breslau-Wroclaw.de, www.zobten.de

Westpreußen

Hartmut Boockmann: Ostpreußen und Westpreußen. Deutsche Geschichte im Osten Europas, Berlin 1992.

Stefan Chwin: Tod in Danzig, Berlin 1997.

Alfred Cohn: Erinnerungen an Bromberg, Toruń 2001.

Horst-Dieter Freiherr von Enzberg: Die Goetheschule in Graudenz und das deutsch-polnische Verhältnis (1920–1945), Lüneburg 1994.

Jörg Hackmann: Pommerellen – Preußen – Pomorze Gdańskie. Formen kollektiver Identität in einer deutsch-polnischen Region, Lüneburg 1997 (Nord-Ost-Archiv Band VI, Heft 2).

Christian Jansen / Arno Weckbecker: Der «volksdeutsche Selbstschutz» in Polen 1939/40, München 1992 (Schriftenreihe der Vierteljahrshefte für Zeitgeschichte).

WALTER KEMPOWSKI: Alles umsonst, München 2006.

LEW KOPELEW: Aufbewahren für alle Zeit!, Hamburg 1976.

ERNST OPGENOORTH (Hg.): Handbuch der Geschichte Ost- und Westpreußens. 4 Bde., Lüneburg 1994–2001.

Pommern

CHRISTINE BRÜCKNER: Jauche und Levkojen, Berlin 2002.

EDDA GUTSCHE: Schlösser und Herrenhäuser in Pommern, Hamburg 2006.

JOHANNES HINZ: Pommern – Wegweiser durch ein unvergessenes Land, Würzburg 2002.

JOHANNES HINZ: Pommern-Lexikon, Würzburg 2001.

CHRISTIAN GRAF VON KROCKOW: Reise nach Pommern – Bericht aus einem verschwiegenen Land, Würzburg 2008.

CHRISTIAN GRAF VON KROCKOW: Die Stunde der Frauen. Bericht aus Pommern 1944 bis 1947, München 2007.

Über die Autoren

Włodzimierz Borodziej, geboren 1956, ist Professor für Zeitgeschichte an der Universität Warschau. Letzte Veröffentlichungen u.a. (Hg., mit Hans Lemberg): *«Unsere Heimat ist uns ein fremdes Land geworden ...» Die Deutschen östlich von Oder und Neiße 1945–1950*, Marburg 2000–2004; *Der Warschauer Aufstand 1944* (Frankfurt/M. 2004) und (als Hg. der Serie, bisher 10 Bände) *Polskie Dokumenty Dyplomatyczne*, Warszawa 2005 ff.

Gerald Endres, geboren 1955 in Kaufbeuren, Studium der Publizistik, Politologie und Theaterwissenschaft an der Freien Universität Berlin, seit 1984 Hörfunk- und Fernsehjournalist, lebt in Kleinmachnow bei Berlin.

Ulla Lachauer, geboren 1951, arbeitet als freie Journalistin und Dokumentarfilmerin. Zahlreiche Buchveröffentlichungen, u.a. *Die Brücke von Tilsit. Begegnungen mit Preußens Osten und Russlands Westen* (Rowohlt 1994), *Paradiesstraße. Lebenserinnerungen der ostpreußischen Bäuerin Lena Grigoleit* (Rowohlt 1997), *Ostpreußische Lebensläufe* (Rowohlt 1998), *Ritas Leute. Deutsch-russische Familiengeschichte* (Rowohlt 2002) und *Der Akazienkavalier. Von Menschen und Gärten* (Rowohlt 2008). Ulla Lachauer lebt in Stuttgart.

Hans-Dieter Rutsch, geboren 1954, studierte Germanistik und Geschichte in Potsdam. Seit 1986 Arbeit als Dramaturg, Autor und Regisseur beim DEFA-Studio für Dokumentarfilme in Babelsberg, 1995 Mitbegründer von Havel-Film Babelsberg. Er realisierte über fünfzig Dokumentationen, Features und Reportagen.

Beate Schlanstein, geboren 1961, ist stellvertretende Leiterin der Programmgruppe Gesellschaft/Dokumentation des Westdeutschen Rundfunks, verantwortlich für die Programme im Bereich Geschichte/Zeitgeschichte. Studium der Romanistik, Anglistik, Politikwissenschaft und Geschichte in Bochum, Paris und Hamburg. Autorin zahlreicher Filmdokumentationen zu historischen Themen, u.a. über die Zuwanderung der Polen ins Ruhrgebiet. Seit 1998 regelmäßig Lehraufträge über die Vermittlung und Darstellung von Geschichte im Fernsehen.

Bildnachweis

Erika Bartelt: 2, 210, 253
Schlesisches Museum Katowice: 15
Andrzej Leszek Szcześniak (1980). *Historia dla Klasy VIII*, 206, Warszawa: Wydawnictwo Szkolne i Pedagogiczne: 23
Schlesisches Museum Opole: 30/31, 68, 75, 77, 79, 86, 88, 90
Hans-Dieter Rutsch: 36, 38
Sigismund von Zedlitz: 62, 64, 98, 112
Verlag P. Toense, Graudenz: 114/115, 122
Ulla Lachauer: 119, 157, 170, 177, 188
Erich Abramowski: 126, 146
Rosemarie Döhring: 132, 141, 151
Rudolph Orlovius: 134, 156, 183
Privat: 45, 139
Inge Thormeyer: 192/193, 208, 225, 238
Editha von Platen: 205, 235
Irma Pliquet: 218
Gerald Endres: 263, 264
Picture Alliance: 279, 298
bpk: 286

Deutsche Gebietsverluste
Staatsgrenze von 2009
Karlskrona
SCHWEDEN
Kopenhagen
Ostsee
Seeland
DÄNEMARK
Bornholm
Lolland
Lębork
Słupsk
Darłowo
Sławno
Domachowo
Rügen
Kołobrzeg
Koszalin
Łubno
Somino
Rostock
Gościno
Gostyń
Czersk
Szczecinek
Pommern
Szczecin
Bydgoszcz
Piła
Elbe
Oder
Gorzów
Posen
Gniezno
Poznań
Berlin
Potsdam
Świebodzin
DEUTSCHLAND
Zielona Góra
Dessau
Głogów
Neiße
Odra
Leipzig
Legnica
Wrocław
Dresden
Schlesien
Weimar
Brzeg
Wałbrzych
Opole
Kłodzko
Nysa
Karlovy Vary
Praha
TSCHECHIEN
Ostrava